見える化があなたの会社を変える

効果の上がる見える化の理論と実践

久保田 洋志／編著

井上 善海・世良 哲・田部 信雄・福原 一博／共著

日本規格協会

編集・執筆者名簿

編集・執筆	久保田　洋志	広島工業大学
執　筆	井上　善海	広島大学
	世良　哲	一般財団法人日本規格協会 （元前田建設工業株式会社）
	田部　信雄	田部総合研究所
	福原　一博	有限会社システムアシスト

【敬称略，所属は発刊時】

まえがき

　企業活動においては，実施されている活動とその結果の状態がわからなければ望ましくない活動と状態に対する適切な認識と処置はできないし，不具合の再発防止も予防もできない．その内容も多様で，企業存在の危機を招く不祥事と不正処理，顧客の信頼を損なう不適切な対応，ロス・ムダの発生などは，すべての階層と部門で起こり得ることであり，健全な組織活動の遂行には，あってはならないことである．

　環境と技術の不確実性と複雑性が増加し，専門分化と分業化が進展している状況にあって，事実と価値の共有による適切な意思決定と問題解決活動によって，望ましくない状況への迅速対応と発生回避が確実に実施される必要が増大し，全員の目と知恵を活かした俊敏な自律的活動を組織的に展開する見える化が不可欠となっている．

　見える化は日本の企業の強みである全員参加の活動とすべき経営課題であり，基本的考え方の共有による手法の効果的活用と各部門での適切な展開，また組織的な推進が重要である．日本発の全員参加の活動であり，顧客指向の経営で，品質の創造・確保・保証による競争優位性を確実にしながら効果的・効率的に組織を運営する体系的活動であるTQM（Total Quality Management：総合的品質マネジメント），設備総合効率化の極限追求と生産システムのすべてのロスの徹底排除と不具合の未然防止を行う総合的活動であるTPM（Total Productive Maintenance：全員参加の生産保全），必要なものを必要なときに必要な量だけ供給するJIT（Just In Time）と自工程完結のための自働化を追求するとともに，徹底した無駄の排除による継続的改善を実施する活動であるTPS（Toyota Production System，リーン生産システムとも呼ばれる）においても，見える化は積極的に実施されてきたが，必ずしも体系的かつ組織的に展開されていない．

　見える化に対する必要性と考え方，及び事例を紹介した優れた啓蒙的文献は

存在するが，見える化に関する多くの文献はマニュアル的である．本書は全員参加で効果的な見える化の組織的活動を実践するための基本的考え方と手法を体系的に説明し，効果的な実践のポイント，各部門での展開，組織的推進について，例示的かつ具体的に説明するために次の内容で構成した．

第1章は，見える化の意義，見える化で配慮すべき事項，見える化の内容，見える化の主体と客体，見える化の効用など，見える化の目的と要諦を提示する．

第2章は，見える化の手段を，概念化，文書化，表示化，装置化，IT化の五つの"化"に類型化して，それぞれの具体的手法の考え方と活用のポイントを例示する．

第3章は，製品と工程の維持・改善活動のための見える化に必要な組織力とスキル，実践ステップ，IT化の課題など，事例によって効果的見える化のポイントを示す．

第4章は，本社スタッフの事務・管理部門の課題解決のための情報，ナレッジマネジメント，業務プロセス，及び成果の共有の見える化策と具体的実施事例を示す．

第5章は，営業・マーケティング部門の顧客の購買行動変化への対応，IT活用の個々の顧客対応，及び組織的営業活動の見える化策と具体的実施事例を示す．

第6章は，アフターサービスとクレームを担当する製品サービス部門の課題解決のための見える化の基本を示し，建設会社での具体的実施事例の紹介と解説を行う．

第7章は，設計・開発部門の課題解決のための業務，開発プロセス，思考プロセス，異常検出，コミュニケーション，及び活性化の見える化策と具体的実施事例を示す．

第8章は，製造部門の課題解決のための業務，生産プロセス，重点管理点，プロセス改善，変化点，及びモチベーションアップの見える化策と具体的実施

事例を示す.

　第9章は，見える化の組織的推進の体制と方法，活動の展開及び職場点検とステップ診断の具体的実施事例の紹介と解説を行う.

　第10章は，効果的見える化の組織的展開のための教育・訓練の基本を示すとともに，具体的実施事例の紹介と解説を行う.

　なお，本書刊行の発端は，中国地区品質経営協会の見える化をテーマとした実践研究会活動に関する日本規格協会での見える化セミナーの設置と同セミナーのためのテキストの作成にある．その後，研究会アドバイザーとセミナー講師の中心メンバーで，さらにこのセミナーを充実させるテキストを目指すと同時に，多くの実務家と学生にも幅広く参考となることを企図して本書を執筆することとなった.

　本書刊行にあたっては，実に多くの方々にお世話になった．まず，見える化の実践研究会の企画と運営で中心的な役割を遂行した運営委員会企画担当委員の方々，及び研究会に参加して各社の事例を紹介し盛んに議論された方々に謝意を表したい．次いで，セミナー開講と本書刊行に尽力し，執筆者に対する多大な支援を賜った一般財団法人日本規格協会広島支部並びに出版事業部関係各位に，この機会に厚く御礼申し上げる次第である．また，本書の特徴である具体的事例を提供していただいた運営委員会委員の所属企業及び本書執筆者の関係企業の関係者には，謹んで謝意を表したい．最後に，本書の刊行を強く勧め激励していただいた(有)品質管理総合研究所代表の細谷克也先生に心から謝意を表したい.

　2012年4月

執筆者を代表して
久保田　洋志

目　次

まえがき

第 1 章　見える化の基本的考え方 ……………………（久保田）…… 15

1.1　はじめに …………………………………………………………… 15
1.2　見える化の意義 …………………………………………………… 18
1.2.1　事実に基づく管理と見える化 ……………………………… 18
1.2.2　変化と見える化 ……………………………………………… 21
1.2.3　望ましい結果を得る活動と見える化 ……………………… 23
1.2.4　見える化で配慮すべき事項 ………………………………… 24
1.3　直接的見える化と間接的見える化 ……………………………… 30
1.3.1　現地・現物・現実の直接観察による直接的見える化 …… 30
1.3.2　現地・現物・現実のモデル表示による間接的見える化 … 31
1.3.3　現地・現物・現実のデータと情報による
間接的見える化 ……………………………………………… 33
1.3.4　マネジメントのための情報の見える化 …………………… 34
1.4　見る主体と客体 …………………………………………………… 36
1.4.1　ステークホルダーの見える化とステークホルダーに
とっての見える化 …………………………………………… 39
1.4.2　経営者にとっての見える化と経営者の見える化 ………… 40
1.4.3　管理者にとっての見える化と管理者の見える化 ………… 41
1.4.4　現場長にとっての見える化と現場長の見える化 ………… 42
1.4.5　第一線従業員にとっての見える化と第一線従業員の
見える化 ……………………………………………………… 43

	1.5	見える化の効用	44
		1.5.1 情報の共有化	45
		1.5.2 気づき／気づかせ	46
		1.5.3 透明化	47
		1.5.4 行動の変革	47
		1.5.5 問題解決活動の実践	48
	1.6	現場力の強化	50

第2章　見える化の手段 ……………………………（久保田）…53

- 2.1 五つの"化"——概念化，文書化，表示化，装置化，IT化 ……… 53
- 2.2 概念化 …… 53
  - 2.2.1 理念の明確化と周知徹底 …… 54
  - 2.2.2 問題の発見・顕在化の視点 …… 56
  - 2.2.3 問題の要因追究の視点 …… 58
  - 2.2.4 改善策の視点 …… 60
- 2.3 文書化 …… 63
  - 2.3.1 ビジョンの展開と文書化 …… 64
  - 2.3.2 業務の文書化 …… 64
  - 2.3.3 報告書 …… 66
  - 2.3.4 手順の文書化 …… 67
- 2.4 表示（ディスプレイ）化 …… 68
  - 2.4.1 現品・現物表示 …… 68
  - 2.4.2 数値化とグラフによる表示 …… 69
  - 2.4.3 情報の表示 …… 70
  - 2.4.4 シンボルによる表示 …… 71
  - 2.4.5 マップによる表示 …… 72

2.5 装置化……………………………………………………………… 73
2.6 IT 化…………………………………………………………………… 74

第3章 見える化の効果的活用のポイント
——事例に学ぶ………………………………………(福原)…… 79

3.1 今まで見えなかった事実や状態の見える化……………………… 79
3.2 見える化で進める製品及び工程と管理の改善…………………… 79
 3.2.1 製品と工程の改善活動と見える化……………………………… 79
 3.2.2 組織管理に不十分な見える化のプロセス……………………… 80
 3.2.3 見える化で変化した管理の事例………………………………… 81
3.3 見える化を実施する階層…………………………………………… 83
3.4 見える化に必要な現場力と組織力………………………………… 83
 3.4.1 見える化する情報とデータ……………………………………… 84
 3.4.2 データの解析力…………………………………………………… 84
 3.4.3 見える化に必要な表現技術と効果的運営……………………… 85
 3.4.4 見える化に必要な IT リテラシー……………………………… 85
3.5 見える化を実践するステップ……………………………………… 86
 3.5.1 変化の機運をつくる情報開示と表現方法……………………… 86
 3.5.2 気づきの改善意欲への変換……………………………………… 87
 3.5.3 成果を得るためのシステム化…………………………………… 87
 3.5.4 IT で見える化された管理オペレーションの課題…………… 88
3.6 目的達成のために見える化を活用した事例……………………… 89
 3.6.1 見える化によるスキルアップと労務コスト削減……………… 89
 3.6.2 セルナビゲーションによる不良低減と
    工場生産効率の向上……………………………………………… 94
 3.6.3 IT による見える化でのプロジェクト管理の効率化と
    有効性の向上……………………………………………………… 99

第4章　本社スタッフの機能強化と活動改善
——事務・管理部門の見える化 ……………………（井上）…… 109

4.1 事務・管理部門の特徴と課題 …………………………………… 109
   4.1.1　事務・管理部門の特徴 …………………………… 109
   4.1.2　事務・管理部門の課題 …………………………… 110
4.2 事務・管理部門の課題解決のための見える化 ………………… 114
   4.2.1　情報共有のための見える化策 …………………… 114
   4.2.2　業務プロセス共有のための見える化策 ………… 118
   4.2.3　成果共有のための見える化策 …………………… 122
4.3 事務・管理部門の見える化事例 ………………………………… 126
   4.3.1　情報共有のための見える化事例 ………………… 126
   4.3.2　業務プロセス共有のための見える化事例 ……… 129
   4.3.3　成果共有のための見える化事例 ………………… 131
4.4 事務・管理部門の見える化により期待される効果 …………… 133

第5章　適切で迅速な顧客対応と効果的営業活動
——営業・マーケティング部門の見える化 ……（井上）…… 135

5.1 営業・マーケティング部門の特徴と課題 ……………………… 135
   5.1.1　営業・マーケティング部門の特徴 ……………… 135
   5.1.2　営業・マーケティング部門の課題 ……………… 136
5.2 営業・マーケティング部門の課題解決のための見える化 …… 138
   5.2.1　顧客の購買行動の変化に対応する見える化 …… 138
   5.2.2　ITを活用した顧客の見える化 …………………… 140
   5.2.3　組織的な営業活動の見える化 …………………… 142

5.3 営業・マーケティング部門の見える化事例 …………………………… 144
 5.3.1 CRM と SFA の一体化による顧客と
   営業活動の見える化策 ………………………………………… 144
 5.3.2 営業活動プロセスの見える化と KPI ……………………… 145
 5.3.3 組織的なチームマネジメントによる見える化策 ………… 147
5.4 営業・マーケティング部門の見える化により期待される効果 …… 150

第6章　顧客との関係性プロセスの強化による顧客満足の向上
──製品サービス部門の見える化 ………………（福原）…… 153

6.1 製品サービス部門の特徴と課題 ………………………………………… 153
 6.1.1 顧客の不満を満足に変換させるアフターサービスの
   重要性 …………………………………………………………… 154
 6.1.2 顧客からの不満が解消されないアフターサービス ……… 154
6.2 製品サービス部門の課題解決のための見える化 …………………… 155
 6.2.1 基本としての顧客関連プロセスの見える化 ……………… 155
 6.2.2 顧客の不満を満足に変換する見える化 …………………… 155
 6.2.3 顧客情報による不満の要因のフィードバック …………… 156
 6.2.4 情報の記録と展開 …………………………………………… 156
6.3 製品サービス部門の見える化事例 ……………………………………… 157
 6.3.1 建設アフターサービス部門とその関連業務の問題点 …… 157
 6.3.2 顧客アフターサービス情報の一元化 ……………………… 158
 6.3.3 処理プロセスの変更 ………………………………………… 159
 6.3.4 アフターサービスプロセスの情報の見える化 …………… 160
 6.3.5 プロセスの監視・測定と処置の結果の見える化 ………… 161
 6.3.6 システムの評価と成果 ……………………………………… 162
6.4 製品サービス部門の見える化により期待される効果 ……………… 163

第7章 技術部門の機能と設計・開発プロセスの活性化
——**設計・開発部門の見える化** ……………………（田部）…… 165

- 7.1 設計・開発部門の特徴と課題 ……………………………………… 165
  - 7.1.1 設計・開発部門の特徴 ……………………………… 165
  - 7.1.2 設計・開発部門の課題 ……………………………… 166
- 7.2 設計・開発部門の課題解決のための見える化 ……………… 166
  - 7.2.1 使命達成のための業務の見える化 ……………………… 166
  - 7.2.2 QCD確保のための新製品開発プロセスの見える化 …… 167
  - 7.2.3 顧客要求事項を確実にする思考プロセスの見える化 …… 169
  - 7.2.4 プロセスの異常検出のための見える化 ………………… 171
  - 7.2.5 コミュニケーション基盤づくりのための見える化 …… 172
  - 7.2.6 技術部門活性化のための見える化 ……………………… 174
- 7.3 設計・開発部門の見える化事例 ………………………………… 175
  - 7.3.1 業務の見える化事例 ……………………………………… 175
  - 7.3.2 新製品開発プロセスの見える化事例 …………………… 176
  - 7.3.3 思考プロセスの見える化事例 …………………………… 177
  - 7.3.4 異常検出のための見える化事例 ………………………… 179
  - 7.3.5 コミュニケーション基盤づくりの見える化事例 ……… 182
  - 7.3.6 技術部門活性化の見える化事例 ………………………… 184
- 7.4 設計・開発部門の見える化により期待される効果 …………… 186

第8章 製造部門の機能とプロセスの管理・改善
——**製造部門の見える化** ……………………………（田部）…… 189

- 8.1 製造部門の特徴と課題 …………………………………………… 189
  - 8.1.1 製造部門の特徴 …………………………………………… 189
  - 8.1.2 製造部門の課題 …………………………………………… 190

8.2 製造部門の課題解決のための見える化・・・・・・・・・・・・・・・・・・・・・・・190
  8.2.1 使命達成のための業務の見える化・・・・・・・・・・・・・・・・・・190
  8.2.2 QCD確保のための生産プロセスの見える化・・・・・・・・・194
  8.2.3 工程単位プロセスごとのやるべきことを明確にした
      重点管理点の見える化・・・・・・・・・・・・・・・・・・・・・・・・・・・200
  8.2.4 生産プロセス改善のためのプロセス課題の見える化・・・・・・204
  8.2.5 プロセスの早期異常検出のための5Mの変化点の
      見える化・・・・・・・・・・・・・・・・・・・・・・・・・・・・・・・・・・・・・・205
  8.2.6 モチベーションアップの基盤づくりのための見える化・・・・207
8.3 製造部門の見える化事例・・・・・・・・・・・・・・・・・・・・・・・・・・・・・・208
  8.3.1 業務の見える化事例・・・・・・・・・・・・・・・・・・・・・・・・・・・208
  8.3.2 生産プロセスの見える化事例・・・・・・・・・・・・・・・・・・・・209
  8.3.3 重点管理点の見える化事例・・・・・・・・・・・・・・・・・・・・・・210
  8.3.4 プロセス課題の見える化事例・・・・・・・・・・・・・・・・・・・・212
  8.3.5 異常検出のための5Mの変化点の見える化事例・・・・・・・・214
  8.3.6 高いモチベーションの基盤づくりの見える化事例・・・・・・・215
8.4 製造部門の見える化により期待される効果・・・・・・・・・・・・・・・217

第9章　見える化の組織的推進・・・・・・・・・・・・・・（久保田・世良）・・・・219

9.1 全員参加の見える化推進の課題・・・・・・・・・・・・・・・・・・・・・・・・219
9.2 見える化の組織的推進体制・・・・・・・・・・・・・・・・・・・・・・・・・・・220
  9.2.1 見える化の導入宣言・・・・・・・・・・・・・・・・・・・・・・・・・・・220
  9.2.2 見える化推進組織・・・・・・・・・・・・・・・・・・・・・・・・・・・・221
  9.2.3 見える化推進計画・・・・・・・・・・・・・・・・・・・・・・・・・・・・222
  9.2.4 見える化の教育・訓練・・・・・・・・・・・・・・・・・・・・・・・・・223
9.3 見える化活動のアプローチの仕方と活動の展開・・・・・・・・・・・・224
  9.3.1 管理者による見える化のモデルづくり・・・・・・・・・・・・・・224

9.3.2　小集団活動による見える化活動の展開………………………230
　　　9.3.3　方針管理における見える化活動の展開………………………231
　9.4　見える化活動の職場点検と診断……………………………………233
　　　9.4.1　職場の総点検の実施と業務の機能展開………………………235
　　　9.4.2　見える化のレベル診断……………………………………………236
　9.5　見える化推進活動の PDCA サイクル………………………………238

第 10 章　見える化のための人材育成 ……………………（世良）…… 239

　10.1　見える化の教育・訓練の必要性 ……………………………………239
　　　10.1.1　見える化の社内教育・訓練………………………………………239
　　　10.1.2　見える化の社外教育・訓練に期待するもの……………………240
　　　10.1.3　階層別教育の対象と教育・訓練内容……………………………241
　10.2　従来の教育・訓練内容と見える化の教育・訓練の課題…………244
　10.3　見える化教育・訓練カリキュラムの内容と
　　　　グループディスカッション ……………………………………………245
　　　10.3.1　見える化推進のための演習・
　　　　　　　グループディスカッション……………………………………245
　　　10.3.2　演習・グループディスカッションの有効性……………………247
　10.4　教育・訓練の仕組みの見える化とツール…………………………247
　　　10.4.1　教育の仕組みの見える化…………………………………………247
　　　10.4.2　階層別教育・訓練の見える化……………………………………249
　　　10.4.3　教育・訓練ニーズの明確化と教育の管理………………………250
　　　10.4.4　OJT 実施と評価項目，評価内容の透明化………………………252
　　　10.4.5　力量評価と習熟度の明確化………………………………………253
　10.5　教育・訓練の実践と評価……………………………………………253

引用・参考文献…………255

索　引…………257

第1章　見える化の基本的考え方

1.1　はじめに

　日本企業の強みは，現場力である．この現場力は，やる気とやる腕をもった人々がその能力を発揮する場（やる場）を与えられたうえでの自律的協働のもとに生じるもので，効果的な日常活動の実践能力であるといえる．その能力を活かし育み，職場の使命と役割と業務を遂行できるように，第一線の人々が"やるべきことをきっちり実施する"ことを確実にしていくのが日常管理である．効果的な日常管理を実践するためには，第一線の人々の業務遂行上必要なスキルの体得，5S，標準化を基盤に，一貫した活動を継続的，かつ徹底的に実施するとともに，変化への柔軟な対応を行う必要がある．これらを全員参加で確実に実施するためには，変化点管理と改善・ポカヨケ対策に加えて，効果的な見える化が展開されなければならない（図1.1参照）．

　しかしながら，現実には見える化が不備であるために，"工程が正常か異常か"を見ていない，又は気にしていない場合が多く，正常か異常かが明確に識別されず，必ずしも維持管理，異常処置，改善などが適時かつ適切に実施されず，効果的な日常管理が実施できていない状況が散見される．例えば，製造工程を例に，職長・現場のリーダーと第一線の作業者に以下の問いをして事実を確認してみてほしい．

① **出力**：あなたの工程の製品・部品と屑などの出力は正常ですか．
　　初物チェックによって品質が保証されていることを確認していますか．欠点・不適合品の数，現象，位置にはいつもと変わりはないですか．不適合品・保留品の理由と処置は明確にされ，適切に処理されていますか．計画・目標に対する進捗状況と異常発生を把握し，必要な対応を確実に実施してい

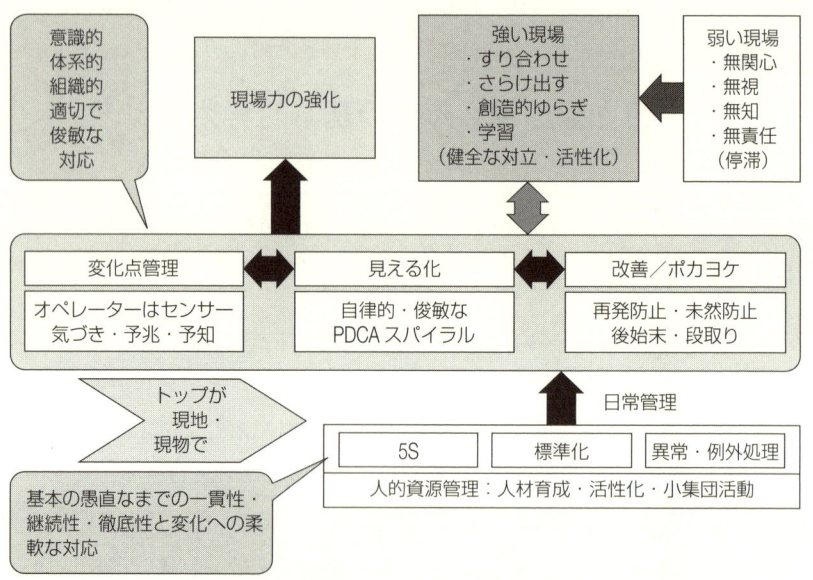

図 1.1 日常管理の基本条件整備と改善 [1]

ますか．屑の形状と量の状態を見て，異常の有無を確認していますか．
② **設備**：設備・型・治具・刃具は正常ですか．
　水漏れ・油漏れはありませんか．異常摩耗・偏摩耗はありませんか．ガタ・異音はありませんか．歪み・異常発熱はありませんか．故障・チョコ停の状況が把握され適切な対応が実施されていますか．異常がわかるようになっていますか．いつもと異なる気になることはありませんか．
③ **人**：人に異常はありませんか．
　異常行動・作業はありませんか．抜け・飛び加工などの作業ミスは発生していませんか．異品混入・数量相違・ラベル相違はありませんか．作業中断対応に問題はありませんか．変化点対応が適切に実施されていますか．新人・応援者への対応は適切ですか．体調不良の人はいませんか．当日欠勤はありませんか．労働基準法が確実に順守されていますか．

④ **条件**：条件は正常ですか．
　作業手順・作業方法・条件設定は標準を順守して実施されていますか．条件・表示計器の異常が一目でわかるようになっていますか．異常処置方法が設定され順守されるようになっていますか．ワンポイントレッスン・要領が作成され有効に活用されていますか．

⑤ **原材料**：原材料・部品は正常ですか．
　原材料・部品の品質確認と品質保証はされていますか．不適合品・保留品の処置は適切ですか．先入れ・先出しが確実に実施されていますか．端数処理が適切に実施されていますか．在庫切れ・過剰在庫が生じないようになっていますか．長期在庫・不良在庫はありませんか．

⑥ **環境・安全・リスク**：環境・安全・リスク対応は適切ですか．
　不安全行動・不安全箇所はありませんか．ヒヤリハットが顕在化され，適切に対応していますか．季節変動・異常変化への対応は適切ですか．温度・湿度が把握されて必要な対応が行われていますか．ダスト・騒音に対する計測と必要な対応が実施されていますか．省エネ・廃棄物の状態把握と適切な対応は実施されていますか．

⑦ **コミュニケーション**：コミュニケーションは有効に機能していますか．
　報告・連絡・相談（ほうれんそう）が確実に実施されていますか．必要な情報が収集され活用できるようになっていますか．部門間連携が円滑に実施されていますか．

　これらの工程の異常の見える化は，製造工程のみならず，開発工程，営業工程，事務処理工程など，すべての工程に対して実施される必要がある．読者各位が関与している各工程で，リーダーと第一線の従業員に対し，上記のような問いを行って，事実を確認すると，意外と工程を見ていない，あるいは見えていないことを実感するはずである．

　見える化は，全員参加の継続的活動として実践されるべきであり，トップと管理者が現地・現物でリーダーシップを発揮しなければ，定着しないし成果も得られない．

1.2 見える化の意義

1.2.1 事実に基づく管理と見える化

"事実に基づく管理"によって,維持管理と改善を全員参加で目と知恵を使って実践するためには,"見える化（Show and share for solving problems）"を行う必要がある.ところが,"見る"ということは,目を向け一瞥して"見る・見える",全体・全貌を"鳥瞰する",凝視して"視る",いろいろな視点から観察して"観る",詳しく詳細に分析的に"診る"と多様である.以下に,各"見る"について説明するが,図1.2に示すように,"見る・見える"を出発点にして,必要に応じて,関連する他の"見る"行為を行う必要がある.

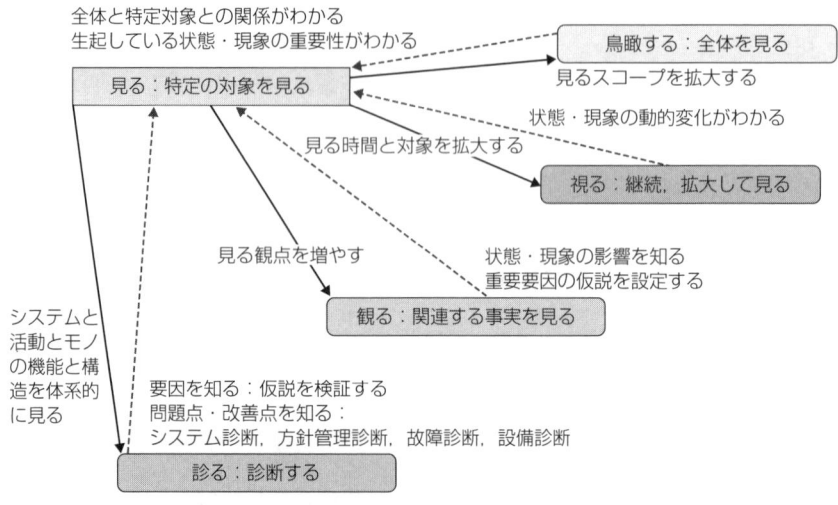

図1.2 "見る"を起点にした多様なレベルの見える化

(1) 鳥瞰する

ここでは,"見る"行為は,状態と現象の部分的観察を意味する."木を見て,森を見ず"の例えのように,"見る"ことは,限定された対象やサブシステム

を観察することになるので，その対象の背景・文脈，及び全体との関係に対して適切な認識を得るためには，スコープを拡張して，全体ないしシステムを"鳥瞰"すべきである．そのためには，構成要素やサブシステムを構成する全体ないしシステムは何か，見る対象となるものを明確にしておく必要がある．

(2) 視 る

ここでは，"見る"対象は，一般に動的に変化しているので，"見た"のは時間的に切り取った静的な状態と現象である．見た状態と現象は，どのような経過と推移で，その状態と現象が生起したのか知るために，ビデオやレンズ（拡大鏡や顕微鏡）などを利用した見る時間と対象を拡大して，動的変化を"視る"必要がある．

(3) 観 る

また，"見た"状態と現象の影響を知るため，及び原因・要因の仮説を設定するためには，関連する事実を多様な観点から"観る"ことによって，適切な現状把握をしなければならない．そのためには，何をどのような観点から観るべきかを明らかにする必要がある．

(4) 診 る

さらに，"見た"状態と現象に対する認識を深めるため，及び要因追究・設定仮説検証のためには，いろいろな観点から，より詳細に，分析的に，機能と構造を"診る"(生理学的アプローチと解剖学的アプローチによる)診断が行われるべきである．診断の対象はシステムと活動とモノがある．システムと活動の診断には，品質マネジメントシステム診断，方針展開と方針管理に対するトップ診断などがあり，モノに対する診断には，故障診断，設備診断などがある．これらの診断が効果的に実施される機会を提供するのが"見える化"である．

また，事実は観察された（見た）現実であり，観察（見る）という個々人の行為による所産である．観察は，理論負荷的で，いつ，だれが，何のどこを，どのような観点から，どのようにしたかによって異なる．観察の結果は，絶対的事実ではない．例えば，素人の骨董品の鑑定において，多くの場合，観察の結果は人によって全く異なるという点で信憑性がなく，ときに購入行為に悔い

を残すことになるが，観察そのものが目的ではなく，重要なのは，観察の結果に基づく行動とその行動の結果であることから，見える化は，関係者が認識を共有して，適切かつ迅速な対応をするために実施されるべきである．

したがって，見える化で重要となるのは，"見るべき人が見る"ことと"何を見るのか"，"どのような視点から見るか"，"見てどうするか／見せてどうするか"といった点である．見える化は，関係者に対して，"認識する"，"注意を喚起する"，"意識を変える"のみならず，"行動を変える"，"結果を変える"ことを企図して実施される．見える化によって，価値と事実を共有し，自律性を高め，全員参加で，問題解決に，一人ひとりの五感（視覚，聴覚，触覚，臭覚，味覚）と知恵を最大限活かすべきである．以上のことを図で表したのが図1.3である．

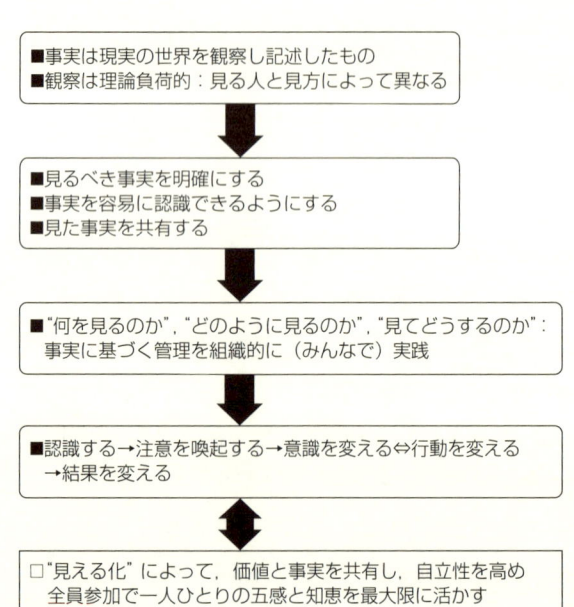

図 1.3 第一線の人々による，事実に基づく管理の基本としての"見える化"

1.2.2 変化と見える化

日本の多くの企業は，世界市場の影響が不可避な状況にあって，日欧米の財政危機と日本の円高傾向，日欧米の成熟市場と新興国の成長市場での厳しい競争，製品・サービスの多機能化・高度化・多様化と短寿命化・高付加価値化，不連続が連続的に生起する定常的なイノベーション，民主化と政変による急激な社会的構造の変化などに対処していかなければならない環境にあり，日本企業が適応しなければならない不確実性は増大しているといえるだろう．不確実性の源泉は，環境不確実性と技術不確実性である．環境不確実性は，環境は変化することは普遍的ながら，環境がどのような変化をするかは不確実であることを意味する．技術不確実性は，すべての技術的活動に再現性があるとは限らず，やってみなければわからないことがあることを意味する．

不確実性への対応には，不確実性の削減と処理能力の向上が不可欠であり，その有効な方策の一つが見える化である．つまり，見える化によって，第一線の人々による "See more, Think more, and Act more reasonably and more speedily.（もっとよく見よう，もっとよく考えよう，そして，もっと賢明に，もっと速やかに行動しよう）" が実践されることによって，組織として不確実性に適切に対処できるのである．不確実で厳しい競争環境下では，少しの差異，つまり，"More（もっと）" の追求による差別化の重要性が増大する傾向がある．見える化によって第一線職場の不確実性が削減できれば，第一線の人々が，各自が関与している工程の状態と異常の検知と予知ができ，第一線での不確実性の処理能力は向上される．見える化は，全員参加の維持改善活動が継続的に実施されるように，競争優位の源泉として機能する不確実性の削減と処理能力向上を実現することによって，組織内のエンパワーメント（権限委譲）を促進すると期待される（図 1.4 参照）．

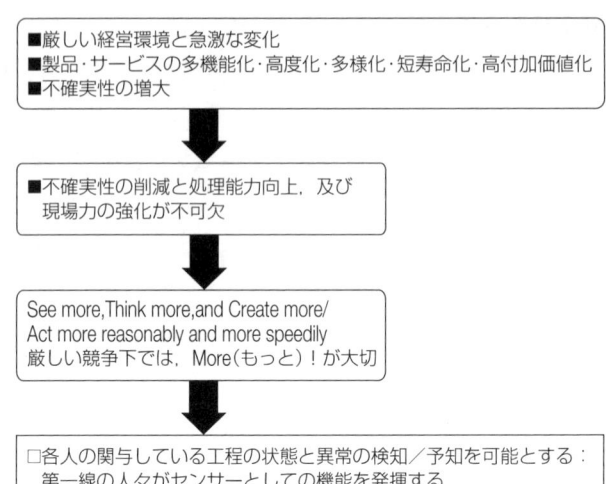

図 1.4 見える化の意義：なぜ"見える化"なのか

　エンパワーメントが促進されると，一人ひとりの自律性が高まり，行動と意識に変化をもたらすことで職場が活性化し，職場での協働と風土の変化を誘発する．さらに，職場と部門内の問題の顕在化と解決が行われるようになると，部門間の問題についても顕在化するようになることから，部門横断的活動の活性化とともに，環境適応性が高まり会社を変えることになる（図 1.5 参照）．見える化は，人材育成であり，組織文化の創造であり，組織変革であるので，トップ主導で実施しなければ効果的ではなく，管理者が中核になって計画的かつ組織的に展開・実施しなければ，これらの三つの変化は達成できない．

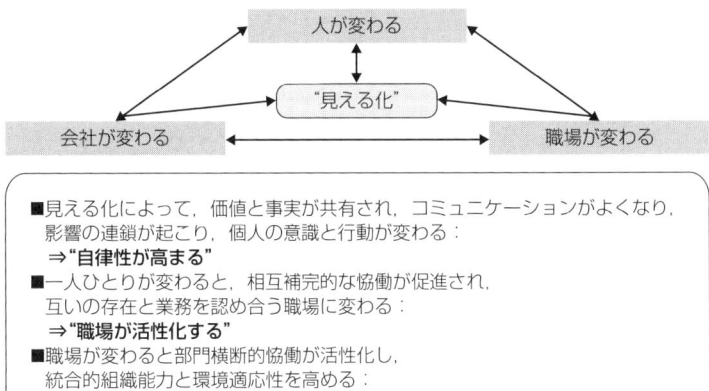

図 1.5　見える化が企業にもたらす三つの変化

1.2.3　望ましい結果を得る活動と見える化

　結果には原因が存在するので，望ましい結果を得るためには，入力とプロセス（以下では，入力とプロセスを総称して，単にプロセスないし工程と呼ぶ．）が望ましいものでければならない．また，望ましくない結果が生起するのは，工程が望ましくないことに起因する．したがって，結果の評価尺度である"品質特性"と結果に影響を及ぼす工程の主要な原因である"要因"との関係を事実で把握する"工程解析"を実施して，品質は工程で作り込むべきである．

　また，人間は考える葦であり，学習能力をもっている．つまり，人間は望ましい状態と目標を定義し，その望ましい状態と目標を実現する方法を創造的かつ試行錯誤的に模索し，方策を検討・策定して，実施計画に展開することができるとともに，展開計画を実施した結果を企図した望ましい状態と目標を比較し，差異があれば，その要因を解析し，必要な対応をするというマネジメントサイクル［PDCA（Plan-Do-Check-Act）サイクル］を回すことができる．このサイクルを回した経験から多くを学習し，さらに挑戦的・高い目標に向けた活動を実施する PDCA サイクルのスパイラルアップをすることができる（図1.6 参照）．

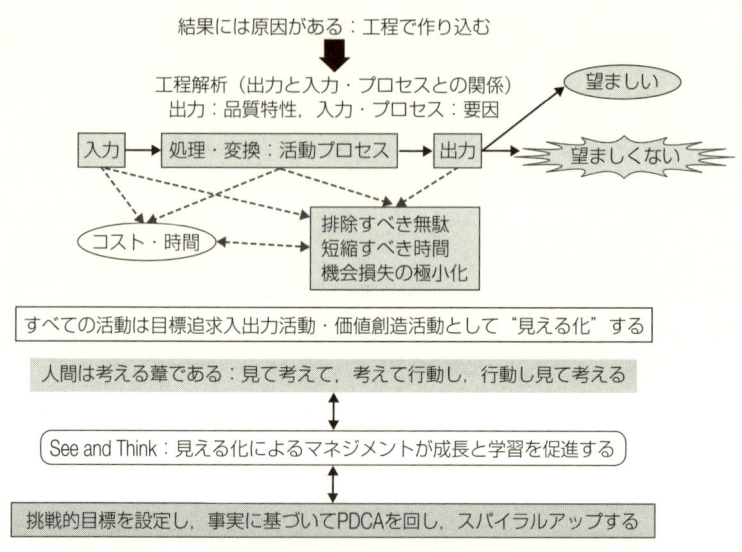

図 1.6　望ましい結果を得る活動と見える化の基本的関係

したがって，環境が変化する状況下で，持続的に望ましい出力を得るためには，出力とその望ましさの見える化のみならず，工程，工程と出力の関係，及び PDCA サイクルの見える化が必要となる．

1.2.4　見える化で配慮すべき事項

見える化は，"見ること"，"見せること"そのものが目的ではない．見える化で重要なのは，"見てどうするのか"，"見せてどうするのか"である．見える化は，関係者が"認識する"，"注意を喚起する"，"意識を変える"のみならず，"行動を変える"，"結果を変える"ことを企図して実施することは前述のとおりであり，関係者の迅速な行動と行動の成果が重要なのである．見える化の目的達成のために留意すべき事項を以下に示す．

1.2 見える化の意義

(1) 見るべき事項を見る

① **結果を見る：**

まず，結果が望ましいか望ましくないかを識別する必要がある．そのためには，結果の評価尺度と基準を明確にして，結果の何を見るべきかを明らかにする必要がある．

② **プロセスを見る：**

次いで，結果を生成するプロセスが正常か異常か（標準が順守されているか）を識別するとともに，結果とプロセスの関係を把握するために，プロセスと成果の対応を見える化する必要がある．

③ **システムを見る：**

結果は，複数の相互に関連したプロセスの集合体であるシステムによって規定されるので，システムが正常か異常か（適切に機能しているか）を識別し，結果とシステムの関係を把握する必要がある．

④ **決定的瞬間を見る：**

1981年にスカンジナビア航空の社長に就任し，同社の経営再建を担ったヤン・カールソンは，彼の著書『真実の瞬間』で"最前線の従業員の15秒の接客態度が，企業の成功を左右する．その15秒を'真実の瞬間'という"と説明している[2]．カールソンは，顧客と直接接触するわずかな瞬間こそが企業の印象・評価を決定する瞬間，"真実の瞬間"であるととらえたうえで，現場スタッフが臨機応変に顧客本位の意思決定と行動が行えるように，同社の職場環境や規定，組織，風土を整備して業績のV字回復を実現させていった．例えば，航空券がなければ飛行機には乗れないが，ホテルの部屋に航空券を忘れた顧客に対応した係員が機転をきかせ，搭乗カードを渡して仮発行の航空券を準備するとともに，顧客にホテルの連絡先と部屋番号を確認し，あらかじめ車を手配したうえでホテル側に航空券の持参を依頼することによって，フライトの出発前に航空券を顧客の手元に届けたというエピソードが印象的である．カールソンが前述の著書の冒頭で"人はだれも自分が必要とされているということを知り，感じなければならない．人はだれも一人の

人間として扱われたいと望んでいる．責任を負う自由を与えれば，人は内に秘めている能力を発揮する．情報をもたない者は責任を負うことができないが，情報を与えれば責任を負わざるを得ない"[2])と述べているが，これは，見える化の基本理念である．つまり，見える化は，顧客と直接接触する決定的瞬間を最大限に活かすように，最前線の一人ひとりが，適切かつ迅速に行動する責任と権限を与えることによって有効に機能するのである．

　また，この決定的瞬間は，顧客と現場スタッフとの接点に限らず，設計作業，製造作業，保全・サービス作業，事務作業など，人とモノ及び／又は人と情報との接点においても，日常的に生起するものである．例えば，保全マンは顧客と接触するのみならず，保全対象と接触し，診断と保全行為を行うが，それはすべて顧客の信頼と満足を決定づける"真実の瞬間"であると考えられる．同様に，加工と組立現場では，作業者と部品・機械などの物との接点が"真実の瞬間"であり，設計者であれば，構想し，実現可能性を検討し，構想図・計画図・詳細図（図面・仕様）を作成している瞬間が"真実の瞬間"に当たるであろう．したがって，これらの瞬間を，"顧客の印象と評価を決定づける顧客と直接に接触するわずかな決定的瞬間"から，"顧客への対応と活動の質を決定づける人とモノ（ハードとソフト）が直接接触する決定的瞬間"に拡張して，適切な意思決定と行動が臨機応変に実施されるようにすべきである．換言すれば，人とモノが直接接触し決定的真実が生起する瞬間の"すべての出会い"の質を見るべきである．

⑤　**発生する問題を見逃さない：**

　一般に異常には兆候がある．"何か変だな"，"ヒヤリ／ハットした"，"何か変化した（変化点）"などに対する感度・感性を高めるとともに，想定外，"仕方ない"とすることを極小化するために，最悪事態と生起し得る問題を想定した見える化を実施する必要がある．

⑥　**見えないもの・気がつきにくいものを見えるようにする：**

　設備の操作面の近くにない計器・配線・パイプ，給油困難な部分，清掃困難な場所など，アクセスが困難な状態にあるものを見るのは容易でなく状態

把握は困難だが，隠された異常がある可能性は高い．また，慢性的な問題に対する感性は鈍っている可能性が高いので，意図的に異常と認識されるように，問題の見える化が必要である．

(2) 現実（実際に生起している事象と状態）を見る

① **事象と状態が生起している現場の第一線の人々が見る：**

事象と状態が生起しているのは第一線の現地・現場である．事象と状態は刻々と推移するので，第一線の人々は現実を観察し決定的瞬間の事実を見逃さないようにすべきであり，対処しなければならない予兆や傾向も同じく見逃さないようにすべきである．

② **第一線の人々はセンサーとしての役割も担う：**

現場の諸条件と結果の状態を監視するために，多様なセンサーが組み込まれるが，センサーは不確実な状態すべてを監視することはできないし，センサーが正常に機能しないことも起こり得る．それをカバーできるのは，人間の感覚器官であり，第一線の人々は，オペレーションの機能のみならず，センサーとしての機能も遂行すべきである．

(3) 意思決定する人が見る

① **価値と事実に基づく適切な意思決定：**

意思決定は価値と事実から結論を導くプロセスであり，適切な意思決定を可能にするのは，価値と事実の認識であり，関係者が価値と事実を見て，共有できるようにすべきである．

② **意思決定の機会とタイミング：**

状況は絶えず変化している．意思決定の遅れが，機会損失を多くするのみならず，深刻な事態をもたらすことは多い．見える化にも，JIT（Just In Time）が求められる．

③ **適切な報告・連絡・相談（ほうれんそう）：**

第一線の人々がすべて意思決定できるわけではない．多くの関係者で対処しなければならないとか，責任ある人の指導・支援が必要な場合もある．権限は委譲しても責任は残るので，管理・監督者が責任を遂行するためには，

権限を委譲した第一線の人々からの適切な報告・連絡・相談が不可欠である.

(4) 行動すべき人が見る

① **俊敏な意思決定と行動，成果の得られる行動：**

　行動をしなければ，望ましい結果は得られないし，望ましくない結果を回避することもできない．行動は意思決定の結果であり，望ましい行動を遂行するためには，適切な意思決定が不可欠である．また，状況に適応した臨機応変な対応には，俊敏な意思決定と行動が求められる．機械故障の兆候，不良発生の可能性，不安全行動，変化点の出現，顧客の不満・不安など，即座に対応すれば，被害・損失・不信を最小限にとどめるだけでなく，顧客からの信頼を得ることが可能であるにもかかわらず，対応が遅きに失することがあってはならない．

② **第一線の人々のエンパワーメント（権限委譲）ないし即時的連携：**

　第一線での臨機応変で俊敏な意思決定と行動を可能にするには，情報の提供と権限委譲，及び必要に応じて関係部門との即時的連携が不可欠である．

(5) 過去の経験・学習の成果を迅速に活かす

　過去の経験と学習の蓄積と活用：

　現在の業務遂行は過去の経験・学習の賜物であり，今日の業務遂行経験は明日の業務遂行のよりどころとなる．効果的な問題の発見と問題の対処には，経験と学習の成果を活かすために，個々人の経験と学習を組織の経験と学習にする必要がある．そのためには，経験と学習を蓄積し，容易にかつ迅速に活用できるように，経験と学習の内容と蓄積・活用のプロセスを見える化すべきである．

(6) 不正・隠蔽（ぺい）・粉飾・事故の予防と適切なリスク対応をする

① **不正・隠蔽・粉飾・事故が見える・わかる：**

　不正・隠蔽・粉飾・事故及びリスクは発生を予防し回避すべきであるが，現実に生起した場合には，即座にわかるようにして，適切な対応を迅速に実施するとともにその影響を最小限にとどめるべきである．

② 問題を顕在化させる組織文化・風土の醸成：

不正・隠蔽・粉飾には，即刻解雇などの懲罰が適用されるように厳しく対処する姿勢が明確に示されるべきである．また，その適用の対象は一般従業員のみならず，トップも含まれることも明示されるべきである．

③ 効果的な内部統制・監査の実施：

不正・隠蔽・粉飾・事故の発生と温床を見逃さないように，活動と状態とシステムに対する事実に基づく内部統制と監査はCSR（Corporate Social Responsibility：企業の社会的責任）には不可欠である．

以上の見える化で配慮すべき事項の概念を図1.7に図示する．

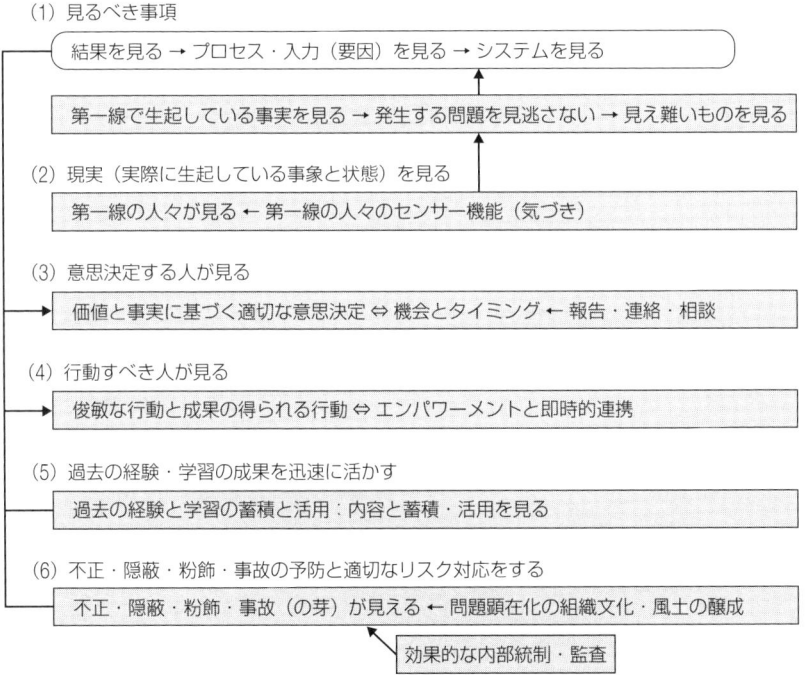

図1.7 見える化で配慮すべき事項

1.3 直接的見える化と間接的見える化

見える化には，①機械の状態と動き，発生した不具合，在庫など，現地・現物の現実を直接観察する直接的見える化，②映像や動画によるマニュアル，表示，エフ（絵符），色別配管などの現実の世界に対するモデル（写像）を使用してのモデル表示による間接的見える化，③生産実績，設備の停止と対応の実績，経時的・工程別・製品別不良発生状況など，現実を観察し記述した事実として提供するデータと情報による間接的見える化，④ PDCAを回すための計画と実績の差異と要因系の情報，DR（Design Review：設計審査，デザインレビュー）で参照する過去の経験情報，各工程の自主管理のための工程別の損益情報などのマネジメントのための情報の見える化などがある．

ここで，直接観察による見える化が直接的見える化であるのに対して，モデル表示によるモデル化，データによる見える化，情報の見える化は間接的見える化である．

また，見える化には，自らのために自ら実施する自主的見える化と，組織活動として他者から状況を創出される組織的見える化がある．第一線の人々が，個人であれ，集団であれ，知恵を出して見える化をするのみならず，現実には職制主導で見える化の活動を実施するとともに，品質，情報などの職能部門が職務の一環として，見える化の状況創出と見える化活動の推進を実施している．

上記①〜④に示した見える化について，ものづくりにおける例を含めながら以下の各項で述べる．

1.3.1 現地・現物・現実の直接観察による直接的見える化

見える化の基本は，現地・現物の現実を直接観察し，異常の検知と対処，及び異常の予防を行うことである．他方，モデル，データ及び情報は，現地・現物の現実の写像であって，それで現地・現物の現実が適切に認識できなければ，適切な意思決定と行動はできない．この見える化の例には以下のようなものがあげられる．

① **不適合品・保留品の現物置き場：**
　発生状況と処置状況の見える化，クレーム品・不適合品の現物公開展示など

② **定置・定量：**
　在庫／発注の見える化，先入先出・ロット管理の見える化，不良・長期在庫の見える化　など

③ **現物・現場確認：**
　合マークによる異常の検知と増締，バルブの開閉状態（全開・全閉・開度），透明化による潤滑油の変色，表示計器，検査ゲージ・治具，金属・異物・不具合検知装置，限度見本，セキュリティ確保のためのセンサーと認証技術，金属探知機，異常音，設備ののぞき窓，カメラ撮影による状態監視，消防消火設備，工具・治具のセット化と定位置，禁止事項，一旦停止位置，安全帯など

④ **顕微鏡・分析器による異常確認：**
　洗浄・殺菌，異常検知分析，有害物質，品質検査，汚染・水質検査　など

　第一線で生起する事象と状態を直接観察し，迅速に適切な判断と行動をするために不可欠な直接的見える化は，見える化の工夫のみならず，行動までの時間短縮と適切な対応の工夫が要求される．ただし，直接的見える化は，基本的には五感でとらえられる現実の生起している状態と動きの観察であって，微妙な瞬間的現実を認識できるものの，それはあくまで局所的でピンポイントな現実の信号情報である傾向があることに留意する必要がある．

1.3.2　現地・現物・現実のモデル表示による間接的見える化

　現地・現物の現実の直接観察ができない場合あるいは容易でない場合は多い．その場合の対応として，現地・現物の現実への対処を適切に実施するために，現地・現物の現実に対するモデル・写像を利用して現地・現実の状況と状態がわかるようにするモデルによる見える化が活用される．この見える化は，直接的見える化で対応できない現地・現物の現実の観察を代替するものであるが，

現実そのものでなく，関心のある側面を切り取った現実のモデルの見える化である．そのため，モデルによる現実の理解と解釈は人の判断に委ねられる部分が残る．また，現行の現実の生起している状態，動き，結果をモデルを通じて知ることはできるけれども，直接的見える化と同等以上に，局所的な信号情報である傾向がある．しかし，モデルは操作的にシミュレーションできるので，一連の状態，動き，結果を推測できる利点もある．この見える化の例には以下のようなものがあげられる．

① **作業マニュアル：**

ビデオマニュアル，図・写真と説明を組み込んだ作業マニュアル，ワンポイントレッスン　など

② **表示：**

配管・ボンベ等の識別表示，計器の適正値部分・水準表示，バッテリー使用可能（時間）表示，処理中状態表示　など

③ **エフ（絵符）付け・エフ取り：**

自主的処置の白エフ，職制・専門部門への処置依頼の赤エフ，不安全箇所の黄エフ，環境改善（廃ガス，騒音，粉塵など）・省エネなどの緑エフ，映像記録による不具合顕在化のデジタルエフ，遊休・不要シール　など

④ **モデル：**

カットモデル，からくり改善モデル（からくりの機構），ポカヨケ，不具合発生モデル　など

⑤ **シミュレーション：**

CAD/CAE，生産シミュレーション，物流シミュレーション，接客・電話コンペ，公開段取り　など

⑥ **予測：**

使用可能時間，信頼性予測による保全方式　など

この間接的見える化については，現地・現物の現実をモデルによって表現し，バーチャルであるけれども，現実から乖離しないモデルから現地・現物の現実を認識できるような工夫が必要である．

1.3.3 現地・現物・現実のデータと情報による間接的見える化

現実のオペレーション活動のデータを収集して処理することによって，現実で生起している状態の推移と出入力の時間的推移を知るとともに，基準・目標と実績との対比とグラフ表現によって，目標の達成状態と異常発生を知ることができる．現地・現物の現実に関するデータを収集して情報を提供することで，利用者が提供情報から現実を適切に解釈して，適切な意思決定と対処をするための見える化が，現地・現物・現実のデータと情報による間接的見える化である．この見える化は，見るべき現実の共有化が行われ，関係者が適切に役割を遂行して，効果的な協働が行われることが基本要件であり，例として以下のようなものがあげられる．

① **ロス情報**：

ロス－コストマトリックス，ロス・コストの改善状況などの見える化

② **活動掲示板情報**：

活動の方針と活動の状況と成果(方針の達成状況：損益，人材育成，安全・環境保全，設備総合効率：時間稼働率・性能稼働率・良品率)，交流会・審査会での指摘事項の実施状況などの見える化

③ **管理図・工程能力図情報**：

不良，工程の安定状態と異常，工程能力評価，工程の維持改善などの見える化

④ **リアルタイムでの計画対実績情報**：

生産・販売の計画と実績の差異表示，生産予定のスケジューリングと資源配置による生産目標達成の調整と余剰資源の有効活用，生産従事者への動機づけと営業・資材との必要な調整の顕在化と実施状況の見える化　など

⑤ **設備関連情報**：

清掃・給油による設備の強制劣化防止と異常検出，設備の故障・チョコ停のMP（Maintenance Prevention：保全予防）情報に基づく生産活動の調整と設備保全部門の必要な対応，段取り調整の情報による生産活動調整と段取り調整改善活動の展開状況などの見える化

⑥ マップとチャートの情報：

　設備不具合，不適合品質発生，業務スキル習得状況（スキルレベル評価：経験がない，一人でできる，予定どおりできる，異常発生時に対応できる，改善・指導ができる），不安全箇所などのマップによる設備・品質・スキル・安全に関する問題・課題，レーダーチャートによる能力（情報力，企画力，改善力，戦略力・評価力，折衝力，育成力），マンマシンチャートなどによる見える化

⑦ 業務プロセスフロー情報：

　役割・活動（入力・処理・出力）の相互関連性と統合性の見える化　など

⑧ 顧客・市場情報：

　クレーム，顧客満足度，顧客の生の声などの見える化

⑨ 平準化情報：

　スループット，工程負荷（工程ラインバランス，山崩し・壁崩し）などの見える化

⑩ 事例情報：

　改善事例の掲示とイントラネット化，からくり改善，フールプルーフとフェールセーフ，レイアウトなどの見える化

⑪ 消耗品情報：

　事務消耗品，製造共通消耗品，治工具などの見える化

　この間接的見える化が有効に機能するためには，提供情報から現実を偏りなく認識できることが前提となる．間接情報による見える化を利用する関係者は，日頃から現実世界の直接観察を実施するべきである．

1.3.4　マネジメントのための情報の見える化

　オペレーション活動の現地・現場・現実を効果的・効率的なものにするためには，組織として効果的協働が実施できるような資源の配分，計画策定，調整などのマネジメントが不可欠である．管理者は権限委譲しても責任は残るので，職責として役割を遂行するには，成果とプロセス・手段の現実をマネジメント

しなければならない．しかしながら，管理者は現地・現物の現実をすべて直接観察できる状況にはないので，情報による間接的見える化によってマネジメントしなければならないのが現実である．この見える化には以下のようなものがある．

① **計画と実績との対比：**
　PDCAの見える化，異常（赤・黄・青の信号表示）が一目でわかる見える化，KPI（Key Performance Indicator：重要業績評価指標）の計画と実績のギャップの見える化　など

② **計画に対する実施事項：**
　方針展開の見える化，方針による管理の見える化，目標の展開の適切性と目標達成の方策の適切性，及び部門間と階層間の一貫性の見える化　など

③ **例外事項・異常・リスク情報：**
　隠蔽・不正処理・偽装の見える化，リスクとその対応の見える化，隠蔽・不正処理・偽装に対する企業の毅然とした姿勢の見える化／見せる化，情報公開と内部統制のための情報システムの有効性の見える化　など

④ **失敗情報：**
　失敗の見える化，失敗からの学習の見える化　など

⑤ **診断・監査：**
　TQM診断，TPM診断，品質監査，会計監査，設備診断，故障診断　など

⑥ **経営の見える化：**
　成長戦略・収益性・リスクのマネジメントの三つの視点，BPM[*1]（Business Performance Management：ビジネスパフォーマンスマネジメント），プロジェクトマネジメント，SCM（Supply Chain Management：サプライチェーンマネジメント），製品・サービスと工程の損益などの見える化

[*1] 適切な指標を用いて戦略を表現し，それを実行する的確な計画実行プロセスを構築し，ITを効果的に活用することによって変化への対応を可能にするフレームワーク化．

⑦ **戦略の視点：**

バランスト・スコアカード（Balanced Scorecard：BSC）の四つの視点（財務の視点，顧客の視点，業務プロセスの視点，学習と成長の視点），CSF（Critical Success Factor：重要成功要因）とKPIの展開と実績などの見える化

前述の各見える化に対するものづくりの場合の概念的枠組みを図1.8に示す．

現地・現物の現実：状態・現象（ものづくりの場合）

| 供給者・前工程 | 入力：原材料・部品・作業指示・仕様・要求 | 工程：設備・型・治具・工具 作業手順・条件・標準・人・活動 | 出力：製品・サービス・屑 | 顧客・次工程 |

自主的見える化と組織的見える化

直接観察・見える化の工夫：
透明化，識別，合マーク，現物表示，デジタル化，センサー

モデル化の工夫：
モデル・映像の利用

情報化の工夫：
データの収集と処理，情報の提供と活用，活用の容易さの工夫

直接観察の見える化と対応：
不適合品・保留品，定置・定量・在庫，現場・現物確認，顕微鏡・分析器・のぞき窓

モデルによる見える化と対応：
ビデオマニュアル，ワンポイントレッスン，記号化，カットモデル，識別表示，適正領域表示，エフ付け・エフ取り，からくり機構モデル，シミュレーション，接客・電話コンペ，公開段取り，状態表示

情報による見える化と対応：
ロス・コスト，不具合・クレーム，納期，工程損益（商店経営），活動掲示板，管理図，工程能力図，リアルタイムの計画対実績，リアルタイムの計画対実績，設備故障・停止情報，MP情報，不具合マップ，スキルマップ，チャート，マン・マシンチャート，レーダーチャート，業務プロセスフロー，顧客関係性，顧客満足度・就業員満足度，生産能力

現地・現物確認

マネジメント情報の見える化と対応：
BSCの展開とKPI情報，PDCA情報，異常情報，計画と実施状況（方針，プロジェクト），リスクの発生と予防，戦略展開状況，競争力，成功と失敗，診断・監査

間接的見える化：間接観察

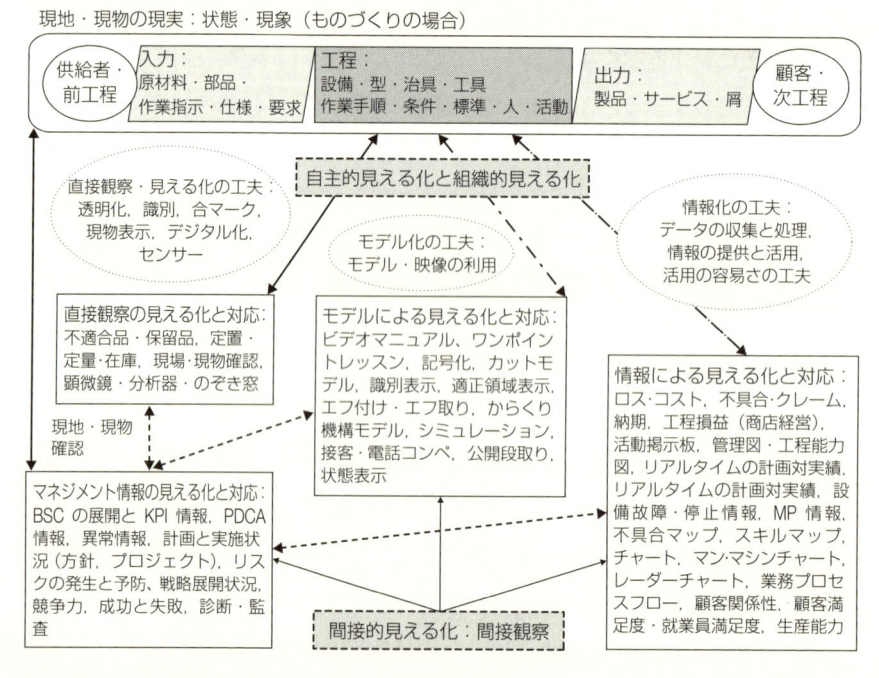

図1.8　見える化における概念的枠組み（ものづくりの場合）

1.4　見る主体と客体

見える化は情報提供であり，提供情報は提供者と利用者の存在を前提にしなければならない．前述の直接観察は，情報の提供者と利用者が同一の場合であ

るが，多くの場合には情報の提供者と利用者が異なる．いずれにしても，"何を見るのか"に関連して，"だれが，だれに，何を見せるのか（どのような情報を提供するのか）"という見る主体（情報提供者）と客体（情報利用者）を明確にしなければならない．つまり，提供する情報がターゲットとなる利用者に活用されなければならず，必要とする情報の見える化に関しては，利用者のアクセスの容易性（アクセシビリティ）とユーザビリティが要求される（図1.9参照）．

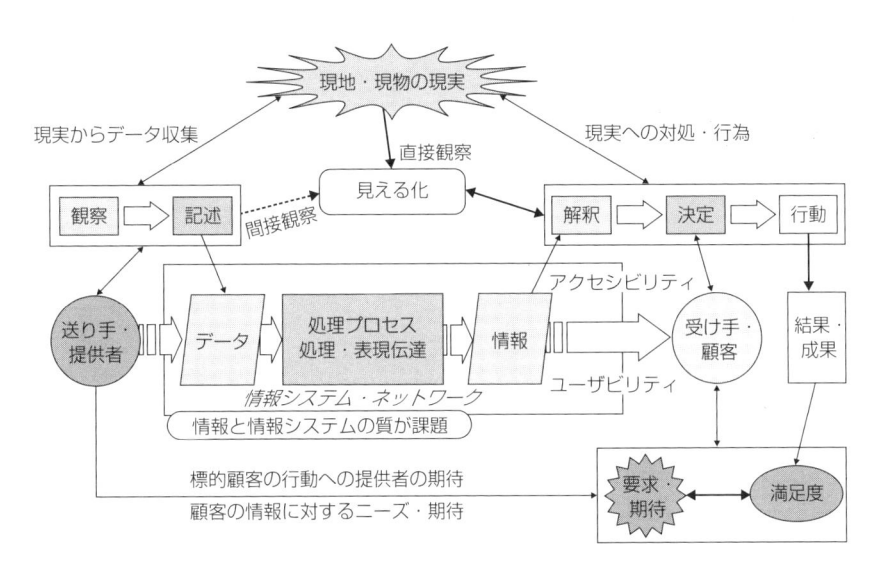

図1.9 情報の提供者と利用者としての見る主体と客体

　ここで，アクセシビリティとは，計器類の集約と一見して判別できる表示によって，オペレーションが行われる位置で見ることができるとか，イントラネット上で，様々な閲覧環境（ハード，ソフト，操作機器，モバイルなど）への対応性がよく，簡単に必要な情報にアクセスできるといったことをいう．ユーザビリティとは，見える化が容易で，見える化の目的が達成できるとともに，情報処理操作と表現がわかりやすく，便利な機能が付与され，使い勝手が

よいことをいう．

また，見る主体と客体については，役割・利害によって関心が異なり，見るべき事項（必要な情報と有効な情報）も異なるので，ステークホルダー（利害関係者）と組織階層とで層別して，だれが，だれに，何を，何のために，どのように見せるのかを明確にした見える化を実施する必要がある（図1.10参照）．

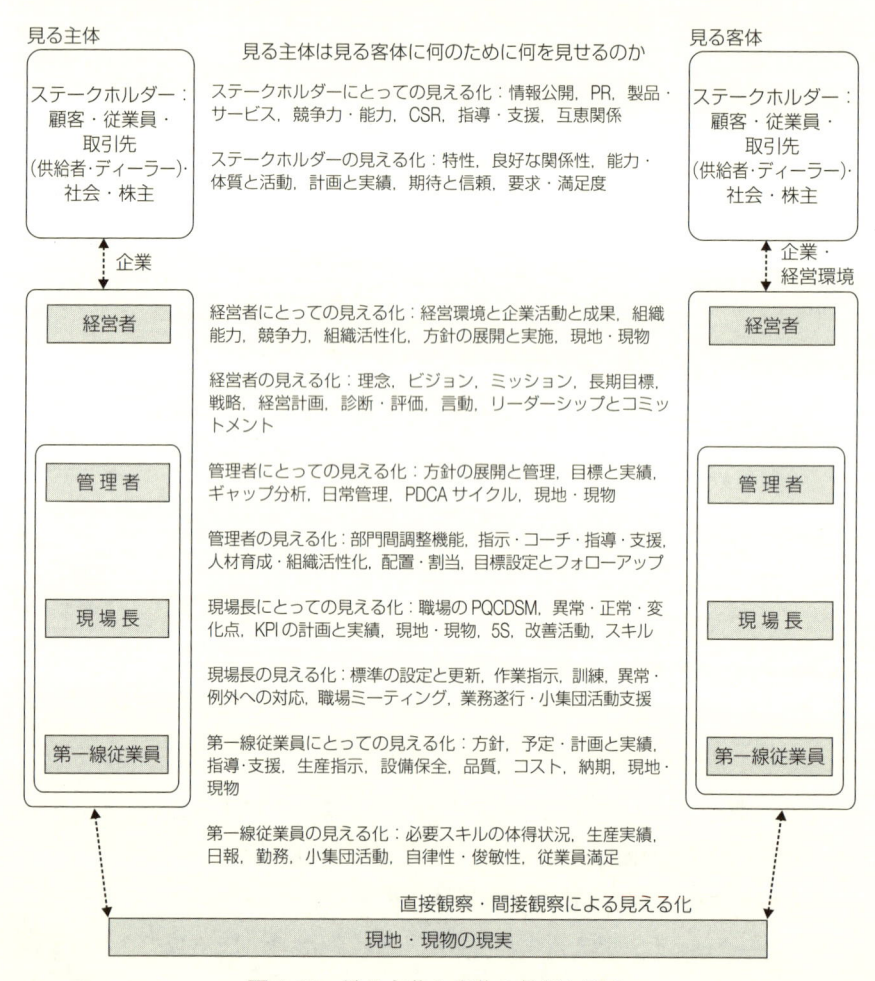

見る主体	見る主体は見る客体に何のために何を見せるのか	見る客体
ステークホルダー：顧客・従業員・取引先（供給者・ディーラー）・社会・株主	ステークホルダーにとっての見える化：情報公開，PR，製品・サービス，競争力・能力，CSR，指導・支援，互恵関係 ステークホルダーの見える化：特性，良好な関係性，能力・体質と活動，計画と実績，期待と信頼，要求・満足度	ステークホルダー：顧客・従業員・取引先（供給者・ディーラー）・社会・株主
↕企業		↕企業・経営環境
経営者	経営者にとっての見える化：経営環境と企業活動と成果，組織能力，競争力，組織活性化，方針の展開と実施，現地・現物 経営者の見える化：理念，ビジョン，ミッション，長期目標，戦略，経営計画，診断・評価，言動，リーダーシップとコミットメント	経営者
管理者	管理者にとっての見える化：方針の展開と管理，目標と実績，ギャップ分析，日常管理，PDCAサイクル，現地・現物 管理者の見える化：部門間調整機能，指示・コーチ・指導・支援，人材育成・組織活性化，配置・割当，目標設定とフォローアップ	管理者
現場長	現場長にとっての見える化：職場のPQCDSM，異常・正常・変化点，KPIの計画と実績，現地・現物，5S，改善活動，スキル 現場長の見える化：標準の設定と更新，作業指示，訓練，異常・例外への対応，職場ミーティング，業務遂行・小集団活動支援	現場長
第一線従業員	第一線従業員にとっての見える化：方針，予定・計画と実績，指導・支援，生産指示，設備保全，品質，コスト，納期，現地・現物 第一線従業員の見える化：必要スキルの体得状況，生産実績，日報，勤務，小集団活動，自律性・俊敏性，従業員満足	第一線従業員
	直接観察・間接観察による見える化	
	現地・現物の現実	

図1.10 見る主体と客体の役割と関心

そこでは，見る／見せる場所・手段も配慮しなければならない．以下に，見る主体別に，その内容を説明する．

1.4.1　ステークホルダーの見える化とステークホルダーにとっての見える化

　企業の持続的成長の基本要件は，顧客，従業員，取引先，社会，株主などのステークホルダーと企業との良好な関係性，互恵的な関係の構築と維持である．企業がステークホルダーとの良好な関係性を構築するためには，企業がステークホルダーを見える化することによって適切な対応をする必要があるとともに，ステークホルダーに対しても企業の見える化を行って，ステークホルダーから期待と信頼を得る必要がある．そのためには，相互理解が不可欠であるが，その実現は容易でない．例えば，企業が顧客価値と社会的責任の視座からブランド形成の活動を展開しても，市場の不確実性と顧客とニーズの多様性のため，顧客価値の認識には限界があるとともに，活動の徹底も関係者の理解や支援の確保も容易でなく，ステークホルダーが認識するブランドイメージは期待したものになるとは限らない．

　したがって，"企業にとってのステークホルダーの見える化"と"ステークホルダーにとっての企業の見える化"は相互に関連づけて実施して，あるべき姿を追求する必要がある．

　"企業にとってのステークホルダーの見える化"は，例えば，顧客の場合には，重要顧客の特性（業種・業態，規模，地域など），顧客別商品別の売上げと利益，顧客満足度，クレーム，顧客の要望，顧客の生の声など，効果的営業活動のための顧客の見える化と営業部門別・営業マン別営業実績と営業活動（情報収集，人脈形成，訪問，提案，見積りなど），ディーラーに対する指導支援と販売促進など，顧客へのアプローチの見える化がある．供給業者の場合には，供給業者の能力（生産能力・供給能力，技術力，経営力など），供給業者別QCD（品質，コスト，納期）の実績，VE（Value Engineering：価値工学，バリューエンジニアリング）／VA（Value Analysis：価値分析）への協力，デザインイン，展示会・説明会など，調達活動のための供給業者の見える化と供給業者に対す

る指導・支援活動の見える化がある．教育機関の場合には，採用活動のための教育機関の見える化と教育機関への採用活動の見える化と効果的産学協同のための見える化があり，地域社会の場合には，社会的貢献活動のための貢献対象の領域と組織と成果の見える化と社会貢献活動の見える化があるなど，企業にとってのステークホルダーの見える化は，"ステークホルダーの見える化"と"ステークホルダーに対する企業活動の見える化"から構成される．

　また，ステークホルダーにとっての企業の見える化も，主体と客体との関係によって内容が異なるので，明確に層別するとともに，相互に関連づけてあるべき姿を追究する必要がある．企業がステークホルダーに対して積極的に実施している見える化に，企業の競争力・潜在的成長能力や優れた商品と財務体質など，ステークホルダーからの積極的支援・支持が得られるように，知らせたいことを知らせる広報があるのに対して，ステークホルダーが知りたいことを知らせるのが，ステークホルダーにとっての"企業の見える化"である．例えば，不具合や不祥事は企業評価を下げる危惧があるので，企業は対外的に知らせたがらない傾向にある．しかし，企業が市場クレームや各クレームへの対応を隠蔽せずに継続的に情報公開することによって，ステークホルダーは企業と商品の評価が可能となり，企業が緊張感をもってクレームの再発防止と未然防止の活動を展開することができれば，結果的にステークホルダーからの信頼獲得につながることが期待できる．

1.4.2　経営者にとっての見える化と経営者の見える化

　経営者は社会的存在としての組織の存続と成長に対する経営責任がある．経営者は，理念，ビジョン，ミッションを明示し，組織能力を活かし，経営環境に適応する挑戦的な戦略と年度経営計画を主導的に策定し，関係者を巻き込んで，目標と手段から構成される方針を組織的に展開して，組織的・体系的な活動を実施することで，成果を確実にしていかなければならない．そのためには，経営環境と組織能力（利用可能な資源）に対する認識と先見性，及び人間集団の動機づけと活性化のためのリーダーシップが必要となる．

経営者が戦略的意思決定と経営計画の組織的実践のリーダーシップとコミットメントを遂行するためには，意思決定前提となる価値と事実に対する組織内外の関連重要事項をタイムリーに知る必要がある．したがって，経営者にとって必要な見える化の対象には，システム化された報告，会議，診断などによる経営環境と競争力・組織能力，戦略・年度経営計画の方針展開の適切性と十分性，展開方針の活動と管理の実施状況と成果，組織学習内容などが含まれる．

しかしながら，経営者は一般に関係者にとって都合のよい局所的・断片的な情報しか収集できない傾向があり，隠蔽や虚偽の報告もあり得るので，経営者自身が，現地・現物主義で第一線職場との接触を多くするなど，"企業活動と現地・現物の現実を見る"行動をしなければならないし，"経営者の企図と意志の見える状況と展開されるシステム"を創出する必要もある．また，従業員にとっての"経営者の見える化"では，経営者は，従業員に対して企業活動の方向づけと優先順位を明確に示すとともに，言動を一致させ，従業員からの安心と信頼を得るとともに，彼らの創造性と心理的エネルギーを高めるようにしなければならない．

1.4.3　管理者にとっての見える化と管理者の見える化

日本的経営の特徴は，トップダウンとボトムアップの融合の計画推進型のミドルエクスパンジョンと全員参加の継続的改善活動であり，管理者が中核的役割を遂行することにある．例えば，戦略の展開を踏まえての方針管理（方針の展開と管理）における部門間の調整・統合，階層間のキャッチボールは管理者の役割であり，管理者は方針管理で設定された目標と実施される活動とその成果に責任があるので，管理者にとって関与する方針の展開と実施の状況及び責任遂行状況を見えるようにしなければならない．一般に管理者は，職掌上の役割と目標設定と結果に対する責任を遂行するために，権限を付与され，現場長と従業員・作業者が割り当てられた職務・タスクのPDCA／SDCA［Standardization(標準化)-Do-Check-Act］サイクルを回して活動を組織的に展開することを指導・支援する．管理者が適切なマネジメントによって責任を

遂行するためには，挑戦的目標を設定してのPDCAサイクルのスパイラルアップとSDCAサイクルを回しての維持管理の見える化が不可欠である．つまり，各管理者は，各自の管理責任を遂行しなければならない目標と実施事項を関係者とともに展開して，関係者と目標を共有し，目標と活動実施結果とのギャップ（目標達成状況，ネガティブギャップとポジティブギャップ）を見える化すべきである．そして有意なギャップがある場合には，関係者を巻き込んでのギャップの要因分析に基づいて適切な対応をするとともに，必要に応じて，トップ診断による適切な指導・支援・動機づけを得ることになるが，これらが有効に機能するためには見える化が必要となる．また，管理者の責任遂行に関連して実質的な活動を実施する現場長と一般従業員が使命感と責任感をもって標準を順守し，協働的活動を自律的・創造的に行うようにするためには，現場長と一般従業員に対する適切なコーチ・指導・支援を行う"管理者の見える化"についても積極的に実施すべきである．

1.4.4 現場長にとっての見える化と現場長の見える化

現場長は日々のオペレーションのP（Productivity：生産性），Q（Quality：品質），C（Cost：コスト），D（Delivery：量と納期），S（Safety：安全），M（Morale：士気及びMoral：倫理），E（Environment：環境）に対する任務がある．これらの任務遂行のための日常管理を効果的・効率的に実施するためには，現地・現場主義によって，SDCAサイクルを回すことが不可欠であり，標準の設定と更新，作業者の訓練・指導による必要なスキルの体得，標準の順守，品質標準に対する適合性チェック，計画と実績の差異，異常に対する処置が確実に実施されるための現場長にとっての現場の見える化と報告・相談・連絡のコミュニケーションシステムが必要である．一般には作業日報が作成され，日々の計画と実績，及び発生した異常と異常への対処が記述されているが，作業日報の情報システム化による異常の見える化（異常のシグナル表示，グラフ化），及び職場ミーティングでの日々の実施すべき事項の確認と異常への対応の討議と指示が実施されていなければ，作業日報を効果的に活用できない．

また，日々の活動では，前日に生起した異常事象（品質不具合，設備故障，生産遅延など）への応急的対応の実施活動と活動結果の確認，必要な対応が不十分となった異常の抽出と解析による当日活動の段取りが重要であり，後始末の状態と段取りの状態の見える化が必要である．しかし，当日になっての欠勤者の出現は，作業者の割当てなどの段取りの組換えが必要となる．その対応に追われて現場が混乱する状況を回避するには，当日欠勤による支障を生起させない事前の休暇取得調整の見える化も必要である．

さらに，現場長が責務を遂行するためには，現場長にとっての現地・現物での工程異常の見える化，異常処置と例外処置の実施状況と結果及び結果の妥当性・適切性の確認の見える化，変更点・変化点とそれらへの対応の適切性の見える化が効果的に実施されなければならない．

そして，第一線のオペレーション活動における工程管理の基盤は5S（整理，整頓，清掃，清潔，躾）である（ただし，食品・医薬品などの場合は，5Sに洗浄と殺菌の2Sを付加した7Sが基盤となる）．効果的な工程管理の実施には，5Sの見える化も不可欠である．

なお，オペレーション活動に対する現場長の職務遂行を包括的にマネジメントする管理者は，権限は委譲しても責任は残るので，現場長が任務遂行のための日々の工程管理・労務管理などの管理実施状況とその成果の見える化をしなければ，管理者としての効果的マネジメントが実施できない．また，実質的な活動を実施する第一線の各従業員も，各自の任務遂行と協働の適切性を確認するとともに，必要な指導・支援が得られるようにするために，第一線従業員にとっても現場長の任務の遂行状況と成果の見える化が必要である．

1.4.5 第一線従業員にとっての見える化と第一線従業員の見える化

第一線従業員も，業務を遂行するうえで必要なことを認識して，適切に行動する必要がある．そのための職務記述書は，遂行すべき業務を規定したものであり，体得すべきスキルと体得レベルを図示したスキルマップは業務遂行に必要なスキルの体得状況を見える化したものである．そして，経験と学習の成果

を活かした作業標準の写真と映像を活用したマニュアルは，業務遂行の手順と方法を見える化したものであり，ワンポイントレッスンや要領は，作業のポイントを簡潔に示したものである．また，設備の清掃・給油・点検は，第一線の人々が使用する設備の強制劣化を防止するのみならず，クラックや異常磨耗などの設備異常の見える化と安全確保のための見える化の実施でもある．

　さらに，第一線従業員は，現場で現物ないし顧客に直接接して業務を遂行するので，直接観察による見える化を実践でき，1.2.4項で述べたような決定的瞬間に対する俊敏で適切な対応が可能な状況にある．しかし，第一線の従業員が使命感と責任感をもって自律的に業務を遂行できるようにするためには，会社の理念，ビジョン，ミッション及び方針が十分に周知されるとともに，経営者や管理者とのコミュニケーションが必要であり，これらも見える化の対象となる．また，日々の活動における第一線従業員の職場や会社への貢献状況，及び小集団活動などの改善活動の状況と成果の見える化は，第一線従業員を動機づけ，絆を強くするとともに，従業員の達成感と成長を促進する．現場長の効果的な業務の遂行要件は5Sであり，第一線従業員が日々の業務をきっちり実施するとともに，知恵を活かした改善活動を積極的に実施することである．そのためには，現場長や管理者にとっての第一線従業員と現地・現物の現実の見える化が不可欠である．

　加えて，従業員が業務に支障のない形で有給休暇を消化するとともに，当日欠勤をしないようにするために行う有給休暇の見える化は，従業員にとっての見える化であると同時に，現場長・管理者にとっての見える化でもある．第一線従業員が自主的に有給休暇を効果的に活用し，必要な調整が関係者の納得のもとに実施されるように工夫する必要がある．

1.5　見える化の効用

　見える化には次のような効用があり，これらの効用を確実に享受できなければならない．

1.5.1　情報の共有化

　組織は分業と調整の枠組みで成り立っており，効果的な協働には，関係者の情報共有とコミュニケーションが不可欠である．見える化は情報共有の有効な手段である．

① 労働災害，事故，クレームなどのあってはならない不具合事象の見える化は，情報を共有して注意を喚起するのみならず，関係者の多大な犠牲を払っての学習であるとして，当事者意識に基づいた再発防止対策の検討・実施を促進する．

② 各職場での活動の結果と計画の達成状況の見える化は，職場での活動の適切性・充分性を感知させ，動機づけになるとともに，責任ある行動を誘発する．

③ 経営業績と経営環境の見える化は，経営に対する危機感と当事者意識を醸成し，変化を先取りした改善活動への取組みを活性化する．

④ スキルマップと資格取得リストによるスキルと資格の見える化は，スキル・資格の習得とアップに対する動機づけとなり，自己啓発・相互啓発を促進し，多能工化が容易となるとともに，技術力・現場力の強化につながる．

⑤ 経営理念，ビジョン，ミッション，会社方針，部門方針など，社長・経営幹部の意向の見える化は，組織の価値観の共有を促進し，従業員のエンパワーメントの基盤を与え，自律性を高める．

⑥ 褒賞・表彰などの組織への貢献の評価の見える化は，従業員の社会的欲求を充足させ，動機づけになる．

⑦ 星取表などによる達成状況の見える化は，競走状況を創出し，PDCAのスパイラルアップを推進する．

⑧ 在庫の見える化は，製品，仕掛品，原材料，副資材，交換部品，治工具にかかわらず，関係者による在庫切れの予知，発注時期や過剰在庫・不良在庫・長期在庫などの異常在庫への認知・気づきにつながる．

⑨ 定置定量化と工程における不具合現象をゼロ化することで，工程の整流

化の見える化ができれば，工程の異常に対する情報共有が行われ，異常への処置が迅速に実施される．
⑩　見える化によって職場ミーティングでの職場で実施すべきことの共有化，発生不具合に対する事象・現象と実施事項・役割分担の情報共有化が行われれば，職場での維持改善活動を促進する．

1.5.2　気づき／気づかせ

人間は，積極的かつ自律的に，見て，感じて，考えて，行動することができるが，これらに加え人間の優れた特性として"気づき"がある．見える化は，気づきに有効な情報を提供する．

① 組織構成員は価値と事実に基づいて意思決定し行動する．特に，組織の方向づけと優先順位は，所属する組織の上司とトップの言動から感知する．組織の活性化と効果的・効率的活動のためには，モノの見方・考え方，組織文化を伝承する指針，原理原則，行動規範などを組織構成員全員が共有できるようにすれば，気づきが活性化され，責任ある自律的行動が誘発される．

② ECRS（排除，結合，置換，簡素化），5S，5M，3ムなどの改善の着眼点は，わかりやすく，だれもが，すぐにでも適用可能で役立つので，現地・現物ないし顧客との接点で活動する第一線の人々の目と知恵を活かした全員参加の継続的な改善活動を促進する．

③ ロスとコストの関連を明確にしたロス－コスト構造マトリックス，及びロス・コスト・ツリーは，コストの視点から評価を一元化し，コスト削減効果の大きなロスを削減するために活用できる．このロスとムダの構造のほか，不安全・不適合品質，機械停止，不具合マップ，ヒヤリハットは，関心の焦点を明確にして，問題認識を共有化することによって，全員参加の気づきと改善活動を展開する有効な手段である．

④ 人間が考える有効な手段は，コロンブスの卵と同様，わかれば（知で理解できれば），多くの人が適用できる．合マーク，色・形状識別，アンドン，

異常の現物・写真・映像，カットモデル，改善事例などは，気づいた問題に改善の手がかりを与え，それが気づきを促進する．

1.5.3　透明化

生起している事象，実施されている活動，活動のプロセスと結果，諸活動の関連性，責任の所在，ステークホルダーの評価などが透明化されれば，諸施策の適切性や組織の問題が見えるので，改善が促進される．

① 不都合なことであっても，積極的に情報開示を行うことは，隠蔽・偽装・粉飾・不正が直ちに顕在化する経営と活動の透明化と内部統制の促進，及び未然防止，再発防止のための倫理綱領の確立を助ける．
② 透明化は健全なチェック機能の基本要件である．
③ 設備の状態や動作が見える化できれば，設備異常の検知，設備劣化状態の判定などの設備診断が容易となり，設備の故障低減，強制劣化防止，寿命延長，予防保全などが促進される．
④ 実施している活動に関連した生起事象を見える化すれば，問題となる事象と活動の問題点がわかり，改善が実施される．
⑤ 責任の所在が明確で説明責任が求められるようになっていれば，責任ある対応が期待できる．もし，責任の所在が明確でなく，活動と成果が不透明であれば，無責任と無関心がはびこり，不正の温床となる傾向がある．
⑥ 活動のプロセスが不透明であれば，効果的な関係者の協働とマネジメントの指導・支援は期待できない．

1.5.4　行動の変革

知っていて"やるべきことをきっちり実施しない"ことは罪深く職務怠慢であり，偽装・隠蔽など，知っていて"やるべきでないことをする"のは背信行為・犯罪行為である．この，"やるべきことをきっちり実施する"と"やるべきでないことをしない"ことの順守の基本は，"使命感・責任感の醸成"と"倫理・規律の徹底"，"異常と正常の基準の明確化と現実の見える化"，及び"実

施状況の見える化"にある.

　さらに,見える化は,"見られる化"を含意し,"見られるから変なことはできない"という恥の文化の醸成と,"やるべきことをきっちりやったことは評価される"という誇りの文化の醸成,及び他者からの承認(他尊)と自らの承認(自尊)の社会的欲求充足の場の醸成が促進される.

　見える化は"百聞は一見にしかず"の状況創出であるが,さらに"百見は一考にしかず","百考は一行にしかず"でもある.自律的行動が実践される組織風土を醸成させるためにも見える化を実践すべきである.

1.5.5　問題解決活動の実践

　問題とは,"あるべき姿と現実との乖離(ギャップ)"である.問題解決には,問題発見・形成能力と問題解決能力が必要である.問題解決と見える化の関係を図1.11に示す.

　見える化は,問題発見を促進し問題形成を支援するものであり,問題解決には,問題意識・改善意欲と経験・知識が不可欠である.見える化は,問題の存在を認識させ改善活動を促進し,問題解決の学習による改善がさらなる改善を呼び,改善活動が活性化するとともに,人材育成の機会としても機能し組織の活性化を実現すると期待される.

　問題の見える化は,現実が基準・あるべき姿から逸脱していることが見えるようにすることである.問題に対する基本的認識が欠如していれば,見える化と改善は活性化しない.使命感・責任感が欠如しても現実を看過するし,あるべき姿も追求しないであろう.さらに,あるべき姿を追求しない,又は,現実の観察・予知をしなければ,問題を認識することすらできない.一般に環境が変化するのは普遍的事実である.環境が変化することは,現実が変化するとともに,あるべき姿が変化することを意味する.しかも競争関係が激化すればするほど,少しの差が競争を決定づける傾向がある.こうした状況を鑑みると,問題がないとしてしまうことは改善が行われないことを含意し,最も致命的な問題である.問題の見える化は,経営環境変化への適応に不可欠であり,持続

1.5 見える化の効用

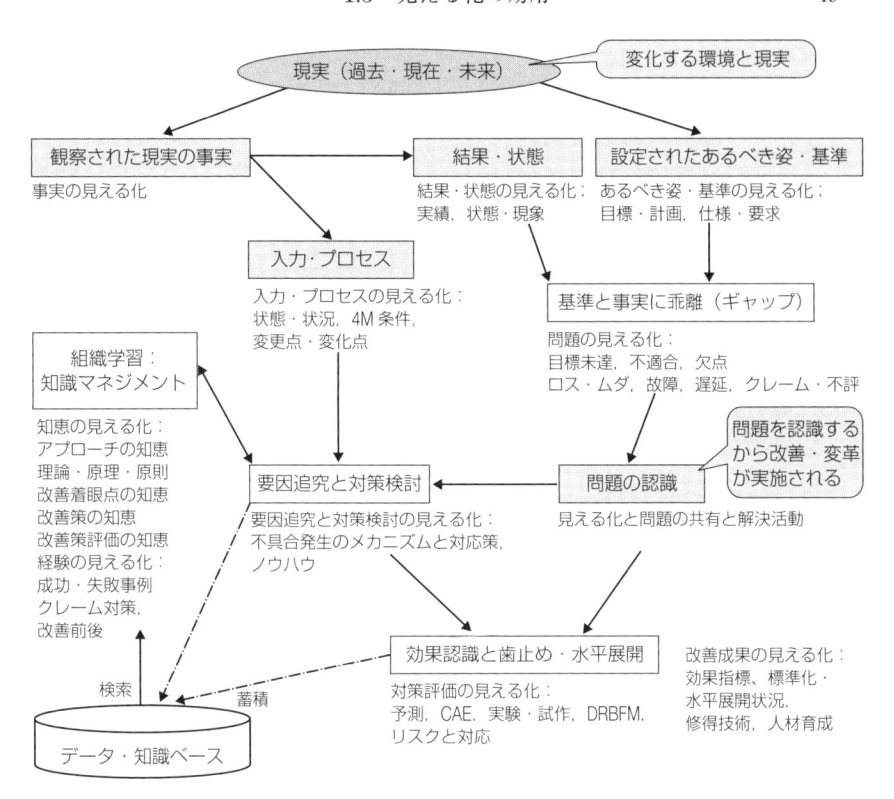

```
                   現実（過去・現在・未来） ── 変化する環境と現実
                    ↓        ↓         ↓
        観察された現実の事実 → 結果・状態    設定されたあるべき姿・基準
        事実の見える化       結果・状態の見える化：  あるべき姿・基準の見える化：
                          実績，状態，現象     目標・計画，仕様・要求
                    ↓
                 入力・プロセス
                 入力・プロセスの見える化：
                 状態・状況，4M条件，
                 変更点・変化点
                                    基準と事実に乖離（ギャップ）
                                    問題の見える化：
                                    目標未達，不適合，欠点
                                    ロス・ムダ，故障，遅延，クレーム・不評
  組織学習：
  知識マネジメント                                   問題を認識する
                                                から改善・変革
  知恵の見える化：                                  が実施される
  アプローチの知恵
  理論・原理・原則
  改善着眼点の知恵      要因追究と対策検討 ← 問題の認識
  改善策の知恵        要因追究と対策検討の見える化：  見える化と問題の共有と解決活動
  改善策評価の知恵      不具合発生のメカニズムと対応策，
  経験の見える化：      ノウハウ
  成功・失敗事例
  クレーム対策，
  改善前後
                      効果認識と歯止め・水平展開   改善成果の見える化：
   検索                 対策評価の見える化：         効果指標，標準化・
        蓄積            予測，CAE，実験・試作，DRBFM，水平展開状況，
   データ・知識ベース      リスクと対応              修得技術，人材育成
```

図1.11 問題解決活動と見える化実践の基本概念図

的成長の基本要件である．

　効果的な見える化にあたっては，問題の姿を正確にとらえるだけでなく，問題を解決する能力も不可欠である．問題解決能力は，対象領域の知識・技術・スキルのみならず，アプローチ（分析手法と改善手順）の知恵，着眼点・ヒント（チェックリスト，発想法，ワンポイントレッスン），理論と解釈力（個別解の一般解化，思考方法，理論・経験則），改善ノウハウ（改善ポイント，からくり，ポカヨケ，成功・失敗事例）など，多くが経験から得られる企業・職場の大切な経営資源である．この経験の蓄積・活用は組織学習であり，経験の情報共有化と暗黙知の形式知化は，経験の見える化である．見える化は進化と

深化が行われるべきで，トップの卓越したリーダーシップのもとに全員参加の継続的活動として実践しなければ期待する効果は得られない．

1.6 現場力の強化

日本企業の強みは，第一線の人々の自律的協働による現場力にある．経営環境の変化に適応して，"やるべきことをきっちりやる"ことを見直すとともに，可能な限りの見える化を行って，改善と学習を継続的に行う必要がある．顧客創造／顧客満足，及び徹底したムダ排除／無価値作業レス化を追求して，付加価値を向上させる機会の見える化も重要である．

また，管理・間接部門においても，業務遂行の結果とプロセスの見える化を行い，環境変化に適応して業務プロセス改善を実施すべきである．ところが，生産性の低さと部門間の壁，スピードに欠ける意思決定と業務プロセス，新事業化・イノベーションと競争優位に貢献できないスタッフ，ステークホルダーとの良好な関係構築への貢献不足，IT経営力（ITを経営に活かし成果を実現する包括的能力）と組織能力（技術力，対応力，活力）の欠如などの要因から，環境変化へのスピードに適応できないことが懸念される．それらの温床は目的意識欠如の停滞した保守的・責任回避型の組織風土であり，組織の外部と内部の顧客価値の視点から，役割と業務システムを再構築するとともに，情報公開と業務遂行の見える化が実施されるべきである．

さらに，標準と計画は，関係者が順守・達成することに合意がなければならないし，効果的な協働を実現するためには，マネジメントサイクル（PDCAサイクル）を回している状況を見える化すべきである．状況の見える化は，不適合への対応，計画未達への対応のみならず，組織と個人の学習促進と経験蓄積の効果を得るためにも不可欠であり，現地・現物主義による状況に応じた適切な対応，決定的瞬間での適切な対応，及び将来の状況へのプロアクティブな対応ないし予防的対応を可能とする．

異常・例外の見える化も必要不可欠である．人は誤りを犯すものであり，日

1.6 現場力の強化

常業務遂行においてもスキルの不足，勘違い・思い込みによる判断ミス，疲れや体調不良に伴う注意力の欠如による見落としなどが生じ，常時やるべきことをきっちりできるとは限らない．また，顧客の要求や対象特性に，ばらつきが存在するので，必ずしもすべての顧客に対して満足のいく結果が得られるとも限らない．基準を逸脱した異常・不具合の見える化，ヒヤリハットの経験と不具合が発生する可能性の見える化，顧客の不満・不評の見える化などによって，顧客に対する迅速で適切な対応，不具合発生の予防，発生不具合の再発防止を実施すべきである．

さらに，準備された手続きでの対応が困難な場合の例外を見える化して，例外処理の適切な対応，例外処理の専門化による処理能力向上と例外処理による業務の流れの停滞の排除を行う必要がある．

第2章　見える化の手段

2.1　五つの"化"——概念化，文書化，表示化，装置化，IT化

　見える化は，あるべき姿と現実を，見て，共有して，両者の間の乖離（問題）を顕在化し，解決する活動の活性化することを企図している．見える化を効果的に実践するには，あるべき姿の基本的考え方と方向づけ・優先順位，現実の観察の視点，観察された現実である事実の認識，データ化する事実の記述，データ処理による情報表現，現実の写像とモデル化，あるべき姿と現実との乖離である問題の顕在化，顕在化された問題の解決へのアプローチ，問題解決に参考となる過去の経験と知恵，問題解決の成果の表現・確認などの方法・手段を，見える化の手段として積極的に活用すべきである．見える化の手段は，五つの"化"，つまり，①概念化，②文書化，③表示（ディスプレイ）化，④装置化，⑤IT化に大きく分類できる．各手段の内容は多種多様であり，各手段に対する適切な認識に基づいて，見える化の目的と基本的考え方を踏まえたうえで，状況に応じて効果的に適用されるべきである．本章では，これら五つの手段について，例をあげながら説明する．

2.2　概念化

　広辞苑（第六版）では，"概念"を次のように定義している："①事物の本質をとらえる思考の形式．事物の本質的な特徴とそれらの連関が概念の内容（内包）．概念は同一の本質をもつ一定範囲の事物（外延）に適用されるから一般性をもつ．（中略）概念の成立については哲学上いろいろの見解があって，経験される多くの事物に共通の内容をとりだし（抽象），個々の事物にのみ属す

る偶然的な性質をすてる（捨象）ことによるとするのが経験論の立場で，これに対立するものが経験から独立した概念（先天的概念）を認める合理論の立場．②大まかな意味内容．"³⁾

　本書では，物事の本質をとらえ，同一の本質をもつ一定範囲の事物に適用できる事物の本質的な特徴とその関連を抽象することを"概念化"と定義する．換言すれば，概念化は，"同一の本質をもつ事物に適用できる物事の本質的な特徴を抽象するものの見方と考え方"である．"事実"は"観察された現実"であり，観察は理論負荷的であることは第1章で述べたとおりで，概念化は観察の視点を与える理論と観察結果の解釈における理論の基本となるものであって，"どのような視点から，何を，どのように見るのか"の視座を提供する．

2.2.1　理念の明確化と周知徹底

　理念は，経営理念，教育理念，活動理念，綱領，社是，○○ウェイなど，価値観，信念，信条，規範のように，"本質的に大切にすべき，あるべき姿／ありたい姿を明確に規定した宣言・言明"であり，理念は単なるスローガンでなく，周知徹底されて，組織的な実践を指向していることを基本要件としている．

(1) 経営理念

　経営理念は，経営の姿勢と指針，従業員の姿勢と行動の指針，及び社会にとっての存在価値を示すものである．

　有名なジョンソン・エンド・ジョンソンの企業理念・倫理規定である"我が信条（Our Credo）"は，次の四つの責任から構成され，同社の礎となり，絶えず適切な方向へと導く源泉になってきたとしている．

　我々の第一の責任は，我々の製品およびサービスを使用してくれる…（中略）すべての顧客に対するものであると確信する．顧客一人一人のニーズに応えるにあたり，我々の行うすべての活動は質的に高い水準のものでなければならない…（以下略）．

　我々の第二の責任は，全社員に対するものである．社員一人一人は個人

2.2 概念化

として尊重され，その尊厳と価値が認められなければならない…（以下略）．

　我々の第三の責任は，我々が生活し，働いている地域社会，更には全世界の共同社会に対するものである．我々は良き市民として，有益な社会事業および福祉に貢献し，適切な租税を負担しなければならない…（以下略）．

　我々の第四の，そして最後の責任は，会社の株主に対するものである．事業は健全な利益を生まなければならない…（以下略）．

　　ジョンソン・エンド・ジョンソン株式会社ホームページ・"我が信条（Our Credo）"：
　　　　　　　http://www.jnj.co.jp/group/credo/index.html より一部抜粋

(2) ミッションとビジョン

　ミッション（Mission）は，組織の社会的存在理由とアイデンティティを表明したものであり，組織の目的とドメイン及び方向性を明文化したものである．ビジョン（Vision）は，求める将来像であり，組織が追求する事業領域と市場・顧客との関係を規定して，戦略的方向性を具体化した長期目標を記述したものである．その長期目標を達成するためのロードマップと一里塚としての中間目標へと展開し，年度の経営活動と関連づけて，一貫した継続的活動が実践されることも重要である．

(3) 価値・行動指針

　価値（Values）は，組織の時代を超えての継続的経営活動における順守すべき"原則"，"価値観"，"行動指針"，あるいは"信条"である．一般に，ミッション，ビジョン，価値が関連づけて明示され，（組織と取引先などの）関係者の共有した夢，目標，及び行動規範・行動の判断基準を明記したもので，関係者の共鳴・鼓舞による積極的関与と挑戦を期待するものである．一般に，ミッション，ビジョン，価値は明確に区分されて展開されるが，上述のように，この三つをまとめて経営理念と呼ぶこともある．

　例えば，創業以来育まれ，トヨタの競争力の源泉として伝承されてきたものを整理・集約されてきたとされる"トヨタウェイ2001"は，"知恵と改善"，"人間性尊重"を柱に，以下のような内容で公表されている．

> チャレンジ：夢の実現に向けて，ビジョンを掲げ，勇気と創造力をもって挑戦する
> 改　　　　善：常に進化，革新を追求し，絶え間無く改善に取り組む
> 現　地　現　物：現地現物で本質を見極め，素早く合意，決断し，全力で実行する
> リスペクト：他を尊重し，誠実に相互理解に努め，お互いの責任を果たす
> チームワーク：人材を育成し，個の力を結集する
>
> 　　　　　　　　トヨタ自動車株式会社ホームページ・"従業員とのかかわり"：
> 　http://www.toyota.co.jp/jpn/sustainability/stakeholders/employees より転載

(4) 活動理念

何のための活動か，活動で大切にすべき普遍的事項は何かを示したものが活動理念である．例えば，第一線の人々の知恵を活かし，絆を深め，現場力強化に不可欠であるQCサークル活動は，環境変化に適応し国際的にも認知されているが，1962年創設以降，一貫して①企業の体質改善・発展に寄与する，②人間を尊重して，生きがいのある明るい職場をつくる，③人間の能力を発揮し，無限の可能性を引き出すという三つの基本理念のもとで展開されている．

2.2.2　問題の発見・顕在化の視点

TQM活動，(社)日本プラントメンテナンス協会の登録商標であるTPM活動，TPS活動などによって，組織的かつ体系的な問題解決活動が世界的に実践されている．TPMとTPSはTQMの傘の下で，相互補完的に有効に機能し，日本が誇るべきマネジメント技術として，生産性と品質の競争優位性の源泉となっている．これらのマネジメント技術とその基盤となる3ムと5Sは，問題の発見・顕在化の体系的な視点と解決の方法論を提供している．特に，見える化では，問題の発見・顕在化，ロスとムダなどの視点が重要である．

2.2 概念化

(1) TPMにおける排除すべきロス

TPM(全員参加の生産保全)では,排除すべきロスが明確に定義されており,ロス-コストマトリックスを作成することで,コスト低減目標に対応したロス排除目標を設定して,ロス削減によるコスト低減活動を展開している(中嶋・白勢,1992).これはロスの見える化によるコスト低減の組織的活動を展開可能にする.以下,①~④に加工・組立てにおける16大ロスの例を示し,⑤にその他の事務間接部門のロスを示す.

① **設備効率を阻害する7大ロス**:故障ロス,段取り・調整ロス,刃具ロス,立上げロス,チョコ停・空転ロス,速度低下ロス,不良・手直しロス
② **設備操業度を阻害するロス**:シャットダウンロス
③ **人の効率化を阻害する5大ロス**:管理ロス,動作ロス,編成ロス,自動化置換ロス,測定調整ロス
④ **原単位の効率化を阻害する3大ロス**:歩留りロス,エネルギーロス,型・治工具ロス
⑤ **事務間接部門のロス**:価値ロス,処理ロス,精度ロス,速度・タイミングロス,アイドルロス,コミュニケーションロス,コスト

また,TPMは,設備の停止時間を削減し,生産性(=生産量/時間)を向上し,不良を低減することによって,設備総合効率(=時間稼働率×性能稼働率×良品率)の向上を追求する.

(2) TPSで排除すべき八つのムダ

TPS(Toyota Production System,リーン生産システムとも呼ばれる)は,JITと自働化によるリーンな生産方式を追求するとともに,①作りすぎのムダ,②手待ちのムダ,③運搬のムダ,④加工そのもののムダ,⑤在庫のムダ,⑥動作のムダ,⑦不良のムダ,及び⑧産業廃棄物のムダという八つのムダの徹底(無価値作業)排除による継続的改善を実施するものである.

また,非効率な仕事に潜む五つのムダは,①時間のムダ,②モノのムダ,③気持ちのムダ,④コミュニケーションのムダ,及び⑤営業のムダがあるとしている.

(3) 3ム（ムリ，ムダ，ムラ）

① ムリは，できないこと，効果のないことをやろうとすることである．
② ムダは，価値の少ないこと，非効率なことをやろうとすることである．
③ ムラは，平準化されておらず，安定せず，ばらつきがあることで，活用されない余剰資源が発生する．

限られている時間と資源を浪費しないための視点であり，関係者が共有して，活動を実施する必要がある．

(4) モノと頭・心の5S（整理，整頓，清掃，清潔，躾）

組織は，協働の意思のある人の集団であり，分業と調整を効果的に実施する基本的枠組みとコミュニケーション・ネットワークが必要である．5Sは，職場からモノ，スペース，時間のムダをなくし，混乱のないモノと人の円滑な流れを形成し，標準・ルールを順守するようにし，異常が異常としてわかるようにするとともに，"やるべきことをきっちり実施する"ように，人の意識と行動の正常化を促進するもので，人が組織で協働をする基本条件であり，効果的な見える化によるコミュニケーションは5Sの徹底なくしては実施できない．

モノの5Sは，①不要物を除去する整理，②必要なものが必要なときに利用できるようにしておく整頓，③強制劣化と危険の排除及び異常が感知できるようにする清掃，④安心感と安全・衛生を確実にする清潔，及び⑤継続性・徹底性と標準・ルールの順守のための躾から構成される．

それに対して，頭と心の5Sは，①仕事に集中できるように心の整理と体調整備，②複数の仕事が円滑にできるように段取りなどの仕事の準備と整頓，③気分転換で心をリフレッシュする心の清掃，④隠蔽・不正など汚れがない心の清潔（清廉潔白），⑤礼儀正しさ，マナーのよさ，他者への気配りなどの躾から構成される．

2.2.3 問題の要因追究の視点

顕在化・発見した問題の解決には，重要要因を検討する視点と要因を追究するアプローチが重要であり，それを関係者が共有して利用すべきである．その

2.2 概念化

実現には，問題の要因追究の視点と方法論の見える化が必要である．

(1) 要因の 5M1E

結果には原因がある．望ましい結果を得るためには，"工程で品質を作り込む"として，要因系を望ましい状態にしておかなければならない．また，望ましくない結果が発生すれば，望ましくない結果を生起させた要因を明らかにして，その要因に対する適切な対応をするとともに，再発を防止すべく維持管理できるようにしなければならない．その要因系として見るべき基本要素が，原材料・部品（Material），機械・設備・型・工具（Machine），人・経験・スキル（Man），方法・条件（Method），計測・測定（Measurement），及び環境（Environment）の5M1Eである．この5M1Eは時間（Time）によって変化するので，時間的経緯・推移を見ることで，異常な変化を発見することができるので，5M1E1Tの視点からの見える化が重要となる．

(2) 要因追究のアプローチ

見える化によって，現実があるべき姿・基準から乖離しており，問題であることがわかれば，乖離の要因を追究し，その要因に適切な対策を実施して，問題を解決する必要がある．問題を解決する方法論としての問題解決型のアプローチ（現状の把握と目標の設定→要因の解析→対策の立案→対策の実施→効果の確認→標準化と管理の定着→反省と今後の対応）と課題達成型のアプローチ（攻め所と目標の設定→方策の立案→成功シナリオの追究→成功シナリオの実施→効果の確認→標準化と管理の定着→反省と今後の対応）は，問題解決の手順化による概念レベルの知恵の見える化である．また，要因追究の手法であるQC手法（QC七つ道具，新QC七つ道具，統計的手法など），なぜなぜ分析（"なぜ"という問いを繰り返して，具体的対策が検討できるまで要因を掘り下げる手法），PM分析（どのような状況で，どのような現象が発生しているかを物質的に把握し，発生メカニズムを追究して，4M条件を整備する手法で，複雑な要因の追究に使用される）なども，概念レベルの知恵の見える化の例である．

(3) その他

事実に基づくアプローチの基本となる5ゲン主義（現場，現物，現実，原理，原則），合理的な活動と学習のためのPDCAサイクルなども，概念レベルのアプローチに対する知恵の見える化の例である．

2.2.4 改善策の視点
(1) ECRS

ECRSは，改善の着眼点であり，それを共有化することで，多くの人の目と知恵で改善を行うことができる．

① **E（Elimination：排除）**：取り除くことはできないか，取り除いたらどうなるか，取り除いても困らないようにすることはできないかを追究する．排除には，TPMにおける排除すべきロス，TPSで排除すべき八つのムダ（2.2.2項参照）など，ムダとロスは積極的に排除する，工程を削除する可能性を追求する，少ない人数で対応できるようにする省人化やエネルギーの無駄を排除するとともにエネルギー効率を上げて省エネルギーを行うといった事項が含まれる．

② **C（Combination：複合化・結合）**：統合することができないか，結合することができないか，同期化できないか，一緒にするとどうなるかを追究する．複合化・結合には，モジュール化，工程連結・工程統合，セル化，多能工化，キット化といった事項が含まれる．

③ **R（Replacement：置換）**：並べ直すことができないか，順序を変更したらどうなるか，ほかに移したらどうなるか，置き換えることができないかを追究する．置換には，材料代替，方法代替，工程順序変更，VE／VAといった事項が含まれる．

④ **S（Simplification：簡素化）**：簡単にすることができないか，単純にすることができないか，細分化できないか，慣性が利用できないかを追究する．簡素化には，作業・操作容易性，構造簡素化，単純化・標準化，ポカヨケ，自動化といった事項が含まれる．

また，過去に実施した改善を ECRS で整理して蓄積しておけば，知恵の見える化となるだけでなく，改善の教育訓練にも活用でき，改善の促進が期待できる．

(2) 段取り改善のポイント

現在は，一般に，少品種多量生産ではなく，多品種少量生産ないし変種変量生産によって，柔軟に環境変化に対応していかなければならない状況にある．その対応には段取り改善が不可欠であり，多くの場合，生産と生産技術の協働による現場での知恵によって対処されているが，誰でもできるものの，実施されていないことが多い．効果的な段取り改善のポイントは，以下のとおりである．

① **内段取りと外段取りの分化：**

　内段取りと外段取りを徹底的に層別し，外段取りでできることは，外段取りで実施し，内段取りにもち込まないようにする．

② **内段取り改善：**

　作業条件の事前準備による内段取りの外段取り化と治具などの改善及び作業方法の改善を行う．治具などの改善では，金型の標準化，金型締付部の標準化，効率的締具開発，仲介治具開発，ワンタッチ着脱，ワンタッチ締付けなどの工夫を行う．また，作業方法の改善では，並列作業実施，段取り替え訓練（公開段取りの実施），調整作業排除，ワンタッチ作業化などの工夫を行う．

③ **外段取り改善：**

　探すことの排除と運搬の排除及び作業手順の明瞭(りょう)化を行う．探すことの排除では，不要な型・治具の廃棄，置き場の設定，置き場・品目の表示，清掃・清潔の維持などを行う．運搬の排除では，無駄な運搬の削減，使用頻度に応じた配置，整理整頓の徹底，金型台車などの運搬具の検討などを行う．作業手順の明瞭化では，作業標準表の作成，作業分担表の明確化，計画的段取替えなどを行う．

(3) 動作経済の原則

動作経済の原則は，作業の設計と分析・改善における視点を提供する．これ

はギルブレス，バーンズなどの先駆者たちの動作時間研究の成果でもある．

a) 身体の使用に関する原則：
① 不要な動作は排除せよ
② 動作は短距離で行え
③ 動作は最適・最低次の身体部位で行え
④ 制限のない楽な動作でできるように，狭い場所，無理な姿勢あるいは合っていない道具類の使用の改善によって，人間の本来もっている動作速度が発揮できるようにする
⑤ できるだけ物理的力（慣性，重力など）を利用せよ
⑥ 動作は急激な方向転換をなくし，連続曲線運動にする
⑦ 作業のリズムをつくれ
⑧ 両手の動作はなるべく同時に始まり，同時に終わるようにする
⑨ 両手は休息時以外は同時に休めてはならない
⑩ 両腕の運動は同一方向でなく反対方向に，かつ対称的な方向に同時に行う
ただし，⑧〜⑩の原則は互いに関連するので一緒に検討する．

b) 作業域に関する原則：
① 工具や材料は定位置に置く
② 工具や材料は作業者の前面か近くに配置する
③ 工具や材料は作業順序に並べる
④ 作業面を適正な高さにする
⑤ 作業面に適正な照明を与える
⑥ 材料の供給，搬出のために重力を利用する

c) 道具，設備の設計に関する原則：
① 手以外の身体部分を利用した操作方式を取り入れる
② 二つ以上の工具はできるだけ組み合わせる
③ 材料や工具はできるだけあらかじめ定置（予置）する
④ それぞれの指が特定の働きをする場合，その固有能力に応じた配分をする
⑤ 材料や工具の握り部分などは必要な機能を充足するような設計とする

⑥ 機械の操作部分の位置は，同じ場所，同じ姿勢で最高効率で操作できるようにする

(4) 発想のチェックリスト

創造性の発揮を支援するものの一つに発想のチェックリストがある．ここでは，代表的なものとしてオズボーンのチェックリストを以下に示す．

転用（Other uses）：そのままで新用途は，他への使い道は，他分野へ適用は

応用（Adapt）：似たものはないか，何かの真似は，他からヒントを

変更（Modify）：意味，色，働き，音，匂い，様式，型を変える

拡大（Magnify）：追加，時間を，頻度，強度，高さ，長さ，価値，材料，誇張

縮小（Minify）：減らす，小さく，濃縮，低く，短く，軽く，省略，分割

代用（Substitute）：人を，物を，材料を，素材を，製法を，動力を，場所を

再利用（Rearrange）：要素を，型を，配置を，順序を，因果を，ペースを

逆転（Reverse）：反転，前後転，左右転，上下転，順番転，役割転換

結合（Combine）：ブレンド，合金，ユニットを，目的を，アイデアを

日本創造学会ホームページ・"1. 発散技法－強制連想法《③チェックリスト法》"：http://www.japancreativity.jp/gihou13.html より抜粋

---

(5) その他

環境保全の活動に基本となる環境対応の3R（Reduce, Reuse, Recycle），合理化の3S（標準化，専門化，簡素化）なども，改善策の視点として有効である．

2.3 文書化

見える化は，組織的活動に不可欠なコミュニケーションの有効な手段でもある．文書は，文字や記号を用いて人の意思を書き表したもので，文書化はコ

ミュニケーションの重要な手段である．文書化によって，意図を伝達し，行動に一貫性をもたせることが可能になる．文書化は見える化の手段であるとともに，見える化の工夫が必要な対象でもある．

2.3.1 ビジョンの展開と文書化
(1) ビジョンと長期目標
いかなる存在になるのか，向かうべき方向，達成すべき成果，基本的施策を共有して，夢と希望を与えるとともに，統合的活動の展開で総合力を発揮するためにビジョンが示される．ビジョンは，長期目標と一里塚としての中間目標を明示し，その目標達成のロードマップを策定し，関係者の具体的活動の計画に展開される．ビジョンとその展開に関する計画は，文書化されるとともに，活動状況が見えるようにして，PDCA が回るようにしなければならない．
(2) 戦略と方針の展開
長期目標を達成するための道筋と基本施策（ロードマップ）を関係者が共有して，戦略的活動を展開しなければならない．目標達成の道筋と基本施策・戦略は，成功要件と要件実現のためのシナリオを見える化するとともに，総合力を発揮する活動に発展させるために，各年次の目標と活動計画を方針として組織的に展開して，方針展開フォーマットで文書化することによって，全体の整合性と各関係者の責任と役割の見える化をしなければならない．
(3) 方針管理の実施とトップ診断
展開された方針は，管理項目・点検項目を設定し，方針管理フォーマットで文書化して，目標達成活動を見える化し，PDCA を回すことによって方針による管理を実施する．実施状況は，トップ診断フォーマットに文書化し，トップ診断による見える化で，動機づけ，方向づけ，及びフォローアップが行われる．

2.3.2 業務の文書化
(1) 業務プロセスの文書化
業務遂行において，業務フロー図，リスクコントロールマトリックス，業務

記述書の文書を作成して，手順・手続きを明確にすることが業務プロセスの文書化であり，業務プロセスの見える化である．業務プロセスの文書化は，各職掌の役割遂行のために行われるとともに，部門横断的業務遂行のためにも行われる．その文書化において，成功と失敗の経験を積極的に活かす取組みをすべきである．

そして，規定された手順・手続きを実施する者は，それを順守することが必須要件であり，実施にあたっては適材適所の配置とスキルの教育・訓練が行われることを前提にしている．また，理解を容易にするために，図・写真・映像を効果的に活用する工夫が必要である．業務プロセスの文書化は，業務を効果的かつ効率的に実施し，"やるべきことをきっちりやる"ために行われるとともに，業務プロセスの可視化，業務リスクの識別と分析，統制活動の評価を実践する業務プロセスにかかわる内部統制には不可欠である．

(2) 関連する標準と要領の文書化

標準化は，"実在の問題又は起こる可能性がある問題に関して，与えられた状況において最適な秩序を得ることを目的として，共通に，かつ繰り返して使用するための記述事項を確立する活動"（JIS Z 8002）である．標準は，関係する人々の間で利益又は便益が公正に取られるように統一・単純化を図る目的で，物体・性能・能力・配置・状態・動作・手順・方法・手続・責任・義務・権限・考え方・概念などについて定めた取決めであり，一般に文章・図・表・見本など具体的な表現形式を用いて表す．例えば仕様書は仕様を文書化したものである．材料・設備・製品などの仕様，作業方法，業務手続きなどの標準を合理的に設定し，活用するための組織的行為である標準化は，標準の見える化であり，業務プロセスの文書化を含むものである．例えば，加工・組立ての工法を特定化し，治具・取付具，工具を標準化する，作業標準と QC 工程表を作成する，受入検査・工程検査・製品検査などの検査規定，材料部品購入規定，設備管理規定，安全管理規定，工場管理規定などの諸規定を作成するといったことなどは，基準・標準を明確化するという点ですべて標準化であり，関連業務プロセスの文書化である．これらの文書化では，プロセスの見える化，標

準・基準の見える化が不可欠である.

それに対して，ワンポイントレッスン，勘・コツ集，要領書などは，"より楽に，より早く，より上手にやる"ため，又は"より速く習熟する"ために，ポイントとなる内容を簡潔に記したものである.

2.3.3 報告書

知らせるべき事項を共有し，必要な対応を実施することを目的とする報告書も見える化の有効な手段の一つであって，だれが，だれに，何を見せて，どのような意思決定と行動を期待するのかを明確にする必要がある.

(1) 調査報告書

事故調査，市場調査，動向調査，研究開発における実験，工程能力調査，顧客と従業員の満足度調査，特殊原価調査など，調査は，それ自体が目的ではなく，"何を知りたいのか"，"知ってどうするのか"，"それはどのような意味があるのか"という一連の問いに，整合した回答を準備して実施すべきである.そして，知りたいことが的確かつ効率的に調査され，知ることによって合理的な意思決定と行動が実践でき，その結果，意図した成果が実現できると期待できるものでなければならない．調査報告書は，それらの要件を満足するとともに，調査結果が適切に解釈され，効果的に活用できる内容と表現でなければならない．

(2) 診断報告書

経営診断，システム診断，故障診断，設備診断，エネルギー診断など多様な対象に対する診断が，トップ診断と自己診断，外部診断と内部診断など多様な主体によって実施されるが，どのような診断にもそれぞれ目的があることから，各目的に適した診断が実施され，診断結果は有効に活用されるようにすべきである．診断は計画と結果が重要であり，目的と実施状況，及び結果は診断報告書に明解に記述され，関係者に明らかにされたうえで，診断結果に対する対応が計画され，フォローされ，PDCAを回して改善が実施される必要がある．例えば，活動と状態，機能と構造，フローとストック，あるべき姿と現実，法・

規程・ルール・システムなどの適切性と，順法・順守・実行などに対するトップ，監査部門，関係部門などの内部診断・監査と，公的機関，審査機関，専門家などによる外部診断・監査の結果は，記録し文書化することによって，関係者に共有されて，組織的改善活動に活用されるべきものである．

2.3.4 手順の文書化
(1) マニュアル・手引書

行動や方法論を示した手引書やマニュアルは，状況に即してどのように対応すべきかを説明したもので，各個人の行動を明文化して示し，全体に一貫性のある行動をとらせるものであり，構成員の各自の役割の理解を補助し，その労力を軽減させるのが手引書の文章である（"ウィキペディア"の記述を一部筆者要約）．

品質マネジメントシステム，環境マネジメントシステムなどの認証システムでは，システムが認証要件を満足していることを示すマニュアルとマニュアルどおりに実施されている記録が必要要件となっている．マニュアル・手引書は必要情報存在の明確化と必要情報獲得のためのアクセスの容易性，及び情報の適切性と理解・解釈の容易性を具備していなければならない．

多様な人が働く第一線の職場におけるマニュアルは，やるべきことをきっちり実施するために，文章表現ではなく，画像や動画を活用したビジュアルマニュアル／ビデオマニュアルなどとするのも有効である．

(2) 説明書

説明書は，商品を購入した消費者が，その商品の使い方を理解するためのものであり，提供商品を事故なく安全に，しかも設計された性能を発揮するよう利用してもらうための文書である．警告・表示の欠陥に対する製造物責任予防にも関連して，誤った危険な使い方をしないように，正しい使用を確実にする文書化を行い，安心で信頼でき，使い勝手のよいものにするとともに，画像・写真や動画などを用いたビジュアル説明書にすべきである．

2.4　表示（ディスプレイ）化

　見える化において，状態，状況・経過・進捗，メッセージなどを，図表や現物などを利用して，意図的にかつわかるように見せるのが表示である．表示で重要なことは，表示の内容と方法，そしてその表示場所を表示の意図に適したものとすることである．表示場所は，表示の意図と内容が合致していることを考慮し，例えば，通路ではなく，ドアの開口部，時計付近の位置，エレベーターの中，食堂で列をつくる場など，自然と目に留まる場所を有効に活用するとよい．具体的な表示化の方法を次に示す．

2.4.1　現品・現物表示
(1) クレーム・不適合品の展示

　クレーム・不適合の現象は，現物で確認し，事の重大さと品質重視の必要性，品質に対する責任感を自覚させて，関係者のクレームと不適合の再発防止への注意を喚起するものである．展示にあたっては，この目的にかなうように配慮と工夫が必要である．

(2) 現物・現物貼付

　現地・現物で，見るべきところを見えるようにし，目で見える管理をするためには，見える化による管理のポイントに加え，見る対象と方法を具体的に設定する必要がある．例えば，自主保全活動の総点検における目で見える管理は次のように説明されている（中嶋・白勢, 1992）．"目で見る管理をするためには，点検する管理の対象は何か，正しい状態・あるべき姿とは何か，それが維持されているか，それらの機能・構造がわかっているか，処置方法がわかっているか，などが整理されていなければならない．主なものとして次のようなものがある．①潤滑関係：給油口の識別表示，油種ラベルと周期の表示，上限下限ラベルの表示など，②機械要素関係：点検済みのマークと合マーク，保全が見るボルトの識別表示，点検順路表示など，③空圧関係：設定圧力の表示，オイラーの滴下油量表示，配管接続表示など，④油圧関係：油面計表示，油種の表

2.4 表示（ディスプレイ）化

示，油圧ポンプのサーモラベルなど，⑤駆動関係：Vベルト／チェーンの型式表示，Vベルト／チェーンの回転方向表示，点検のためののぞき窓の設置，⑥電装関係；制御盤の温・湿度管理."[4]

一般に，材料・予備品の在庫の内容と過不足，増締めの要否が見える合マーク，設備担当（保全・改善など）・施設担当（清掃・維持管理など）の責任が見える顔写真入りの掲示物，計器の正常な値の領域表示，内製設備・改善再現箇所・改善貢献者が見える掲示，設備の駆動部が見える透明なケースなど，現物と現物貼付による直接的表示の見える化は，維持管理と改善を促進する．

(3) 公開

公開段取りは，一般的に今までに段取りの改善・工夫を重ねてきた成果を発表し，技術・ノウハウを伝承する場である．参加者は実際に直接観察し質疑応答をすることで，実践を前提として多くのことを学ぶことができるとともに，公開段取り者も，緊張感の中で達成感を実感することができる．"やってみせる"ことは訓練の常道であることから，電話応対，接客，安全指導などにおいても，一般に，公開と競技の場を設けることが活動の質の向上に貢献する．

2.4.2 数値化とグラフによる表示
(1) 数値化表示

アナログ計測からデジタル計測への変更，ダストフィルターの汚れ状態を数値化する例のように，現象が定性的で主観的判断をしていたものを，ランクづけ，計測技術，画像処理などによって数値化・定量評価することで，現象と不具合発生メカニズムが見える化できれば，不具合発生の予知，不具合要因の把握，再発防止が実施可能となる．また，勘やコツに依存している作業条件が数値化できれば，作業条件と品質特性の関係の分析，良品条件の数値表示などが可能となり，作業者の力量によるところが大きい技巧的な技能から作業条件と出力の因果関係を説明可能で再現性のある技術にすることができ，大幅な品質と生産性の改善が期待される．さらに，今後ますます重要となる感性的な品質においても，定量化による数値表示ができれば，評価や操作が可能となり，感

性品質の向上が期待できる．

(2) 図的表示

表示の典型が図的表示である．QC 七つ道具，新 QC 七つ道具，信頼性技法など，QC 手法では図的表現が基本となっている．見える化においても QC 手法の効果的活用を期待したい．例えば，QC 七つ道具は，①現地・現物の現実を確実に観察するために，経験を生かした所定様式を設定し，点検・記録を行うチェックシート，②ばらつきが不可避な現実のデータ全体を分布として表現し，分布の型，中心的傾向とばらつき，規格への適合状況を把握するヒストグラム，③少数重要なものが存在し，資源と時間が限られた状況下で，重点指向を実施するためのパレート図，④結果には原因があることを前提に結果の真の品質の代用特性である品質特性と，その品質特性に影響を及ぼす原因系である要因との関係を図示して，品質を工程で作り込むために，網羅的に要因を抽出し，重要要因を絞り込み，要因を深掘りして，仮説を設定するために活用される特性要因図，⑤機械，人，材料，方法などの属性による条件要因に対してデータを分類・比較して違いを知る層別，⑥対になっている2種類の計量値の関係を知る散布図，⑦数値を視覚化して，人間の優れたパターン認識能力を活用するグラフ（円，折れ線，レーダーチャートなど），及び工程の状態を表す特性値の時間的変化から，ばらつきを偶然原因と異常原因と区分して，工程が安定状態か異常が発生（工程が変化）したかを判定し，工程管理に活用される管理図から構成される．

2.4.3 情報の表示

(1) 掲示板・壁新聞

多くの職場で多くの掲示がなされているが，関係者が読めない又は読まない掲示物が散見される．図的表示や簡潔な表現を心がけるなどの工夫が必要であるとともに，"だれが，何を見て，何を理解・解釈し，何をしなければならないか"の基本要件を明確にした掲示にする必要がある．掲示板・壁新聞は，見える化の典型的方法で，現場のデータと情報を現場に掲示し，現場の人が自ら

2.4 表示（ディスプレイ）化

気づき，問題意識を高め，自ら改善する努力を促す仕組みであり，問題の早期発見と解決，情報公開による改善の活性化，問題の顕在化による再発防止を期待するものである．

(2) 管理板

生産の計画と進捗状況を生産管理板に示すことは，計画ロスが発生しないような準備を実施し，余力を含めて資源の効果的利用をするとともに，進捗の遅れに対しても適切な対応をするための適時的な情報を示し共有化することである．この種の管理板は，営業活動，調達活動などの定常的業務遂行の管理だけでなく，プロジェクトの管理でも同様に適用できる．

(3) 目標と実績の情報

一般に，全社と各部門の目標がどのようになっているか，目標に対する実績がどのような状態かを示す情報が提供される．その情報に基づいて，目標と実績の差異の大きな事項（異常項目）は，ギャップ分析をして，要因を明らかにしたうえで，必要な対応を迅速に実施し，PDCAを回して，目標達成を確実にしていく必要がある．特に，マイナスのギャップのみならず，プラスのギャップの大きいものを，それぞれ赤と青など色を用いて表示すると，PDCAを回して対応すべき事項の識別が容易となる．なお，管理板には，重点実施事項の目標・計画と実績に加え，目標と実情の差異の大きな重点課題への計画と実績を掲示することになる．

2.4.4 シンボルによる表示

(1) エフの貼付・取り除き

自主保全で清掃・点検・給油によって顕在化した設備の改善すべき箇所に対して，自分たちで改善する箇所に白エフを貼り，保全の専門部門に依頼する改善箇所に赤エフを貼って，改善が実現できればエフをとるといった方法で見える化して改善を促進するものである．また，環境保全に対しては緑，安全に対しては黄のエフが貼られる場合もある．

(2) レイアウト図・フロー図

工程管理で流れを見えるようにするとともに，停滞・運搬のムダをなくすために，レイアウト図と製品・部品・材料のフロー図が作成・活用される．そこでは，作業分析，マンマシンタイムチャート，ECRS，ラインバランス（工程の負荷調整）などの手法も活用される．

2.4.5 マップによる表示

(1) 不安全箇所・故障発生箇所・不適合品発生箇所のマップ

不安全箇所・故障発生箇所・不適合品発生箇所をリストアップして示し，重要で緊急を要する箇所から計画的に改善を進めるとともに，該当箇所に対する注意を喚起し，異常が発生・流出しないように留意させる必要がある．

(2) スキルマップ

スキルマップは，人材の育成のために，各人の必要なスキルと修得したスキルを見える化して，各自がスキルアップに努めるとともに，上司と支援部門が適切な指導・支援をするために活用される．また，スキルマップは多能工化・多専門化の推進にも活用できる．

(3) ロードマップ

ロードマップは，環境変化への適応と中長期的視点から到達すべき状態・目標を設定し，目標到達のために現実をどのように変革していくかの道筋を示したものである．そして，ロードマップは，時間的経緯で着実に実施すべきこと，及びその進展状況を見える化してPDCAを回していくことに活用される．

(4) 市場マップ

開発・営業活動とその成果に対して，各市場の顧客と製品のマトリックスを作成・評価して市場の見える化を行い，営業の戦略と活動に活用する．

(5) 技術マップ

技術マップは，組織が経験・蓄積・開発して保有する技術を棚卸し，分類・体系化して，評価できるようにしたものである．それは，コアコンピタンスを自覚し，積極的に活用するとともに，今後どのような技術を導入・開発すべき

かを戦略的に展開するために活用される．また，技術マップと市場マップを関連づけることによって，製品開発・市場開発と技術開発が相互に関連づけられた戦略とロードマップの展開に活用できる．

2.5 装置化

見える化をセット化・装置化することによって，見える化の仕掛けの移植容易性と適用性が向上し，システム化された見える化を体系的に実施することができる．具体的には次のようなものがある．
(1) セット化
① 初物検査台
　ロット間変動による不適合品の生産と流出を防止するために，ロット変更後の初物検査に利用する検査治具，計測器，限度見本，チェックシートなどを装備した初物検査台が活用される．
② キット化
　必要なものを必要なときにセットで供給できるように，必要なもの一式をセットにしておくことで，外段取り（事前の段取り）を行うもので，部品のキット化と治工具のキット化が活用される．
(2) システム化
① カンバン
　JIT（必要なものを必要なときに必要な量の）生産を実現するために，引取り方式のカンバンが活用される．
② アンドン・自働化
　アンドンは加工・組立ラインに対する仕掛けであり，自働化は設備に対する仕掛けであって，ともに異常が発見されると直ちに停止し，異常発生の信号を発信し，異常状態を解消して，不具合品を生産しない仕組みである．そこには異常を検知するセンサーと異常を知らせる警報が組み込まれている．

(3) 器具化

① ポカヨケ・位置決め治具

　不適合品の発生・流出させないために工夫した簡単な仕掛けであるポカヨケ，加工・組立てで不具合を発生せず楽に調整できる位置決め治具など，第一線の人々の知恵が活かされた仕掛けが利用される．

② デジタル計器・タッチパネル

　読取りと操作を容易にするために，アナログをデジタル化し，タッチパネル化するもので，基準値外れに対する警報シグナルの発信と制御も容易にする．

2.6　IT化

　IT（Information Technology：情報技術）は，情報の収集・処理・グラフ化と時空間の壁を克服するコミュニケーションの機能に優れ，複雑な処理とオンタイム処理，組織学習の蓄積と活用などにも有効で，経済的で使い勝手のよい手段となっている．オペレーションとマネジメントにおける見える化にもITを効果的に活用すべきである．IT化には様々な方法があるが，主な例を以下に記す．

(1) 情報システム化

① 電子掲示板

　生産の進捗状況を知らせるために，情報システムの一つの出力として，電光掲示板が利用されている．その情報で重要なのは異常か正常かの判断ができるとともに，今後の見通しが得られることであり，それでどのように対処すべきかを考えて行動できることである．

　また，病院での薬の処方，役所での証明書発行など，サービス業務において顧客が待つ場面でも電子掲示板は一般化している．

② コックピット経営

　オペレーショナルな活動のマネジメントに必要な図表化された情報が，コックピットと同様に，特定の部屋・場所で一覧できるようにしたものであ

2.6 IT化

る．情報による効果的なマネジメント実践のためには，情報から現実についての適切な解釈ができるように，現場・現物主義で日頃から現実を周知しておく必要がある．

③ **経験の蓄積と知恵の活用**

成功と失敗の経験，不具合の発生と対処，改善事例などを蓄積して，開発，設計審査，ポカヨケ治具，からくり改善などに積極的に活用できるような組織学習を支援する情報システム化も見える化の有効な手段である．それは製造活動のみでなく，営業活動，サービス活動，調達活動など，すべての活動が対象となる．

④ **CRM**

CRM（Customer Relationship Management：顧客関係管理）は長期的・継続的に顧客との良好な関係性構築を支援するために，顧客データベースの整備による顧客に関する情報を一元化して見えるようにするものである．

⑤ **SCM**

SCM（Supply Chain Management：サプライチェーンマネジメント）は原材料・部品の調達と製品の生産から最終需要に至る商品供給の流れを一貫化し，最終需要に対応した供給活動を実施するために，情報を関係部門・企業間で共有して，相互の活動と状態を見える化する．ビジネスプロセスの全体最適を目指し，納期短縮・欠品防止と在庫削減の成果を得るSCMには情報システムの構築と運用が不可欠である．

⑥ **内部統制**

J-SOX法（日本版SOX法[*2]）に対応して内部統制における企業活動の透明性を確実にするためのIT活用が法的に要請されている．つまり，企業活動とマネジメントの情報システム化が行われている状況で，効果的な内部統

[*2] SOX法（サーベンス・オクスレー法）は，米国で制定された法律で，2001年のエンロン事件をきっかけに企業の内部統制の重要性が再認識され，それが企業改革法として制定された．2006年6月に国会で成立した金融商品取引法内に記載された内部統制報告書の提出の義務に関する部分が日本版SOX法と呼称されている．

制を実施するには，情報システムに関連した業務活動のプロセスと結果の見える化のためのIT化が不可欠となっている．

(2) IT化によるコミュニケーション

① **メール，ブログ，SNS**

協働・協創で必要な時空間を超えた自由なコミュニケーションを活性化する媒体としてメールやブログ，SNS（Social Networking Service，社会的ネットワークをインターネット上で構築あるいは維持するコミュニティ型のWebサービスを指す）などを利用することができる．

② **PDM**

PDM（Product Data Management：製品情報管理）は，製品の開発工程における設計・開発に関わるCADデータなどの図面データ，仕様書などの文書データ，製品を構成する部品構成データなど，すべての情報を一元化して管理し，工程の能率化と時間の短縮を図る情報システムであり，開発工程の情報を見える化するもので，設計開発業務におけるコンカレント化を実施するために導入する例が多い．

③ **テレビ会議**

インターネットによるテレビ会議は，場所の制約から解放され，遠隔地の関係者の人々との双方向のコミュニケーションを可能にし，計画と実績及び関連事実のみならず，意見と表情の見える化によるコラボレーションを促進する．

(3) 技術的活動支援のIT化

ITは，コミュニケーション，シミュレーション，及び見える化の機能に優れていて，人間の能力を補完する手段であり，開発活動の支援には不可欠となっている．不確実性が増大している状況下で，革新的に技術が発展し経済的になっているITは，見える化の手段として有効に活用すべきである．

① **CAD/CAM/CAE**

ものづくりは概念の創造と実現である．特に，不確実性の高い開発段階では創造と試行錯誤が行われるが，思考の可視化は思考を深めるとともに関係

者の創造的論議を盛んにすることが期待される．現在，デジタルエンジニアリングが一般的になっていて，IT 化は検討と思考の深化及び開発活動の見える化を可能にする．コンピュータ支援は，思考出力の表現とその適切性評価のシミュレーションに極めて有効である．

② コンカレントエンジニアリング

設計開発において，概念設計（構想図）／概要設計（計画図）／詳細設計（図面・仕様）／生産設計・工程設計（内製・外製）／生産準備・調達など，各種の設計と計画を同時並行的実施するコンカレント化，及び企画・開発から販売・廃棄に至るまで製品ライフサイクルの全フェーズに関連する部門の企画・開発・設計段階での参加・協働のフロントローディング活動による開発期間短縮，新技術の適用，市場ニーズへの対応には，IT による支援が不可欠である．

(4) ナビゲーション

① 作業ナビゲーション

多品種少量変量生産のおけるセル生産と混流化ラインで多様な作業などでは，ポカヨケ付きのナビゲーションで支援することが可能になっている．このナビゲーションは，多様化・複雑化する工程，変化への柔軟な対応と負担の平準化のための多能工化・多専門化，非正規社員・期間社員・派遣社員・外国人労働者などの雇用構造の変化に対応して，"やるべきことをきっちり実施する"ための教育訓練のツールとしても有効に活用できる．この作業ナビゲーションは，製造現場での作業のみならず，開発，サービスなど多くの業務の遂行に対して全般的な活用が期待される．

② 情報検索ナビゲーション

膨大で複雑な構造の情報からの効果的・効率的な検索によって，文脈と関連情報を含め，必要で有効な情報を獲得するために，情報検索のナビゲーションが必要である．また，ナビゲーションは情報の収集，データ入力などにも全般的に活用されている．

第3章　見える化の効果的活用のポイント——事例に学ぶ

3.1　今まで見えなかった事実や状態の見える化

　見える化をすることは，今まで見えなかった事実や状態を見えるようにすることであるが，具体的な活動を考えると，何をどうしたらよいか方法がわからないということが多い．本質的に重要なことは，見える化する対象を改善するために見える化をツールとして効果的に活用することである．

　今までは見えなかった活動と結果，及び要因を見えるようにする過程を通じて，これまでの管理では成し得なかった多くの改善ができることになる．

　まず，見える化されたことによって，多くの事実が隠れていたことが明確になり，この事実を共有化することによって，関係者の意識が変わってくる．この意識変化を組織全体のモチベーション向上に変換することで，自律的な管理活動を推進させることが可能になる．

3.2　見える化で進める製品及び工程と管理の改善

　見える化の活動対象が製品の改善活動か，仕組みなどの管理の改善活動かによって，目的と適用手法が少し異なる．しかし，いずれにしても現状の悪さ加減や改善の機会を見える化して維持管理と改善をすることは同じであり，改善活動は製品（アウトプット）の改善と管理（プロセス）の改善を互いに関係づけながら実施されるべきである．

3.2.1　製品と工程の改善活動と見える化

　日本の製品品質は世界的に高く評価されているが，それは現場力の強さと改

善力によるところが大きい．改善活動は，問題解決プロセスとして実践されるが，そのプロセスには以下に示すような重要要素の見える化が組み込まれている．

　テーマ選定：活動の目的や趣旨の見える化
　現状把握：現状の多くの事実を見える化
　解析：要因を絞り込む手順と問題の真の原因を見える化
　再発防止：改善すべき手順，装置，管理を見える化
　成果の確認：改善された成果の見える化
　維持管理・水平展開：改善された結果の維持と展開の見える化

　このプロセスで使用されるQC七つ道具，新QC七つ道具などのQC手法は，見える化のツールである．また，改善活動は，日常管理活動，小集団活動，方針管理活動などで実施されるが，効果的活動に必要な要件は，目的に合った適切な情報の見える化とそのリアルタイム性である．

3.2.2　組織管理に不十分な見える化のプロセス

　企業が存続的成長をするためには，企業の組織的活動の効果的な展開，及び人材育成と組織活性化が不可欠である．情報は業務遂行と管理に必要とされ，調整のためのコミュニケーションに不可欠である．不確実で絶えず変化するグローバル市場への対応には，組織内外の情報を見える化することによる管理業務の有効性向上と効率化，及び意思決定のスピードが競争力の源泉となる．

　しかし，現実には，各担当部門は限定された情報しかわからず，関連する他の情報を入手しようとしても情報の鮮度は悪く，タイミングも遅れた月次処理か半期処理の情報であったり，秘密保持という理由で情報が入手できないことさえある．しかも，情報は権力の源泉となり，情報をもっていること自体がステータスとされる傾向もあることから，情報は囲い込まれ，ブラックボックス化されて，実態が隠蔽されていることもある．さらに，維持管理と改善の要となる要因系の情報は少なく，現象面のみの情報が伝達される傾向がある．

　また，組織内の情報は加工されているために，ある意識・意図が作為的に入ったりして，真意がわからないことも多い．組織における多くの情報伝達は，

3.2 見える化で進める製品及び工程と管理の改善

非常に効率が悪いことから，結果としてある特定の情報を管理する間接管理部門の肥大化，長い会議や打合せをはじめとしたコミュケーションのための時間の浪費と膨大な標準類や管理文書などが多くの組織で存在している．

情報は，組織管理活動における判断の基礎であるので，組織内外の情報をリアルタイムで開示し見える化することによって管理活動は大きく変化する．プロセスの状況と成果の内容が，要因別に層別してわかりやすく関係者全員に見える化され，共有化されれば，現状で発生している変化や，気づかなかった問題点が顕在化し，新たな気づきや意識変化によって，各担当及び個人が状況に応じて適切に適応する自律的な管理活動が可能となってくる．そして，その活動と結果も見える化によって共有化されるので，自律的な管理活動が活性化され，大きな成果を得ることができるようになる．

自律的管理活動でプロセスと結果が見える仕組みであれば，組織としての管理業務は大きく変わると期待できる．つまり，複雑なマニュアル，理解困難な手順書・規定がなくても，自らが実施すべき内容を自覚して活動し，その活動のプロセスと結果がリアルタイムで確認できるので，自律的な行動と管理状態が実現すると期待できる．見える化は，組織管理の効率を格段に向上させる手法である．

3.2.3 見える化で変化した管理の事例

本項では，単純な手法によって，建設現場における騒音・振動ボードを見える化して効果のあった事例を説明する．

図 3.1 に示すのは建設現場における騒音・振動を管理する監視・測定ボードであるが，この表示方法が一般的な仕組みとは異なっている．このボードは外部の近隣に向けて表示されていて，単なるデジタル数値表示だけではなく，法規制の規制値を明確に説明することで，この数値が正常か異常であるかを見える化している．デジタル表示されている数値が法的規制値を外れた異常値であれば，近隣住民など第三者による通報によって行政処分を受ける危険性もあるが，あえてそのリスクは承知で一般公開をしているのである．

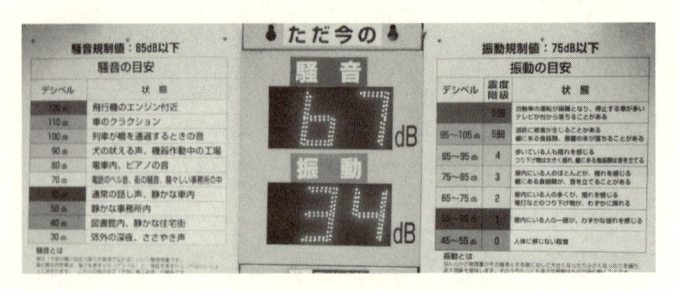

82   第3章　見える化の効果的活用のポイント——事例に学ぶ

図 3.1 現場で発生している騒音及び振動の数値の外部掲示の例

　この組織にとって重要な情報をリアルタイムで公開することで，作業を行っている作業者は，これまで以上の慎重さと緊張感をもって，手順に従った作業を自律的に実施することから，騒音・振動に関する作業管理が自然に管理状態になるという利点もある．

　従来の管理であれば，管理者が作業の状態をコントロールするために，監視・測定を実施し，作業指示と記録作成をしていたが，ここでは監視・測定の管理を内部管理から外部公開に変えることで管理を効率的に実施している．

　これは管理を効率化しただけではなく，ステークホルダーに重要な環境情報を自ら発信することで，隠蔽や間違いを発生させない組織であることのアピールともなる．ただし，この背景には"決められたことを守る"教育された作業員が作業に従事し，組織の管理力が高いことが前提としてある．無秩序な状態で公開しても，結果はリスクを負うだけであり，見える化して自律的な管理を進めるには，必要な組織力が備わっていることが条件でもある．

　このような事例は多くの活動の中で実践されている．工場内における 5S エリアの分担を担当者の顔写真と役割を工場内に掲示して，関係者の意識を高いレベルに維持している事例，工場に小学生などの見学者を積極的に受け入れ，外の目を意識させて 5S や作業環境を改善させている事例，また工事現場では工事仮囲いに工事責任者の写真と氏名を掲示している事例など，着実に見える化の手法を活用した事例が多く存在する．見える化は，身近で実践できることから，時間をかけて，よいものを確認しながら積み上げて行くことによって，

組織内の仕組みを変化させ改善を進める有効な手段である．

3.3 見える化を実施する階層

全社での組織対応として見える化に取り組む方法もあるが，一般に，いきなり組織管理全体の見える化に取り組むのは非常に難しい．見える化の対象となる課題や問題点は，組織の階層によって多種多様に存在する．これらの改善を推進するために見える化の手法を活用することができる．見える化の手法で期待以上の改善の成果を見せることに成功すれば，見える化の手法適用範囲は拡大するので，改善のキーワードとして見える化を使うとよい．

以下に，身近なところからできる例として，全社会議における各部門の報告形式の改善事例を示す．

会議での発表内容は様式に従って作成され，活動結果を説明する資料は膨大となり発表時間も長かった．ところが，ある部門はA3用紙1枚で，必要とする実績や活動結果をグラフと写真で構成し，活動結果の要因系を明確にして発表を行った．この発表形式によって，目的とする内容を簡潔に見える化したので，会議全体に大きなインパクトを与え，次の会議からこの発表形式が増えた．そして次第に他の会議においてもワンシートによる発表が主流となった．

この事例のように効果が明確に認識できれば，見える化の手法適用はすぐに広がる．期待以上の成果が現れた改善活動は人々の関心を高め，その活動は周辺の組織に波及し，影響を受けた他の組織が変化すると期待される．また，上職者が改善された本質を見抜き，積極的に支援し活動を広めていく姿勢も，組織が見える化を促進するうえでの大きな要因となる．

3.4 見える化に必要な現場力と組織力

見える化を組織的に継続させて成果につなげ，モチベーションを向上させるように組織全体を活性化することは簡単ではない．

現存する資料や手順などを単にビジュアル化するだけならば，表現・表示のテクニックがあれば可能であるが，これでは"見える化すること"だけが目的化されてしまう傾向が生じかねない．見える化は手段であり，製品の改善や仕組みの改善をすることによって大きな成果を得るための活動である．組織には改善を実施できる現場力と，仕組みを常に見直し再構築する組織力が必要とされている．また，見える化の基本的な考え方は，情報の提供と共有化にあるので，組織内外の変化に適応した情報の提供と適切な更新，及びそれらを共有化できる組織体質が大きく影響する．

3.4.1　見える化する情報とデータ

見える化を実践するために必要なものは情報とデータであり，組織では日常的な管理活動において，必要な情報とデータの収集・処理・蓄積・検索が行われることが不可欠である．ここでの情報とは，固有技術，標準書，技術情報，観察結果，環境情報，社会情報などであり，データとは，検査・試験の記録，工程時間，環境数値，設備計測値，顧客満足評価指数などである．

見える化は改善を進める支援ツールの側面と，管理を効率的に進めるツールの側面とがあるが，どちらにも必要とされているのは，タイムラグのない正確で適切な情報とデータである．

また，必要な情報を得るためには，5M1E1T（原材料，機械・設備，人，方法，測定，環境，時間）とされている要因系のデータも収集しておく必要がある．十分なデータがない組織では，効果のある見える化は期待できない．

3.4.2　データの解析力

収集されたデータからこれまで見えなかった真実を見えるようにするには，そのデータを解析し必要な情報を得るスキルが必要である．

多くのデータは，"要求されるから顧客に提出する"，"規定値以内であることを確認する"といったように，ほとんど解析されずに放置されている．解析を行うには，手法を理解したうえで適用する技術が必要であり，組織内で日常

3.4 見える化に必要な現場力と組織力　　　　85

的に解析が行われ，その結果が活用されていなければ，必要に応じた効果的な解析はできない．

　見える化を推進するには，データの解析と過去などの関連情報の収集によって対象の現象と状態及び要因を解釈して洞察した結果を，関係者にとってわかりやすい形で表示して共有化する必要がある．

3.4.3　見える化に必要な表現技術と効果的運営

　見える化を行うには，解析された情報をわかりやすく加工して見る人を引きつける表現・表示における工夫が必要となる．ただ文字や数値が羅列されている文書を見せられてもすぐには理解できないし，必要と感じる人以外は関心ももたない．

　見える化は，訴えたいこと，理解させたいことを，わかりやすく表現して，短時間に多くの人に理解させ，可能であれば五感に訴えることもある手法である．見える化には，目を引きつけ，関心をもたせる情報の提供を短時間に実現する発想力，アイデア，センスと表現力を必要とし，これからの組織運営や顧客へのアピールにも必要な技術となってきている．

　また，目的を達成するための5W1Hを明確に規定して目的達成の具体的計画を見える化し，実施プロセスの監視・測定から得られた要因，及び必要な処置の実施内容と成果についても見える化しながらPDCAサイクルを回すというように，PDCAサイクルをリアルタイムに見える化することによって，現状で発生している変化や気づかなかった問題点を顕在化し，新たな気づきや意識変化を芽生えさせることで，目的達成活動をさらに活性化して，大きな成果を得ることができるようにすべきである．

3.4.4　見える化に必要なITリテラシー

　ITリテラシーとは，課題達成や問題解決のために，ITによって得られる大量の情報の中から必要な情報を検索して組み合わせ，加工処理をして表現し，意思決定支援に適用することのできる，ITに関する基礎的な知識や技能である．

最近，見える化によって，大きな成果が上げられるようになった理由の一つが，ITを効率的にかつ有効に活用していることである．多くの成果を上げた事例では，データの処理と情報の利活用にITが大きな役割を果たしており，ITリテラシーは見える化に必要とされる重要なスキルとなっている．現在は，インターネットやスマートフォンのような携帯情報端末などのIT機器が日常的な生活環境に存在し，メール，ブログ，Facebookに代表されるSNSなどによる情報交換が日常的に実施され，あらゆる消費財とサービスの提供がこれらの機器を介して実施されている時代となっている．

見える化に求められる基本的な機能である"活動とそのプロセスに関する事実と要因を，必要な人が，必要なときに，必要な場で知ることができる"という要件が満たされるのは，IT化が有効な支援ツールとなっている証である．業務プロセスは相互に関係した要素から構成され複雑に関連していることが多い．IT革新の進展は加速度的であり，機能と性能は格段に向上するとともに，IT化コストも大幅に低下しているので，今後とも見える化への適切なIT活用が期待される．

3.5 見える化を実践するステップ

3.5.1 変化の機運をつくる情報開示と表現方法

最初にすべきことは，改善したい事実を，簡潔にわかりやすい形式で見える化して，関係者に関心をもたせ，"気づき"を与えて意識を変革し，現状から変化させる機運を高め，それを組織全体に広めることである．そのために，工程内不良，顧客クレーム，生産性，今後対処すべき事項，個人別能力など，関係者の仕事に関連した課題や問題点などの事実について，わかりやすく目を引く方法で，かつタイミングよく見える化する必要がある．

見える化は，改善すべき課題に対する関係者の関心を高め，今まで気づいていなかった多くの事実を認識させることになる．しかし，それが個人的な能力や結果の批判であると誤解されると，反発を受け，意欲は低下し，ねらいとは

逆の事態に陥ってしまう可能性が高い．事実の見える化が，公開データの作為的な加工，データの欠損や不正確さなどから不信を招くことにならないようにすべきである．事実を正しく見える化することによって，気づきを発生させ，自律的に改善する変化の機運を創出すべきである．

3.5.2 気づきの改善意欲への変換

　組織において，人は他（他者・他部門・他組織）との差とレベルを気にして活動する傾向がある．他との違いを明確にすることによって，何をしなければならないかに気づき，明らかになった要因に対して適切な処置をして，もっとレベルアップしたいという気持ちになるのが一般的である．見える化のポイントは，この気づきを，どのように改善意欲に変換させるかである．"何とかしたい"，"何とかしなければならない"という意識は，改善活動への動機づけにつながる．

3.5.3 成果を得るためのシステム化

　気づきによって改善したいという意識が働いて行動しても，一過性の現象で終わってしまえば，全体の大きな成果とはならない．

　示されたものを見て気づいて行動する人もいれば，まったく見ない人，気づかない人も組織にはある割合で存在する．見ない人達は，見せたいと思っても気づいてはくれないため，意識の変化から行動へとはなかなか結びつかない．労力をかけて見える化した情報も，掲示板での表示やイントラネットへのアップだけでは，必ずしも見てほしい人は見てくれるとは限らない．また，見えた後に，どう行動させるかを仕掛けるシステム化を考えなければ効果的な見える化にはならないことから，単に見せるだけではなく，どうしても見なくてはならないような必然性を組み込む必要がある．

　見える化が日常的な活動における重要なプロセスになれば状況は変わる．例えば，見える化を図った帳票や掲示物に，"日ごとの業務指示や作業指示がある"，"記録をインプットするために見る必要がある"，"上司からの評価や指示

がある"，"スタッフからの支援や助言がある"など，業務や作業を実施するために見なくてはならないような仕掛けを行うのが有効である．見なくても作業や業務遂行にまったく問題がないような事項は，見える化する必要はない．

　見える化を図ったものの，だれも見てくれない状態になるのは，見せた後の仕組みが考えられていないためである．また，関係者が継続的に見るようにするためには，活動したプロセス及び成果の情報を遅滞なく更新し，常に最新の情報を見ることができるようにする必要がある．

　また，IT化によって見える化することができた情報と同じ情報を伝達する重複する報告書や帳票は廃止して情報の二重化を防止すべきである．しかし，現実には情報とデータがIT化されているにもかかわらず，従来の帳票を要求している組織も多い．

　IT化によってプロセスの状況と結果と管理の仕組み全体を見える化すれば，意識は高まり自律的な行動へと変化することが期待される．

3.5.4　ITで見える化された管理オペレーションの課題

　これからの組織運営にはIT化が不可欠であるが，戦略的IT投資が不適切・不十分であると，組織力の低下を招く事態になる可能性が高い．しかし，ITをどのように業務と経営に活用するかは，業務知識とITリテラシーのみならず，組織マネジメントと経営戦略などのIT経営力が重要で，ITが経営に有効に機能して成果を実現するように各組織に適したIT化が実践されるべきである．

　IT経営力の欠如したIT化は，かえって業務を複雑にして大幅に効率を下げ，組織活動の柔軟性と環境適応性を欠き，ITのメンテナンスや業務変更によるプログラム変更などに多大な費用を要することになる．組織のIT経営力に対応したIT化と活用を実践すべきであって，IT化を目的としたシステム化や過剰なシステム化を安易に実施すると組織に大きな損失を発生させる結果となりかねない．

　現実に運用している組織の仕組みは，複雑で形骸化しているものが多く，決

定プロセスや運用プロセスが複雑で，例外処理が多い．このような仕組みのIT化はかえって複雑化と形骸化を増長させることになり，組織の硬直化と機能不全を起こさせる要因となる．仕組みは極力シンプルにして，システムに複雑な役割を与えず，その都度必要な管理者が判断を行う形にすることが結果的にも効率のよいことが多い．

　組織全体の見える化を進めると，組織の管理システムのIT化と見える化とを相互に関連づけながら発展させる必要性を感じるはずである．有効性の高いIT化によって，管理部門を合理化・効率化して管理システムを最適化できれば，競争優位性の高い組織となる．

3.6　目的達成のために見える化を活用した事例

　見える化が，単にビジュアル化中心の活動で終わってしまったのでは，期待するような成果は実現しない．本節では見える化のツールを効果的に活用し，組織全体の活性化を進めて成果を出し，自律的な管理状態となってきている事例を紹介する．

3.6.1　見える化によるスキルアップと労務コスト削減

　従業員規模500名弱の食品会社の工場で実施されている見える化の事例である．この工場における見える化は，改善活動から始まり，生産工程，手順，要員の教育・配置などに見える化の手法を活用した改善を推進している．そして，見える化を工場すべてのプロセスに適用実施した結果，仲間意識の向上とモチベーションアップによって，自律的な活動が推進され，労務コストの大幅な低減を達成している．

(1) 背景

　この工場は，製品の多様性と市場要求に応えるために出荷量の変動が大きく，平準化が課題であった．

　生産の中心となる工場従業員の半数が女性パート従業員と派遣従業員で構成

されており，作業習熟度が低い，当日欠勤が多いといった点が生産効率の問題点であった．そこで，従業員のスキルアップによる不具合防止と，手戻り防止，及び生産効率の向上のための見える化の仕組みづくりが実施された．

(2) "休日の見える化"の実施

この工場では，出荷量の変動に対して，残業や臨時社員の雇用などで対応しなければならないが，予期しない当日欠勤などの不確実性が生産工程の混乱を発生させていた．そこで，作業の平準化と当日欠勤解消を実現するために，従業員に休みを自由に取得させる"休日の見える化"が実施された．

具体的な方法は簡単である．図3.2に示す掲示板の横のホワイトボードを休日取得ボードとして設置して，従業員は自由に休日を取得したい日にネームプレートをセットする．ボードにはこれ以上の作業員が休まれると工程に大きな影響が発生する管理線が決められていて，その管理線以内であれば管理職に申請や連絡をする必要なく，自由に休みをとることが許される．休日管理は従業員同士の自律的な判断に任せられており，この"休日の見える化"は管理する側，管理される側の両方にメリットを生んでいる．管理職は当日欠勤の対応や休日管理の手間が大幅に省略できる．また従業員側も自分の自由な休日設定ができて，休日届の提出が不要になったことから，当日欠勤が大幅に減少しただけでなく，代休や休日の取得率が向上し，休日管理をしなくとも管理状態となった．

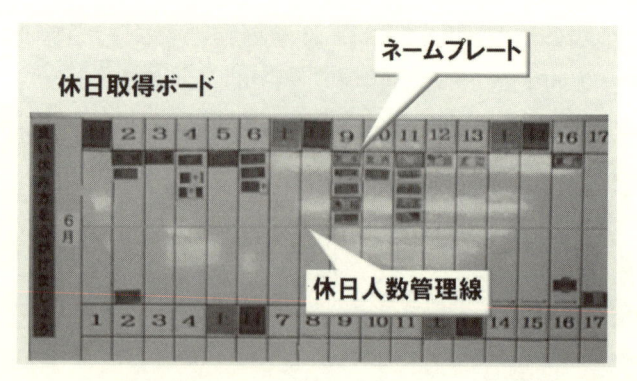

図3.2 休日が"見える化"されたボードの例

3.6 目的達成のために見える化を活用した事例

これは面白い発想でどこでもできるような気がするが，一般的にはそう簡単にはいかないはずである．この工場の事例では管理限界線までの人数を規定しているが，多くの生産ラインでは予備要員は雇用していることは少なく，一人でも減ると生産に影響すると考える組織が多いはずである．そこで，休日を取るために考えられたのが，"人員配置の見える化"によって時間単位で効率的にマンパワーの再配置を実施することである．

(3) 作業員を時間で再配置する"人員配置の見える化"

従業員のスキルマップ情報をもとに図3.3に示す"人員配置の見える化"ボードで人員の再配置を計画し実施している．この業務はラインの班長が兼務しており，人員の過不足と工程を常に監視して，余裕のある工程からの人員の

図 3.3 生産工程に応じた人員の再配置の例

再配置をきめ細かく実施している．

人員配置ボードによって人員を時間単位で配置変更することによって，プロセスにおけるムダをなくして，最適化が可能となり，今まで必要とされた残業や臨時的な雇用がなくなり，トータルの人員を少なくすることを実現している．

しかし，"配置転換された要員は配置転換された先ですぐに対応できるスキルがあるのだろうか"，"配置転換にあたりその工程の責任者との調整は短時間

で可能なのだろうか"など，時間単位での要員の配置転換が実際に可能なのかについては疑問が生じるはずである．この工場では人員のマルチスキル化を計画的に進め，再配置責任者は自由に配置を換えることのできる権限を委譲されている．

(4) 要員の"マルチスキル化の見える化"

再配置を簡単にするためには，どの作業工程に配置されてもすぐ対応できる多能工を養成するマルチスキル化の実施が必要である．そこで，"スキルの見える化"を実施して従業員のマルチスキル化を進めている．

一般的にパートなど臨時的な従業員に対してマルチスキルをもたせるのは，雇用期間の不安定さやモチベーションの低さから困難なことが多い．この組織では人件費を材料や設備と同じコストとは考えておらず，パート従業員も重要な資源という考え方が見える化によって徹底されており，"仲間と連帯感がもてる"，"仕事に誇りをもてる"，"経営者や管理者を信頼できる"といった環境が業務に対するモチベーションを向上させている．

マルチスキルを推進した見える化のツールが図3.4に示す"私，ここまで出来ます！マップ"である．このマップは従業員に取得させたいスキルの一覧を大きな表示板で見える化し，柔軟な配置転換を可能にするためのスキル取得の目的を理解しやすいように示している．具体的には左には従業員の顔写真が貼られ，縦にスキルごとに色分けがしてありスキルの度合いは円グラフで示されている．他の企業でもよく見られるスキルマップではあるがその徹底度が異なる．

リーダーからは具体的にこのスキルを取得してほしいとポストイットでコメントが貼られ，取り組む目標を明確にしている．従業員からはその達成についてのコメントがポストイットで返されていて，このスキルマップにおけるコミュニケーションが全員に見えるようになっており，ちょっとしたゲーム感覚で，コミュニケーションを図りながら従業員の"やる気"を向上させている．スキルの取得のためには，グループごとにスキル道場やQ&A表などでのグループ勉強会や実習が実施され，その内容も積極的にビジュアル化されて掲示されている．

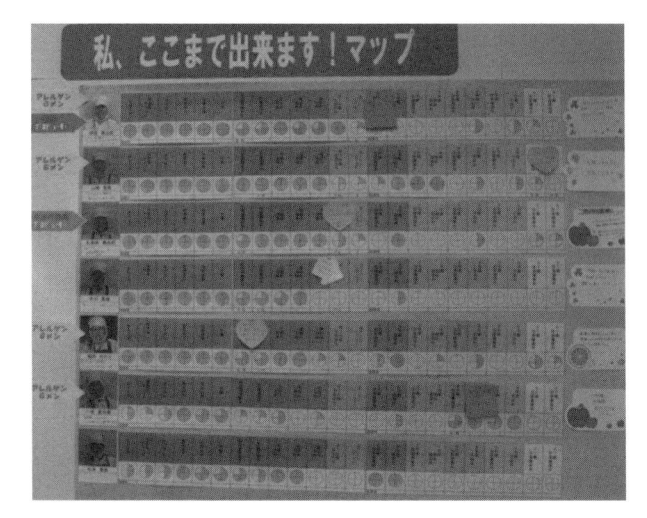

3.6 目的達成のために見える化を活用した事例　　　　93

図 3.4　スキルを見える化したボードの例

(5) 組織活性化のためのエンパワーメント

　この"人員配置の見える化"ボードを受けもつ責任者は管理職ではなく，班長クラスにエンパワーメント（権限委譲）されている．また，この組織においては，多くの重要な管理業務が作業者にエンパワーメントされ，図 3.5 に示すように権限が付与されていることが，帽子に大きく目立つ鉢巻で見える化されている．この人々は"ハチマキ隊"と呼ばれ，頼りにされている．このエンパワーメントされた業務は専任ではなく，本来業務とマルチタスクで実施している．この中で象徴的なのは"爆弾分析"と呼ばれる金属片混入異常の要因解析と処置で，製造中の食品に金属探知機によって金属片の混入が発見されると，女性作業員グループの"爆弾処理班"が動き，原因が発見されるまでラインは停止される．ラインを再稼働する権限は彼女らにある．この非常事態に備えるため，爆弾処理のグループは，日頃から設備の点検と予測対応を実施していて，そのスキルとモチベーションは高い．

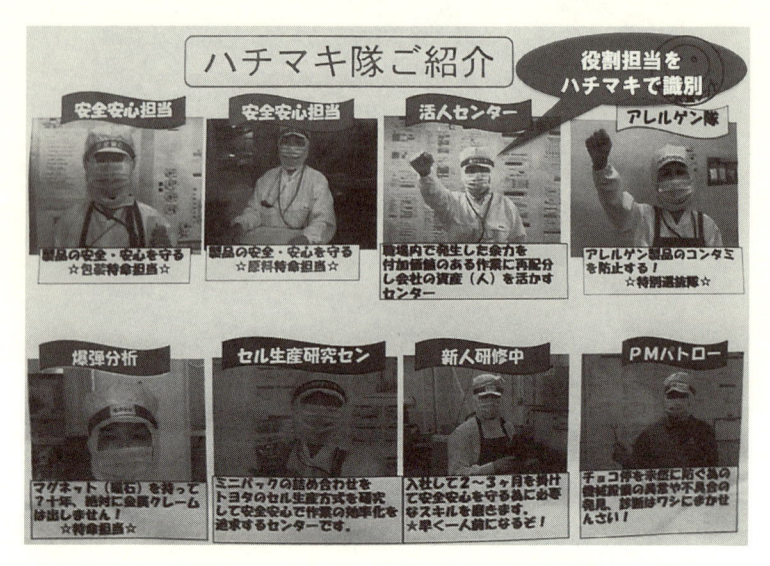

図 3.5　エンパワーメントされた役割

(6) 労務平準化への見える化のプロセス

　生産労務の平準化を，この工場では，休日の自由取得のための"休日の見える化"，要員のマルチタスク化による"人員配置の見える化"，仕事のマルチスキル化のための"スキルの見える化"と関連した見える化を連携させて，要員のスキルを向上させ，配置を最適化する仕組みを構築している．その実施にあたっては，重要な業務をエンパワーメントして従業員のモチベーションを高めており，そこには見える化活動を推進させてきた経営管理者の意図が読み取れる．
　この一連の見える化の成果として，この工場では生産量が伸びたにもかかわらず労務費の減少を実現した．さらに，生産コスト情報も分析・解析され，わかりやすい内容と形式で見える化されている．

3.6.2　セルナビゲーションによる不良低減と工場生産効率の向上

　本項で紹介するのは，自動車部品が主力商品の企業において，国内4工場のうち一つの工場の生産にITを活用した見える化の事例で，セル生産におけ

る多様な部品生産の作業手順をIT化によるナビゲーションで見える化するとともに，生産プロセスの見える化を実施し，工程管理，生産効率，不具合などの課題や問題の要因を全員で検討することによって，大きな成果を上げている．

(1) 背景

この工場においても労務コスト削減のため海外研修生，派遣労働者が生産ラインに直接従事しており，その流動性のため習熟した作業員は期待できないばかりか，工程の効率化，納期の遅延，不適合品率の改善などが問題となり，作業員の教育・訓練を効果的に実施することが課題であった．また，製品には多品種少量生産が要求され，従来のラインでは対応できなくなっていることも重要課題であった．

(2) セル生産への展開と作業員の短時間での習熟度アップ

セル生産は，組立工程において，従来のコンベア方式のライン生産と違って，一人の作業員が多工程を担当する生産方式で，仕掛品がなく，生産変動への対応が容易で，多品種少量生産に向いている．しかし，一人で多くの組立工程を担当するので，習熟度をある一定レベルまで教育・訓練するのに時間がかかる．この工場では，セル生産に対して主に海外研修生を配置し，短期間で多くを体得させるとともに，QCD（品質，コスト，納期）で問題を発生させないようセル生産のための道具や装置を改良し，図3.6に示すように各組立手順を作業員の目の前にあるモニターでナビゲーションするようにしている．

図3.6　モニターの手順に基づくセル生産の例

作業員の習熟度アップのためのナビゲーションシステムは，作業手順が作業者の目の前に設置されたタッチパネルのモニターに順次自動的に表示されるようになっている（図3.7参照）．そこでは，各作業者の工程に従って部品をセットし加工すると，各種のセンサーが現場の作業は妥当かどうかを判断して，手順どおりであれば次の手順に画面が移行し，手順が間違っていれば組立中の製品がロックするようになっている．作業者の習熟度や個人差によって生産効率は異なるが，この方法は，不適合品を作らないとともに，短時間の訓練で組立作業を担当できるというメリットがある．このシステムのタッチ式のモニターは，手順や色見本，不適合品の識別などの情報，後工程や検査からの不適合品のフィードバック情報などをリアルタイムに表示し，ライン効率を向上させているほか，セル生産は，重要かつまとまった工程を任されたことに加え，実際にその役割を遂行できていることで作業者に芽生える自負から，作業者のモチベーションアップにも寄与している．

図3.7 セル生産のための部品台と加工治具の例

(3) 生産情報を見える化して全員で共有

生産実績情報システムの各センサーから得られたタクト情報や不適合情報は，中央で情報処理され，工場内のモニターやプロジェクターで表示されている．

3.6 目的達成のために見える化を活用した事例

その例の一つが図 3.8 に示す生産管理電光ボードである．各生産ラインにはラインの生産状況をリアルタイムに表示する電光掲示板が各所に設置され工程の進捗状況を表示している．また，工場の数か所の壁に据えつけられた大型プロジェクターによって，現在のラインごと，個人ごとの生産状況，発生した不具合情報，タクトの時間推移など生産に関する詳細な情報が表示されており，現在の工場における状況と問題点をリアルタイムに見える化することによって，次の活動へのアクションを早期にかつ敏速に実施するように工夫している．このように詳細な生産データの IT によるリアルタイムな取得は，作業工程をナビゲーションシステムによる"手順の見える化"によって可能になっている．

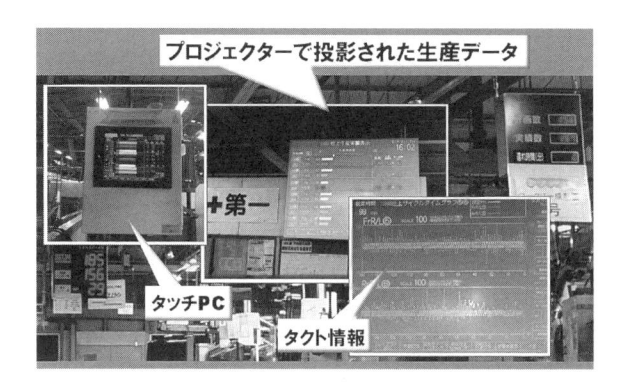

図 3.8 見える化された生産情報の例

(4) 管理者の主導による掲示板での見える化

この工場ではすべての管理を IT システムに頼っているわけではなく，アナログなコミュニケーションも同様に重要と考えている．図 3.9 に示すように工場の掲示板に大きなシートを貼り，不具合データと生産効率を直接記入して生産の問題点や不具合の検討・討議を行い，発生した不適合品の"要因の見える化"を行って不具合防止の活動に成果をあげている．

このシートには，検討した問題点の状況，検討した要因と具体的な解決への手順やコメントが書かれていて，工場長が直接そのプロセスの結果を確認して

図 3.9 管理者が評価を実践する掲示板の例

いる．

　生産ライン上で発生している問題を報告書や帳票などで形式的に処理せずに，この掲示板で全員が情報を共有している．この事例においても見える化には管理者が積極的に関与して，プロセスを評価し，ときには賞賛し，激励し，指示をしながら見える化を推進して成果を上げている．

(5) すべての情報を見える化して改善

　また，この工場では生産に関する多くの情報に聖域を設けることなく分析・解析して表示している．その情報にはコスト情報，不具合分析データ，購入材料金額データなどが含まれている．図 3.10 に示すように個人の生産や不具合発生に関するデータも分析され表示されているが，このデータで個人の評価をするのではなく，作業手順や装置などの改善を目的として，何が他と違うのかを生産技術スタッフと一緒になって検討するためのデータとしている．この情報は，従業員の意識レベルをあげて，自律的な行動を促す役目も果たしている．見える化を効果的に実施して成果を得るために，管理者が積極的に関与して，見える化を業務の管理手法として定着させている．

3.6 目的達成のために見える化を活用した事例   99

図 3.10 個人能力の見える化の例

3.6.3 IT による見える化でのプロジェクト管理の効率化と有効性の向上

次に紹介するのは総合建設会社における建設プロジェクト管理の事例である．複雑な建設プロジェクト管理支援の IT システムを構築し，管理方法を業務ナレッジとなるテンプレート方式に変更して，プロジェクト情報を社内の関係者に見える化することによって，管理の合理化・効率化と管理レベルの大幅な向上が達成できた事例である．

(1) 背景

建設プロジェクトにおいては，顧客，製品の要求，生産日程，生産環境や与条件がすべて異なり同じものはない．そのためプロジェクトのマネジメントは複雑な非定型であると同時に，不確定な変動要因の中で，QCDSE（品質，コスト，工期，安全，環境）に対する最適化された計画を必要とする．そして，計画に従った確実な実施とプロセスの監視・測定による管理をする一方で，計画された内容に問題や変更があるときには，遅延することなく適切な修正及び是正処置も実施できるという高度な組織管理能力が必要である．しかも，組織力を結集してプロジェクトの問題を解決するために，情報伝達及び結果管理，

承認などのために管理書類の作成,巡回検査やプロジェクト会議が行われ,組織合意を形成するための労力を要する.加えて,組織として建設プロジェクトのプロセスが進行することによって変化する多くの諸問題を解決して管理状態にするためにはさらに多くの課題が存在する.

ところが,工事契約,現場決算業務,経理業務,人事業務などのプロジェクト基幹ITシステムはかなり前から社内には存在したが,ライン管理のためのプロジェクトプロセス管理の仕組みではなく,スタッフ管理業務処理のためのシステムであった.プロジェクト管理に必要な管理情報や報告及び承認は,すべて紙ベースで処理され,直接関係するラインとスタッフにしか情報が行き渡らない状態である一方で他の関係部署からは重複した情報の要求があるなど,煩雑で正確性と包括性に欠け,効率のよいシステムとはいえない状態であった.

(2) ITを活用した建設プロジェクト管理システム構築

この事例では,従来,会議や紙ベースの帳票や報告書で実施されていたプロジェクト管理を合理化して,すべてITシステムで基本情報から一元化して見える化を進め,今までのライン管理の帳票や報告書をすべて廃止した.見える化は表3.1に示す項目から着手した.

基本情報と施工計画にかかわるQCDSEに関する管理項目を,品質マネジメントシステム(ISO 9001),環境マネジメントシステム(ISO 14001),労働安全衛生マネジメントシステム(OHSAS 18001)の要求事項などとも整合を図り,情報をテンプレート化して運用し社内に見える化した.情報のインプットは権限と役割に応じた本人IDによって入力が可能であり,部門長の具体的な指示行為を承認とした.単純なITシステムではあるが,すべてを同時に導入したのでは混乱することから,可能なプロセスから導入を始め段階的に拡大する形をとった.この見える化によって構築したプロジェクトの情報の一元化と共通テンプレート化によるプロセス管理は,役割に応じたITシステムへの情報入力の正確性と容易さによって,それまでの情報伝達のための業務の軽減につながった.またそれらの情報のオープン化とあわせて,プロジェクトに関与するプロセス管理のレベルを少しずつ変化させていった.

3.6 目的達成のために見える化を活用した事例　　　　　101

表 3.1 IT システムによる見える化を目指した項目

基本情報	プロジェクト概要,契約内容,人員配置	基幹システムからのリンク
	設計図書,仕様書,仮設計画,工程計画	図面,仕様書の一元管理
進行状況	プロセス状況写真,進捗工程情報	タイムラグのない情報発信
基本計画	基本方針,目標（QCDSE）,引継ぎ情報	方針管理
製造計画	要求事項,検査・試験項目・プロセス妥当性確認,不適合品管理,監視・測定機器管理,実施手順書	品質計画
	環境側面,法的要求事項ほか特定,緊急事態計画,監視・測定計画,各種手順書	環境計画
	安全管理計画,災害対策予測表	安全計画
システム管理	内部監査,文書管理,記録管理	共通計画
計画承認	ラインからの承認指示	指示による捺印の廃止

　プロジェクトに対して最適化が要求される計画作成にかかわる工程が短縮され，従来の紙の帳票と多くの捺印欄及びファイリングは姿を消した．この時点では要求内容や計画内容の明確化の段階であるが，情報のオープン化によって，プロジェクト管理者及びライン管理者の競争原理が自然と働き，計画作成にあたっての検討指示が緻密に実施されて，最適化への段階を少しずつステップアップし始めた．次のステップは，プロジェクトに関与するスタッフの業務情報を，計画及びプロセスの進行に従ってこのシステムで一元化し，見える化することであった（図 3.11 参照）．また，計画に従っての実施記録，チェック，フォローされ修正された情報もインプットするように運用した．

　プロジェクトに関与する経理や契約など基幹システム以外の情報は，このシステムによって一元管理され，プロジェクトの計画までのプロセス，問題解決までのプロセス，実施，検査のプロセスがすべて見える化された．それによって，プロジェクトの業務に関する仕事の責任が明確化され，管理プロセスが大きく合理化・効率化された．

　なお，このシステムで参照できるプロジェクト情報は表 3.2 に示した項目である．

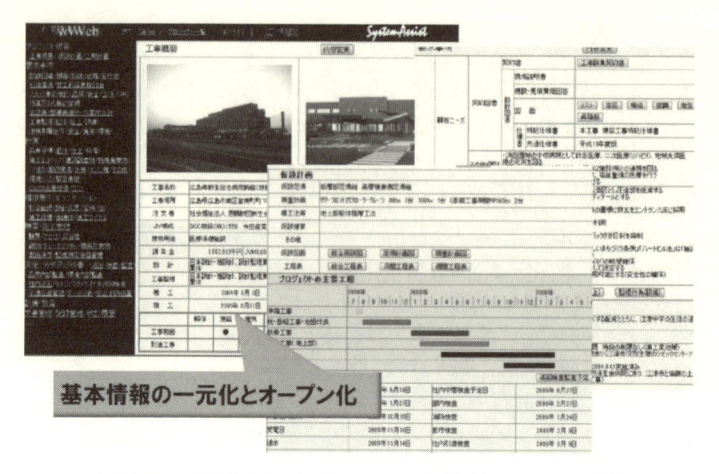

図 3.11 IT 化されたプロジェクト管理システムの例

表 3.2 システムで参照可能なプロジェクト情報

スタッフからのレビュー	図面の技術的検討	各担当からの解決策を提示したレビューと,その実施された内容の記録
	構工法計画,工程計画,作業手順	
	安全計画	
	コスト検証,コストダウン,日程	
	法的な届出,関係する法規制情報	
コスト情報	購買比較,最安値,購買契約情報	調達担当からの情報
社内検査情報	ライン,技術,安全の巡回指示,製品社内検査（段階検査,竣工時）内部監査	巡回指示,検査の結果の見える化
外部検査	顧客,管理者検査 法令検査（官庁,消防,監督署）	外部検査の見える化
コミュニケーション	現場からスタッフへの依頼事項 スタッフからの資料提供,報告,指示	スタッフと現業との問題点や解決策及び資料の連絡

(3) 見える化による役割の明確化

　このシステムの運用にあたって考えられたことは，責任と権限の明確化とエンパワーメントによる専門スタッフの役割の明確化である．プロジェクト管理

3.6 目的達成のために見える化を活用した事例 103

システムによって情報の共有が可能になると，現業(ライン) 部門と専門スタッフ部門との役割分担が自ずと変化してくる．業務の停滞することが多い縦系列のトコロテン方式から，同時並列方式に仕組みを変え，権限と責任を専門スタッフと現業ラインで分割し必要な情報を一元化して見える化を図った．今まではプロジェクトの基本条件や設計図書などは専門スタッフの手元になかったために，活動は依頼を受けて資料を受領してからの動きだったが，情報があれば独自に検討を始めることが可能になったことから，依頼業務や資料要求が不要となってきた．また，このシステム化は，プロジェクトの計画最適化のための事前検討と予防処置を第一優先課題として行った．

(4) プロジェクト計画の問題点の見える化

生産・技術スタッフには，プロジェクトの生産及び品質保証に必要な未然防止項目とその解決策を提供させ，コスト，検査，安全スタッフには，検査，巡回情報及び発生した問題点の顕在化とその解決のためのアクションプログラムを提供させた（図 3.12 参照）．提供された解決策及び資料の内容はシステム側に記録として残るために，後で検証が可能であり，各スタッフ担当の活動結果評価としても有効である．また，提供される情報は社内に見える化されること

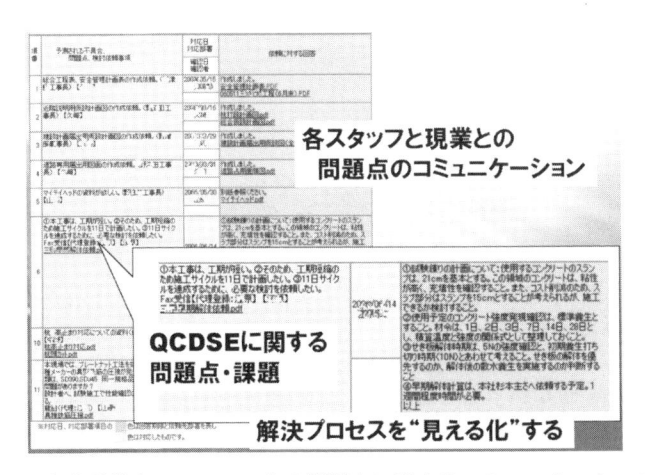

図 **3.12** 生産現場とスタッフによる問題点に関するコミュニケーションの例

によって必然的に有効性の高い情報となり，プロジェクトの予防処置として効果を発揮してクレーム問題の大幅な減少へとつながった．この形式は ISO 9001 での要求事項である，予防処置の結果の記録，及び有効性のレビューにも対応している．

(5) 実施された記録類の整備と管理と巡回管理

現業ラインはこれらの情報を確実に実行して，その結果を記録等で実証することになる．その実証確認は，社内の段階検査で，このシステムで確認する．実施内容の漏れや未実施事項がなくなり，計画された内容が確実に記録で実証され確認されることになる．これらの確認は，ライン管理者及び安全スタッフ，技術スタッフが巡回し評価した技術巡回・安全巡回の指導報告表をシステムでテンプレート化することによって見える化した（図 3.13 参照）．その結果，巡回指導者が何をどのように実施しているか明確になり，巡回内容が有効性の高い内容に変化している．

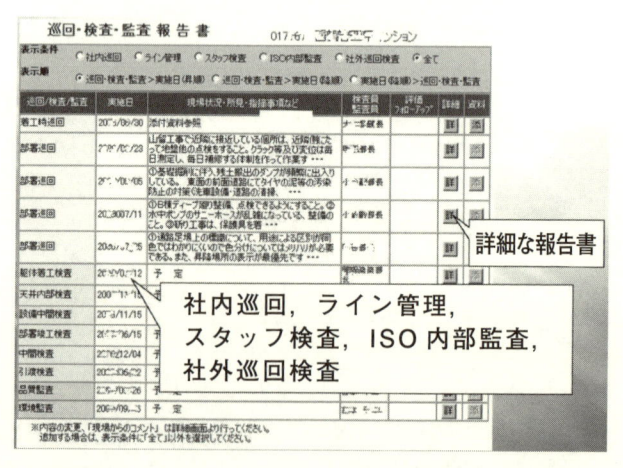

図 3.13 巡回検査における指導内容の見える化の例

(6) 社内検査と外部検査の内容の見える化

社内や外部で実施される検査内容は，システムテンプレート化されて記録され，その評価をわかりやすい方法で見える化した．検査データが一元化されるために，集計，評価，分析がシステム側で実施されて結果がアウトプットされる．このシステムにおける内部監査の結果集計や社内段階検査の集計が総括され管理資料となる．

(7) コミュニケーションの活性化

各専門スタッフに対しての依頼事項は，プロジェクト管理システムの依頼事項で掲示板の書き込みにより簡単に依頼でき，その内容は専門スタッフ，管理部にメールが発信され，注意を促す．また，依頼事項には要点，期日などが明確になるように設定されている．依頼への回答及び資料提供は，このシステムによって同じように実施され，経過プロセスが記録される．

(8) 見える化によるプロジェクト会議の有効化

プロジェクト情報と管理の見える化によってプロジェクトに関する会議が大幅に変わった．重要な会議である着工前検討会の実施状況は，今までは現業における計画内容の説明と営業からの引継ぎ情報が帳票で配られ，出席者がその説明内容から意見や指示をすることによりプロジェクトの方針を決めていたため，会議に要する時間は長く重要なプロジェクトは半日以上にも及んでいたが，指示や決定内容も具体性に乏しい形骸化された内容が多かった．会議にはいろいろな目的や意図があり一概にはいえないが，会議のインプットとアウトプットを明確にして，直接対話で議論して結論を出す場であり，一方的な通達や報告などは特に会議形式でなくてはならない理由は少ない．プロジェクト管理システムを使った会議（図3.14 参照）では，出席者は事前に情報を確認し，役割に応じた検討を実施して標準化されたテンプレートに入力しておく必要がある．プロジェクトの基本情報である契約内容や図面はシステムにあり，検討すべき機能としては品質や運営に関する予防処置，法的規制情報，問題点及び解決のための手順，プロジェクトへの指示などである．検討された情報は関係者にはオープン化されているのでプロジェクトの責任者は会議までには内容を確

認しておく.会議ではその情報について内容確認と議論を行い,経営幹部からの指示と承認を受ける.会議内容はその場で検討結果を入力し指示内容を含めて会議終了時に確認する.この一連の作業で会議時間は1時間以内で済み,効率的で有効性の高い結果となっている.この"会議の見える化"によって何をどのような手順で実施し,確認するかが全員に見える化され,その結果もオープン化されて評価されることになる.

図3.14 ペーパーレスで行われるプロジェクト会議の様子

(9) プロジェクトシステム化の効果

このITシステムは運用しながら改良されてきたが,情報の一元化は受信側,発信側とも大きなメリットがあり,重複した管理や情報要求がなくなることで合理化と効率性が確保された.プロジェクトが社内に見える化されることは,必然的にその計画と実施内容が他のプロジェクトや関係者から評価を受ける結果となることから,意欲と意識が向上し,相乗効果によって計画と実施内容は短期間にレベルが上がった.

このシステムは,現場管理状況,ライン管理状況,スタッフとの相互プロセスなど,一元化した情報を見える化することによって自律的な管理を推進した.この結果,管理密度が高度化され今まで繰返し発生した小さな問題点や重点問

題が減少し，品質保証レベルの向上が図られただけでなく，管理に必要なマンパワーは大幅に減少させることができた．この成果は，予防処置によるクレーム減少や工程遅延防止，生産性向上によるコストメリットなどに顕著であり，支店で開発されたこのシステムは，有効性の高さから全社に展開されて全社標準のIT支援管理システムとなった．

第4章 本社スタッフの機能強化と活動改善
——事務・管理部門の見える化

4.1 事務・管理部門の特徴と課題

　近年の世界的な金融危機やグローバル化の一層の進展等により，企業は経営の効率化やコスト削減に追われている．そのような中では本社スタッフ部門も例外でなく，コストセンターととらえられ，意思決定のスピードアップの要請もあり，本社がもつ権限・責任を各事業グループへと委譲していく本社スタッフのスリム化が進んでいる．

　具体的には，本社スタッフを，経営トップの意思決定をサポートし，経営戦略の策定・実行を支援する"戦略支援機能"と，全体最適を目指した経営資源の配分など全社的に共通性・専門性の高い業務を一括して行う"管理支援機能"に集約し，経営トップに直結したフラットかつ柔軟な効率的組織を目指している．

　戦略支援機能には，経営企画，人材開発，財務，広報・IR，法務・監査などの支援機能があり，管理支援機能には，知的財産，品質保証，技術開発，資材，情報システムなどの支援機能がある．これら二つの支援機能を充実させることにより，本社スタッフが企業全体の価値向上に直接貢献することが求められている．

　本章では，このような支援機能をもつ本社スタッフの機能強化と活動改善のための"見える化"について検討を行う．

4.1.1 事務・管理部門の特徴
(1) 業務の専門性・細分性・集中性
　本社スタッフの事務・管理部門では，経営トップと直結した専門性の高い業務を担当するスタッフが比較的多いことと，前述のような本社スタッフのスリム化の影響もあり，一人ひとりに業務が割り当てられ細分化・集中化されてい

ることが多く，同じ職場の他のメンバーと協力して業務を遂行するというチームマネジメントの必要性に対する意識が低い．

このため，担当業務間の壁が厚く，他のメンバーがどのような業務を行っているのかがわからず，情報の共有化ができていない．そもそも組織とは，分業と調整の枠組みであり，組織における業務は相互に関連していることから，調整が不可欠なのは自明の理であるが，そのようになっていないところに問題がある．

(2) 業務の非定形性・同時並行性

本社スタッフの事務・管理部門では，経営トップがかかわる戦略的意思決定の支援を行うことから，担当する業務が非定形的であり，同じ業務を繰返し行うわけではない．また，経営トップからの指示により複数の業務を同時並行的に進めなければならないこともある．

管理支援機能を担うスタッフでも，戦略支援機能を担うスタッフほどではないにしても，全社的に共通性・専門性の高い業務を一括して担うことから，同じような状況にある．

このため，業務を標準化しマニュアル化することや，業務に関する情報をスタッフ間で共有することが難しい．

(3) 業務の組織横断性

本社スタッフの業務は，部門内では上記のような専門性や非定形性といった業務特性が見られるが，担当業務自体が一個人で完結するわけではなく，企業全体の業務との関連で遂行されていることが多いことから，組織横断的でプロジェクト的な業務となっている．

このため，企業内の様々な部門のメンバーや，企業外の取引先等の利害関係者との協働が必要となってくる．しかし，本社スタッフは，当該企業の最高機密である戦略の策定・実行などにかかわっていることから，それら関係者との情報の共有に限界がある．

4.1.2 事務・管理部門の課題

上記のような本社スタッフの特徴から，事務・管理部門業務は下記のような

課題を抱えている．

(1) 業務の専門性・細分性・集中性による課題

本社スタッフの事務・管理部門では，業務の専門性が高く，業務が細分化され，業務が個人に集中しているという特徴があることから，担当業務間の壁が厚く，他のメンバーがどのような業務を行っているのかがわからないため，情報の共有化ができず，次のような弊害が出てきている（図 4.1 参照）．

・業務の専門性が高いことから，業務が担当者任せで，結果重視となり，業務プロセスのチェックが甘くなってしまう傾向にある．また，ノウハウを開示すると自分の専門性が崩れることから，他のメンバーとの課題や情報の共有を嫌う傾向にある．

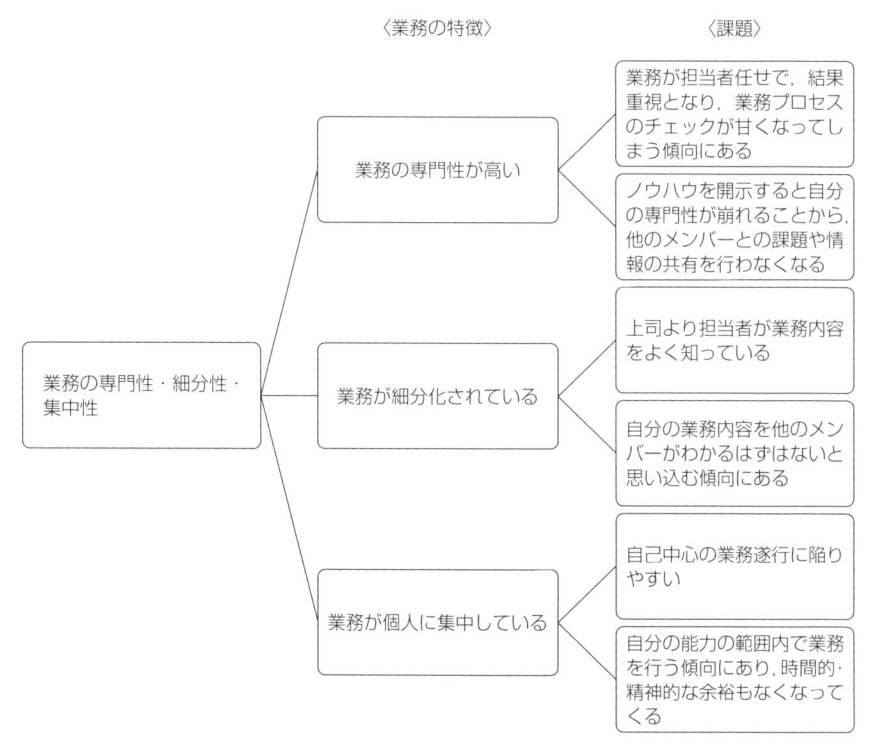

図 4.1 業務の専門性・細分性・集中性による課題

・業務が細分化されていることから,上司より担当者が業務内容をよく知っており,そもそも,自分の業務内容を他のメンバーがわかるはずはないと思い込む傾向にある.
・業務が個人に集中していることから,自己中心の業務遂行に陥りやすく,自分の能力の範囲内で業務を行う傾向にあり,時間的・精神的な余裕もなくなってくる.

(2) 業務の非定形性・同時並行性による課題

本社スタッフの事務・管理部門では,担当する業務が非定形的で,複数の業務を同時並行的に進めなければならないという特徴があることから,業務を標準化しマニュアル化することや,業務に関する情報をスタッフ間で共有することが難しく,次のような弊害が出てきている(図4.2参照).

・担当する業務が非定形的であることから,業務プロセスが見えず,マニュ

〈業務の特徴〉　〈課題〉

業務の非定形性・同時並行性
├─ 業務が非定形的である
│   ├─ 業務プロセスが見えず,マニュアル化が難しい
│   ├─ 業務が属人化されており,業務プロセスの改善が難しく,業務プロセスの改善に対する意識も低い
│   └─ 非定形性ゆえに自分の業務が売上げや利益にどのように貢献するのかがわかりにくいことから,コスト意識が低くなる
└─ 複数の業務を同時並行的に進めなければならない
     ├─ 個人の能力・スキルに依存せざるを得ない
     └─ 経験が長く,専門性が高いスタッフほど有利になる

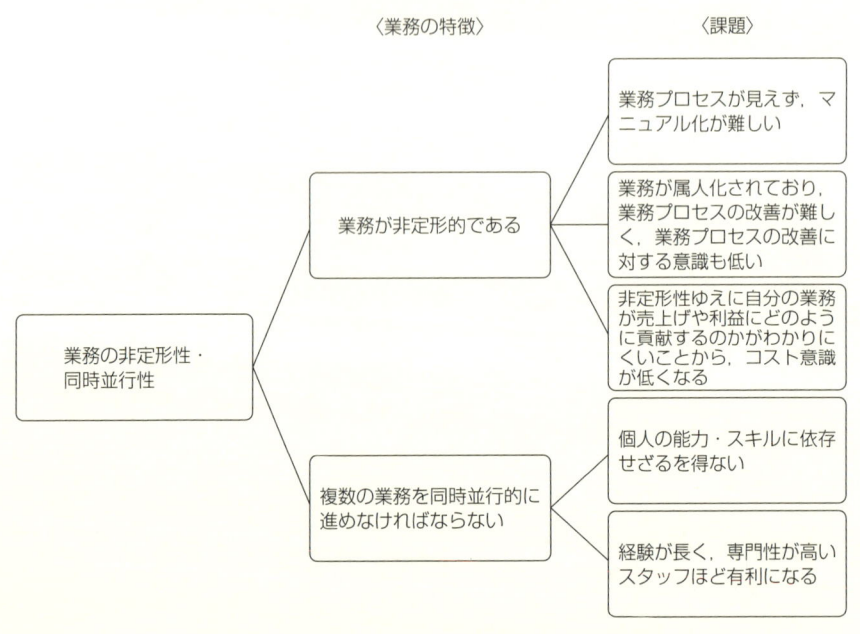

図 4.2 業務の非定形性・同時並行性による課題

アル化が難しい．また，業務が属人化されており，業務プロセスの改善が難しく，業務プロセスの改善に対する意識も低い．非定形性ゆえに自分の業務が売上げや利益にどのように貢献するのかがわかりにくいことから，コスト意識が低くなる．
・複数の業務を同時並行的に進めなければならないことから，個人の能力・スキルに依存せざるを得ず，経験が長く，専門性が高いスタッフほど有利になる．

(3) 業務の組織横断性による課題

本社スタッフの業務は，組織横断的でプロジェクト的な業務となっているという特徴があることから，企業内の様々な部門のメンバーや，企業外の取引先等の利害関係者との協働が必要となってくるが，本社スタッフは，当該企業の最高機密事項とかかわっており，それら関係者との情報の共有に限界があり，次のような弊害が出てきている（図4.3参照）．

〈業務の特徴〉　〈課題〉

業務の組織横断性
├ 組織横断的でプロジェクト的な業務となっている
│　├ 自工程だけで完結せず業務の成果が見えないし，業務の成果を自分自身で確認できず成果を実感できない
│　└ 成果が自分以外の人に左右されることもあり，成果測定の尺度設定が難しい
└ 相手の状況に応じて対処する業務が多い
　　├ 他部門や外部からの影響が大きい
　　├ 特定部門との交流しかなく，外部とは空間的・時間的距離がある
　　└ 人脈が自己の業績に大きく影響する

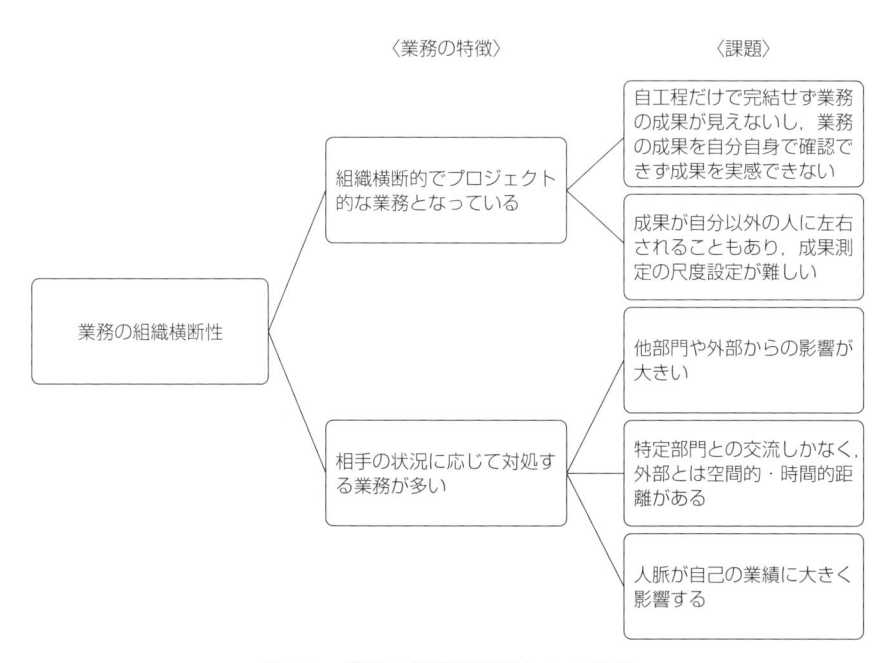

図4.3 業務の組織横断性による課題

・組織横断的でプロジェクト的な業務となっていることから，自工程だけで完結せず業務の成果が見えない，業務の成果を自分自身で確認できず成果を実感できない．また，成果が自分以外の人に左右されることもあり，成果測定の尺度設定が難しい．
・相手の状況に応じて対処する業務が多いことから，他部門や外部からの影響が大きい．特定部門との交流しかなく，外部とは空間的・時間的距離がある．人脈が自己の業績に大きく影響する．

4.2 事務・管理部門の課題解決のための見える化

前節までの検討からわかったことは，相互に関連した業務の調整には，メンバー間のコミュニケーションが不可欠ということである．そして，本社スタッフの機能強化と活動改善を進めるにあたっては，事務・管理部門の"情報の共有"，"業務プロセスの共有"，"成果の共有"の3点に課題があり，これらをいかに"見える化"し共有していくかが重要となってくる．

そこで，本節では，事務・管理部門の課題解決のための見える化の方策について，課題ごとに見ていくことにする．

4.2.1 情報共有のための見える化策
(1) 共有すべき情報を見える化するには

業務に関する情報をメンバー間で共有していくためには，部門内のコミュニケーションの基盤が整備されていなければならない．コミュニケーション (communication) とは，"意思・感情・思考などの様々な情報内容を，言葉・身振りや手振り・表情・通信技術などの多様な手段を用いて，互いにそれらを伝え合う"ことであり，コミュニケーションを円滑に進めるためには，"相手が聞いている内容を正確に理解し，わかりやすく答える能力"と，"自分の考えを，相手の立場を理解しながら，わかりやすく，かつ論理的に伝える能力"の二つの能力が必要となる．

コミュニケーションには，指示命令系統による上下のコミュニケーションと，同僚間の横のコミュニケーションがある．企業規模が大きくなればなるほど上下・横ともに複雑になり，コミュニケーションが滞ってしまう傾向にある．特に，本社スタッフには，バックグラウンドの異なるメンバーが集まっており，バックグラウンドが異なっていれば，業務に関する興味や関心も異なってくる．このような多様なメンバーを取りまとめて業務を遂行していくためには，対話を通じてのコミュニケーションだけでは難しくなってくる．

そこで，効率的・効果的にコミュニケーションを進めていくためには，メンバー全員が業務を遂行するにあたっての価値観を共有することが重要となる．価値観が共有されていれば，物事の判断を行う際の物差しになることから，暗黙のうちにぶれない意思決定ができることになる．例えば，"顧客第一" という価値観であれば，その意味するところを全員が理解していなければならない．顧客が一番であるのであれば，何が二番目になるのか，品質や安全にも勝るものなのか，意外に明確になっていないのが現状ではなかろうか．価値観を見える化するための具体的な方策については，次節（4.3 節）で事例により解説を行う．

(2) ナレッジマネジメントによるノウハウの見える化

情報の共有の中でも，最も厄介なのはノウハウの共有である．共有すべき情報（知識）を，言葉や文章で表すことの難しい主観的で身体的な "暗黙知" と，言葉や文章で表現できる客観的で理性的な "形式知" とに分けて考えると，前者が信念や想い，熟練，ノウハウなどであり，後者がコンピュータ・ネットワークやデータベースを活用して容易に組替えや蓄積が行えるものとなる．

形式知とは違い，業務上のノウハウのような暗黙知は目に見えないことから，メンバー間で共有することがなかなか難しい．そのような特性を持つノウハウを見える化するためには，ナレッジマネジメントを活用すると効果的である．

ナレッジマネジメント（Knowledge Management）とは，企業内の個々人に散在している知識を共有化し，全社的な問題解決能力を高めることをねらった戦略手法である．ナレッジマネジメントにおける知識とは，様々なデータや

情報を収集・蓄積し，それらが活用されたり共有されたりするという連続的な活動によって生み出される，最も価値あるものであり，種々雑多な情報やデータまでも含まれる．要は，社内において有益であるとされる知的資産はすべてナレッジマネジメントの対象となる．

暗黙知と形式知の相互補完的・循環関係により組織的に知識が共有される知識変換プロセスを，野中・竹内（1995）は，SECI モデルによって説明する（図4.4 参照）．

知識共有は，まず，徒弟制度の下での熟練の伝達のように経験の共有により暗黙知を獲得する個人レベルでの暗黙知の"共同化（Socialization：S）"から始まる．次に，獲得された暗黙知を第三者でも理解できるように言葉などに変換し，集団レベルで形式知を共有する"表出化（Externalization：E）"へ，その後，集団レベルで共有されるようになった形式知を，今度は組織レベルでの形式知へと変換させ共有する"連結化（Combination：C）"へと進む．近年では，この段階で IT を活用できたことにより，飛躍的に組織知化が図られるようになった．

さらには，組織レベルで共有されるようになった形式知を，もう一度個人レベルの暗黙知へと変換する"内面化（Internalization：I）"が行われる．組織レベルまで形式知化された暗黙知を再び自分の中に取り込み，行動による学習を行うことによって，暗黙知はさらに豊かになっていくのである．

このように知識変換プロセスが，個人から集団，組織へと展開されることによって，知識の共有化が進み，暗黙知が増幅・拡大していく．また，顧客や他の組織を巻き込みながら知識変換プロセスがスパイラル（螺旋状）に展開されることによって，よりダイナミックな知識共有・創造が行われることになる．

本社スタッフの事務・管理部門内でのノウハウをはじめとした知識の共有を行う場合は，図4.4 の共同化（S）と表出化（E）が鍵となる．まずは，個人が所有している暗黙知であるノウハウを他のメンバーに伝授・移転する共同化から始まる．つまり，個人から個人への移転・共有である．身体・五感を駆使し，経験を通じた暗黙知の移転・共有を行う段階である．次に，個人から個人へ移

4.2 事務・管理部門の課題解決のための見える化　　117

転され共有されたノウハウを，グループで共有する表出化へと向かう．グループ内で対話・思索を繰り返しながら，ノウハウを概念化・デザイン化していくことにより，ノウハウが見える化されてくることになる．つまり，言葉や文章

1. 社内の歩き回りによる
   暗黙知の獲得
2. 社外の歩き回りによる
   暗黙知の獲得
3. 暗黙知の蓄積
4. 暗黙知の伝授，移転

5. 自己の暗黙知の表出
6. 暗黙知から形式知への
   置換，翻訳

身体・五感を駆使，直接経験を通じた暗黙知の共有，創出

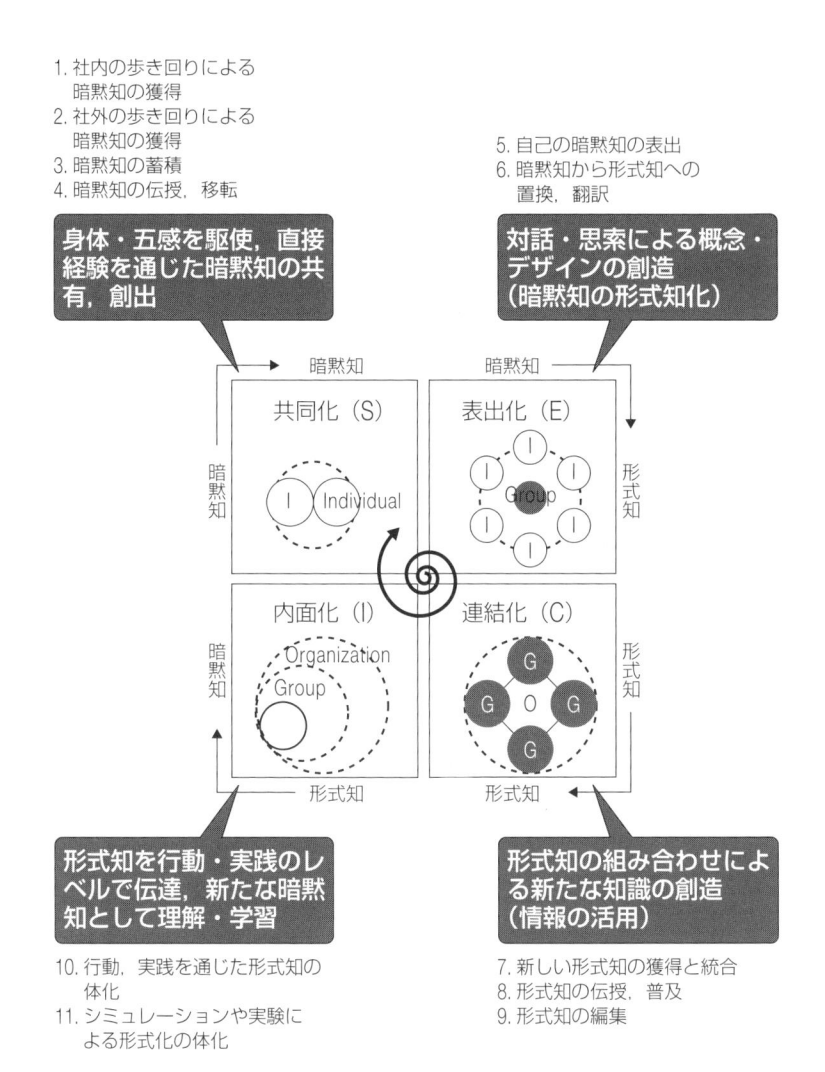

対話・思索による概念・デザインの創造（暗黙知の形式知化）

暗黙知　　　　　　　暗黙知

暗黙知　共同化（S）　表出化（E）　形式知
　　　　　Individual　　Group

暗黙知　内面化（I）　連結化（C）　形式知
　　　　　Organization　　G
　　　　　Group　　　G　O　G
　　　　　　　　　　　　G

形式知　　　　　　　形式知

形式知を行動・実践のレベルで伝達，新たな暗黙知として理解・学習

形式知の組み合わせによる新たな知識の創造（情報の活用）

10. 行動，実践を通じた形式知の
    体化
11. シミュレーションや実験に
    よる形式化の体化

7. 新しい形式知の獲得と統合
8. 形式知の伝授，普及
9. 形式知の編集

図 4.4　SECI モデル
[野中郁次郎・紺野登（1999）『知識経営のすすめ』（筑摩書房），p.122 の図をもとに作成]

で表すことの難しい主観的で身体的な暗黙知（ノウハウ等）を，言葉や文章で表現できる客観的で理性的な形式知（マニュアル等）へと変換するのである．

4.2.2 業務プロセス共有のための見える化策
(1) 共有すべき業務プロセスを見える化するには

業務プロセスを見える化した最初の手法としては，バリューチェーンがあげられる．バリューチェーン（Value Chain）とは，ポーター（Porter, 1985）が提唱した企業の競争優位の源泉を明らかにするための分析フレームワークで，価値連鎖と訳される．

原材料の調達から製品・サービスが顧客に届くまでの企業活動を，一連の価値（value）の連鎖（chain）としてとらえる考え方で，この連鎖的活動によって顧客に向けた最終的な価値が生み出されることになる．

ポーターは，バリューチェーンの企業活動を"主活動"と"支援活動"に分類している．主活動は，事業の流れに沿い"購買物流"，"製造オペレーション"，"出荷物流"，"マーケティングと販売"，"サービス"の五つの活動で構成され，支援活動は，これらの主活動を支援する"調達活動"，"技術開発"，"人的資源管理"，"全般管理"の四つの活動で構成される（図4.5参照）．

図4.5　バリューチェーンの概念図

［M.E. ポーター著，土岐坤・中辻萬治・小野寺武男訳（1985）『競争優位の戦略』（ダイヤモンド社），p.49 の図をもとに作成］

4.2 事務・管理部門の課題解決のための見える化

それぞれの活動が価値を生み出す主体となるが，原材料等を購買する上流段階から下流の段階への各プロセスにおいて連鎖的かつ相互依存的に価値を付加していくことにより最下流でマージン（利益）が生み出されることになる．つまり，バリューチェーン全体で生み出される価値と主活動及び支援活動で発生したコストの差がマージンである．

バリューチェーン分析とは，個別の活動ごとに生みだされる付加価値と発生するコストを抽出し，各活動がバリューチェーン全体で生み出される価値にどの程度貢献しているのかを把握することで，自社の競争優位の源泉を明らかにするものである．

最近の複雑化，多様化した経営環境変化の中では，ポーターがバリューチェーンを提唱した1980年代と比べ，バリューチェーンのすべての活動を自社内で組み立てていくことは難しくなってきている．そこで，バリューチェーン分析により競争優位の源泉が明らかになれば，各活動の中でどの活動に重点的に注力し，どの活動を外部の経営資源を活用し強化していくべきかを検討し，バリューチェーンの再設計を行うことが必要となる．

バリューチェーンは，一度構築してしまえばそれでよいというわけにはいかない．時代が変われば市場も変わり，経営手法も変わってくるからである．そこで，経営環境の変化に合わせて再設計を行うことが必要となる．バリューチェーンの再設計を行ううえで重要となってくるのが，再設計に必要な情報を共有することである．各活動において異なる部門や他社情報をタイムリーに共有し価値を高めていくことが求められるからである．この情報共有のツールとして効果的なのがインターネットであり，ITを活用したナレッジマネジメントである．

ポーターが示したバリューチェーンにより，本社スタッフの事務・管理部門が，主活動や他の支援活動の部門とどのような業務関係にあるのかを示すことにより，本社スタッフの事務・管理部門の業務プロセスを見える化することが可能となる．また，その関係の全体像を表すには，戦略マップが役に立つ．

(2) 戦略マップによる業務プロセスの見える化

本社スタッフの事務・管理部門の業務は，部門内で完結するわけではなく，全社の各部門との相互関係の中にある．このため，本社スタッフの事務・管理部門の業務プロセスを見える化するためには，全社的な事業のプロセスを明らかにし，その中で自部門がどのような役割を担っているのかを図示する必要がある．

バランスト・スコアカード（Balanced Scorecard，以下，BSC）は，キャプランとノートン（Kaplan & Norton, 1996）が開発した業績評価システムである．従来からの業績評価は財務指標を中心としてきたが，この欠点を補うものとして，非財務的な視点も採り入れ業績評価を行えるようにしたのがBSCである．

当初は業績評価システムとして用いられはじめたBSCであるが，ビジョン・戦略に基づき展開されることから，ITの進展等も寄与し，次第に"戦略的なマネジメントシステム"として活用されるようになった．

本章では，本項でBSCの"戦略マップ（strategy map）"を，次項で"KPI（重要業績評価指標）"を活用する．

BSCはビジョン・戦略に基づき，"財務の視点"，"顧客の視点"，"業務プロセスの視点"，"学習と成長の視点"の四つの視点からフレームワークが組み立てられる．これら四つの視点はそれぞれ独立しているのではなく，各視点間の因果関係に基づいて設定される．これにより，財務の視点と非財務の視点，企業外部の視点と企業内部の視点，過去の視点と未来の視点といった具合に企業経営のバランスを取り，統一的な戦略策定を行うことができる．また，その戦略と整合性のある実行・評価も可能となる．

・財務の視点：株主や従業員などの利害関係者の期待に応えるため，財務の視点から戦略目標の達成を目指す．
・顧客の視点：財務の視点を実現するために，顧客満足の向上を図り戦略目標の達成を目指す．
・業務プロセスの視点：財務の視点や顧客の視点を実現するために，優れた業務プロセスの構築に取り組み戦略目標の達成を目指す．

・学習と成長の視点：顧客の視点や業務プロセスの視点を実現するために，人材育成と組織能力開発に取り組み戦略目標の達成を目指す．

キャプランとノートンは，その後，四つの視点間で一貫性のある戦略を策定するためのツールとして，"戦略マップ"を開発した（Kaplan & Norton, 2004）．"戦略目標"を四つの視点ごとに5〜6個の評価尺度として選択し，評価尺度間の関係を戦略マップとして図に描く（図4.6参照）．その評価尺度の中から特に重要な戦略目標を抽出し，成果を定量的に測定できる指標をKPIとして採用する．KPIとは，戦略目標の達成度を計るための評価指標である．

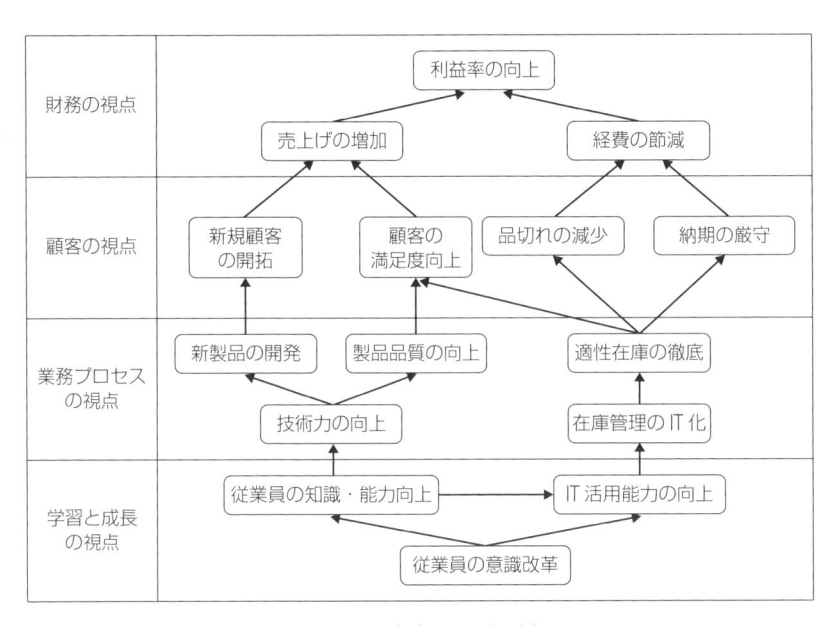

図4.6 戦略マップの例

BSCの特徴は，従来からの財務指標を中心とした業績評価の欠点を補うものとして，財務の視点以外からも評価基準を選定し，そこから顧客の満足度や従業員の意欲など，評価の難しい無形資産の価値を明確化することを目指しているところにある．

ただ，BSC自体は戦略策定を目的として開発されたものではなく，企業のビジョン・戦略がどのように業績に現れているのかを見える化するための業績評価手法であることに注意する必要がある．

本社スタッフの事務・管理部門の業務は，一見すると"業務プロセスの視点"の中の一部であるかのように受け取れるが，本社スタッフの業務は一個人で完結するわけではなく，企業全体の業務との関連で遂行されていることが多いことから，組織横断的でプロジェクト的な業務となっている．このため，戦略マップ全体の中で自分の担当業務がどのような位置づけにあるのか，また，他の視点とどのような関係を持っているのかを考えながら，常に全体最適の業務プロセスを構築していくことが求められる．

BSCは本質的には目標による管理（Management by Objectives）であり，トップダウンによる"目標"の割付けである．それに対して，方針による管理（Manegement by policy）の"方針"は，目標と手段（方策）から構成される．方針がトップダウンとボトムアップの融合によって展開され，階層間と部門間で調整されるので，目標間の整合性のみならず，目標と手段の関係の整合性も見えるようになるという特徴がある．

本章では，全社的な事業のプロセスを明らかにし，その中で本社スタッフ部門がどのような役割を担っているのかを見える化するためにBSCの"戦略マップ"と"KPI"を活用した．経営の基本方針に基づき，中長期経営計画を効率的に達成するために，企業組織全体の協力を得るというような場合には，"方針による管理"で対応するのが望ましい．

4.2.3 成果共有のための見える化策
（1）共有すべき成果を数値で見える化するには

何度も指摘していることではあるが，本社スタッフの業務は，組織横断的でプロジェクト的な業務となっていることから，自工程だけで完結せず業務の成果が見えないし，業務の成果を自分自身で確認できず成果を実感できない．また，成果が自分以外の人に左右されることもあり，成果測定の尺度設定が難し

い．さらに，相手の状況に応じて対処する業務が多いことから，他部門や外部からの影響が大きい．

BSCでは，定性的な"戦略目標"の達成度を定量的に測定できる指標として"KPI"が設定される．先に述べたとおり，BSCの特徴は，従来からの財務指標を中心とした業績評価の欠点を補うものとして，財務の視点以外からも評価基準を選定し，そこから顧客の満足度や従業員の意欲など，評価の難しい無形資産の価値を明確化することを目指しているところにある．

このことから，他部門と成果を共有するためには，KPIを活用して成果の見える化を行うことが望ましい．

(2) KPIによる成果の見える化

BSCでは，前述のように企業活動を"財務の視点"，"顧客の視点"，"業務プロセスの視点"，"学習と成長の視点"の四つの視点で評価し，四つの視点ごとに戦略目標やKPIを設定することによって，モニタリングを繰り返していくことになる．ただ，実際のKPIはその企業の特性や戦略によって異なってくる．

① **財務の視点における業績評価指標**

財務の視点における業績評価は，株主や従業員などの利害関係者の期待に応えるため，財務の視点から戦略目標の達成を目指す指標となる．最終的には，BSCの基本となるビジョン・戦略を達成できるような業績評価指標でなければならない．また，下位の視点である顧客の視点の業績評価指標の目標ともならなければならない．

財務の視点の指標設定においては，当該企業の事業の成長段階において指標が異なってくることにも注意が必要である．例えば，成長期には投資効果や成長率などの指標を重点的に設定することになり，成熟期には投資回収や収益性などの指標を重点的に設定することになる（表4.1参照）．

② **顧客の視点における業績評価指標**

顧客の視点における業績評価指標は，顧客満足の向上を図り財務の視点を実現するとともに，下位の視点である業務プロセスの視点の業績評価指標の目標ともならなければならない．

第4章　本社スタッフの機能強化と活動改善——事務・管理部門の見える化

表4.1　財務の視点における業績評価指標の例

安定性	収益率	生産性	その他
・流動比率 ・当座比率 ・固定比率 ・固定長期適合比率 ・自己資本比率 ・負債比率 ・キャッシュフロー	・売上高利益率 ・売上高営業利益率 ・自己資本利益率 ・売上高原価率 ・売上高販管費率 ・売上高人件費率 ・従業員一人当たり利益	・粗付加価値額 ・従業員一人当たり付加価値額 ・労働生産性 ・労働装備率 ・労働分配率 ・使用総資本投資効率	・増収率 ・増益率 ・使用総資本回転率 ・棚卸資産回転日数 ・売上債権回転日数 ・1株当たり利益

　顧客の視点では，顧客の立場からと企業の立場からの双方向から評価指標を設定する必要がある．顧客の立場から業績評価指標を考える場合は，顧客満足度を高めながら新規顧客の獲得や既存顧客の維持を図り，売上高や利益を確保していく顧客志向の視点が，企業の立場から業績評価指標を考える場合は，製品の収益性やマーケティング費用，顧客一人当たり売上高などの顧客収益性の視点がポイントとなる（表4.2参照）．

表4.2　顧客の視点における業績評価指標の例

顧客の立場	企業の立場
・顧客満足度指標 ・顧客ロイヤリティー指標 ・ブランドイメージ指標 ・顧客維持率 ・解約率 ・返品率 ・苦情件数	・新規顧客獲得率 ・顧客定着率 ・市場占有率 ・顧客一人当たり年間売上高 ・顧客一人当たりコスト ・従業員一人当たり顧客数 ・マーケティング費用

③　業務プロセスの視点からの業績評価指標

　業務プロセスの視点における業績評価指標は，優れた業務プロセスの構築に取り組み，財務の視点や顧客の視点を実現するとともに，下位の視点である学習と成長の視点の業績評価指標の目標ともならなければならない．
　キャプランとノートンは，ポーターのバリューチェーンをベースに，"イ

ノベーションプロセス","オペレーションプロセス","アフターサービス"の三つの業務プロセスに分類し,業績評価指標を示している(表4.3参照).

表4.3 業務プロセスの視点における業績評価指標の例

イノベーションプロセス	オペレーションプロセス	アフターサービス
・新製品導入率 ・新製品の売上高に対する割合 ・新製品開発率	・受注から納品までのリードタイム ・歩留率 ・返品率 ・納期厳守率 ・在庫回転率	・クレーム処理回数 ・1回当たりのクレーム処理時間・コスト ・保証サービス回数 ・1回当たりのサービス時間・コスト

④ **学習と成長の視点からの業績評価指標**

業務プロセスの視点における業績評価指標は,顧客の視点や業務プロセスの視点を実現するために人材育成と組織能力開発に取り組む.

キャプランとノートンは,"従業員の能力","情報システムの能力","モチベーション,エンパワーメント,アライメント"の三つに分類し,業績評価指標を示している(表4.4参照).

表4.4 学習と成長の視点における業績評価指標の例

従業員の能力	情報システムの能力	モチベーション,エンパワーメント,アライメント
・従業員一人当たり提案件数 ・実施された提案件数・比率 ・教育訓練時間 ・教育訓練費用	・IT開発費・比率 ・戦略的情報装備比率 ・情報システム利用度	・従業員満足度 ・従業員の生産性 ・従業員定着率 ・欠勤率 ・エンパワーメント指標

以上の四つの視点から業績を評価していけば,本社スタッフが,企業全体の価値向上に直接貢献していることを示すことができ,かつ,他部門との成果を共有し,かつ見える化することができることになる.

4.3 事務・管理部門の見える化事例

4.3.1 情報共有のための見える化事例

本社スタッフの事務・管理部門で業務に関する情報（知識）をメンバー間で共有していくための方策として，前節（4.2.1項）でナレッジマネジメントの活用策を示した．しかし，本社スタッフのように，専門性の高い業務が細分化・集中化されている部門では，対話を通じてのコミュニケーションだけでは難しくなってくる．部門内のコミュニケーションの基盤が整備されていなければ，ナレッジマネジメントも効果を発揮できない．

そこで，本節では，部門内のコミュニケーションの基盤を整備することを目的に，効率的・効果的なコミュニケーションを進めていくための方策を示す．コミュニケーションの基盤整備の前提は，部門内のメンバー全員が業務を遂行するにあたっての価値観を共有していることである．価値観が共有されていれば，物事の判断を行う際の物差しになることから，暗黙のうちにぶれない意思決定ができるようになる．

価値観を見える化するには，三分割法を用い価値観を具体化していく方策がある．三分割法とは，正式には"三分割階層構造法"と呼ばれ，一つのテーマを三つのサブテーマに分割し，それぞれのサブテーマをさらに三つに分解していく手法である（図4.7参照）．文章作成によく用いられているが，俯瞰的（鳥瞰的）なモノの見方ができることから，抽象的な概念を具体化する手法として用いることもできる．

部門内のメンバー全員が業務を遂行するにあたっての価値観を共有するための方策として，三分割法を活用した具体例を図4.8に示す．例えば，共有すべき価値観を"顧客第一"とする．図4.8の三分割の事例を見ると，価値観である"顧客第一"が，"顧客に対して"，"社内に対して"，"経営層に対して"の三つに分割されている．

本社スタッフが業務上対象とする"顧客"は，当該企業が対象としている顧客は当然のこと，そのほかに，社内の主活動や支援活動を担う各部門に対する

支援活動を行うわけであるから，社内の各部門が本社スタッフの"顧客"と見なされる．

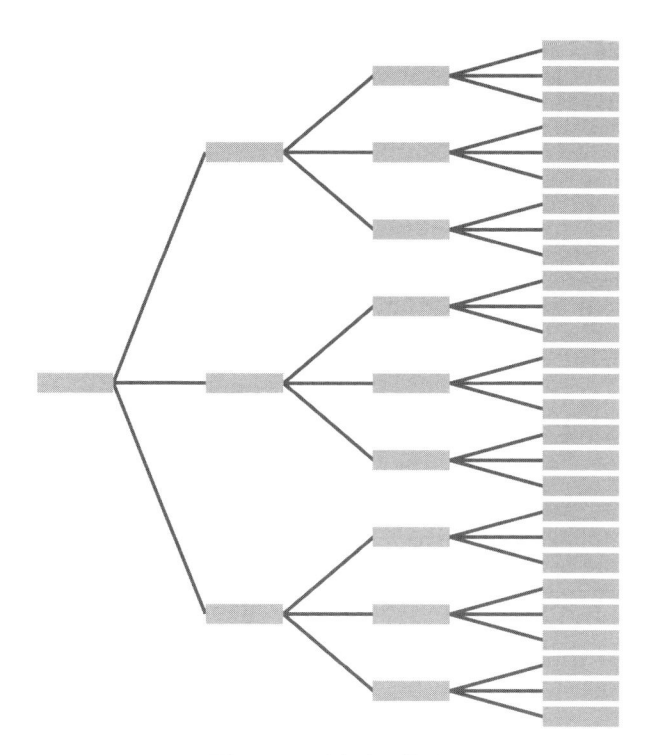

図 4.7 三分割法の構造

また，経営層の支援活動も行うわけであるから，経営層も本社スタッフの"顧客"と見なされる．つまり，本社スタッフが対象とする"顧客"は，真の意味での顧客のほかに，社内の各部門と経営層も含めて考えなければならないことを意味している．

価値観を三つの要素に分割したら，さらに，その要素ごとに三つの行動基準に分割する．これにより，抽象的な表現であった価値観が具体的になり，価値観実現のために当該業務がどのような役割を担うべきなのかが明らかになる．

図 4.8 の事例では，"顧客に対しての価値観" を，"常に顧客の立場に立った行動を行う"，"顧客のニーズには迅速かつ正確に応える"，"顧客の期待を上回る製品・サービスを常に提供する" の三つに，"社内に対しての価値観" では，"各部門が安心して働ける職場環境を整備する"，"部門間の交流による協働を支援する"，"各部門の成果評価は公正かつ適切なものにする" の三つに，"経営層に対しての価値観" は，"戦略の策定・実行・評価の支援を行う"，"経営層と各部門との結節点としての役割を担う"，"法令を遵守し不祥事を起こさない組織風土づくりを支援する" の三つに分割されている．このように具体化すれば，自部門が顧客や社内，経営層に対してどのような行動をとればいいのかが明らかとなる．

なお，本事例では，業務遂行のための価値観を明らかにすることを主題としていることから，行動基準までの分割で終わっているが，分割された行動基準をさらに三つに分割していくと，行動指針，いわゆる価値観を実践していく行

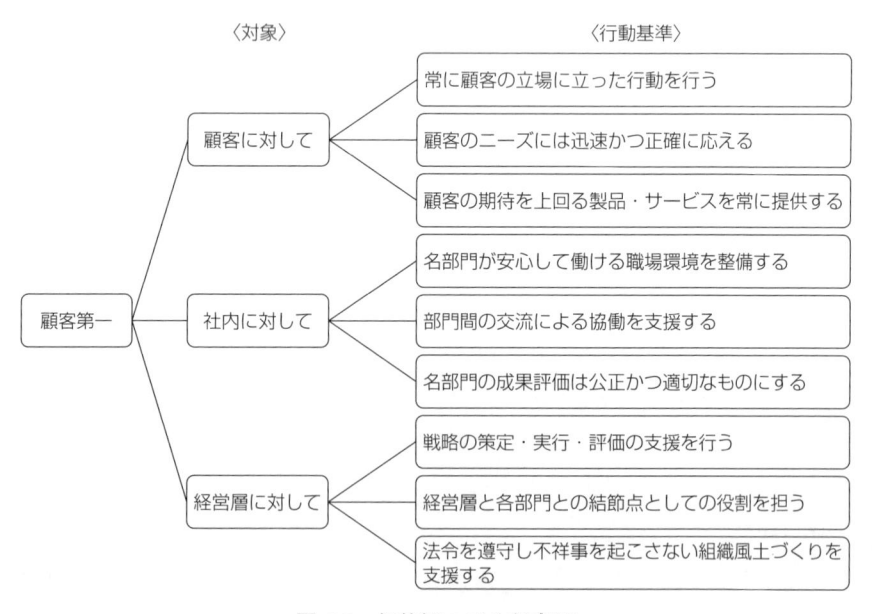

図 4.8 価値観の三分割事例

動マニュアルが作成できる．

例えば，"法令を遵守して不祥事を起こさない組織風土づくりを支援する"を三つに分割すると，"トップレベルの責任者と現場レベルまで権限・責任を分担した組織体制をつくる"，"法令や倫理に反することを見える化し社内に掲示する"，"全社員を対象としたコンプライアンス研修を年2回開催する"といった行動マニュアルになる．

4.3.2 業務プロセス共有のための見える化事例

本社スタッフの事務・管理部門の業務は，部門内で完結するわけではなく，全社の各部門との相互関係の中にあることから，部門の業務プロセスを見える化するためには，全社的な事業のプロセスを明らかにし，その中で自部門がどのような役割を担っているのかを図示する必要がある．全社的な事業のプロセスを明らかにする手法として活用できるのが，BSCの戦略マップである．

戦略マップは，"財務の視点"，"顧客の視点"，"業務プロセスの視点"，"学習と成長の視点"の四つの視点間で一貫性のある戦略を策定するためのツールとして開発されている．"戦略目標"となる項目を四つの視点ごとに5～6個の評価尺度として選択し，評価尺度間の関係を戦略マップとして図に描く（図4.9参照）．

最初に，戦略目標を，視点ごとに図4.9のシート上にポジショニングする．その後，目的－手段の関係にある項目を矢印でつないでいく．目的－手段の関係は，同じ視点の枠内でもあれば，視点間でもある．とにかく，関係があると考えられるものはすべて矢印でつなぐ．

目的は"何のために"，手段は"どのようにして"ととらえれば結びつけやすい．例えば，財務の視点の"利益率の向上"を図るにはどのようにして行えばよいかと考えると，顧客の視点の"高付加価値製品の提供"と結びつくし，"高付加価値製品の提供"のためには業務プロセスの視点の"新製品開発体制の構築"を行わなければならないことがわかる．

矢印は手段から目的へとつなぐ．このため，学習と成長の視点から業務プロ

セスの視点へ，業務プロセスの視点から顧客の視点へ，顧客の視点から財務の視点へと矢印が上がっていく．つまり，人材開発を行うことによって業務プロセスの再構築ができ，顧客ニーズに適合した業務のプロセスにより顧客満足が達成でき，顧客に満足を与えることで財務効果が得られるからである．

しかし，そのまま上へ上へと矢印をつないでいくと，最終的には財務の視点の"利益率の向上"で止まってしまう．そこで，得られた利益をどのように使うか，いわゆる利益処分を考えなければならない．まずはゴーイングコンサーンとして健全経営を行っていくために，"自己資本の充実"に充てる必要がある．次に，"社員満足"や"意識改革"などのために"報酬引上げ"に充て，"社会貢献"への費用支出を検討する．

利益を社員の報酬引上げに充当することによって，上へ上へと伸びてきた矢印が，財務の視点から学習と成長の視点へと下がってくることになる．これが噴水のように上へと上がっていく矢印の原動力となり，好循環を生む．利益率の向上にのみ目を奪われていると，この噴水の源泉が枯れてしまうことになる．

戦略目標の割振りができあがると，矢印が集中して入り込んだり出て行ったりしている項目がいくつかあることに気づく．たいていの場合，一つの視点に1～2項目程度は見つかる．これらは，目的－手段の関係で関連度が他の項目より高いことを示している．そこで，これらの項目を"重点戦略目標"として抽出し重点管理すればよいことになる．すべての戦略目標を管理することは難しいが，重点戦略目標は戦略目標間のボトルネックになる可能性が高い項目であり，これらを重点的に管理することによって，矢印がスムーズに流れていくようになるのである．また，重点戦略目標は，次項で行うKPIを設定し数値管理を行っていく項目ともなる．

できあがったシートをよく見ると，当該企業のバリューチェーンとなっていることに気づくはずである．このようなフロー図にすることによって，企業全体の事業プロセスを"見える化"することができる．

事業のプロセスを見える化することにより，本社スタッフが抱える課題や現場の隠れた問題点を見つけることが可能となる．このため，事業に関する情報

を限りなくオープンにして，常時だれの目にも入るように，わかりやすく可視化しておくことが必要である．

4.3.3 成果共有のための見える化事例

本社スタッフの業務は，組織横断的でプロジェクト的な業務となっていることから，自工程だけで完結せず業務の成果が見えないし，業務の成果を自分自身で確認できず成果を実感できない．また，成果が自分以外の人に左右されることもあり，成果測定の尺度設定が難しい．そこで，全社的な成果評価を行う手法として活用できるのが，BSC の KPI である．

図 4.9 で抽出した重点戦略目標の達成度を定量的に測定できる指標を設定し，

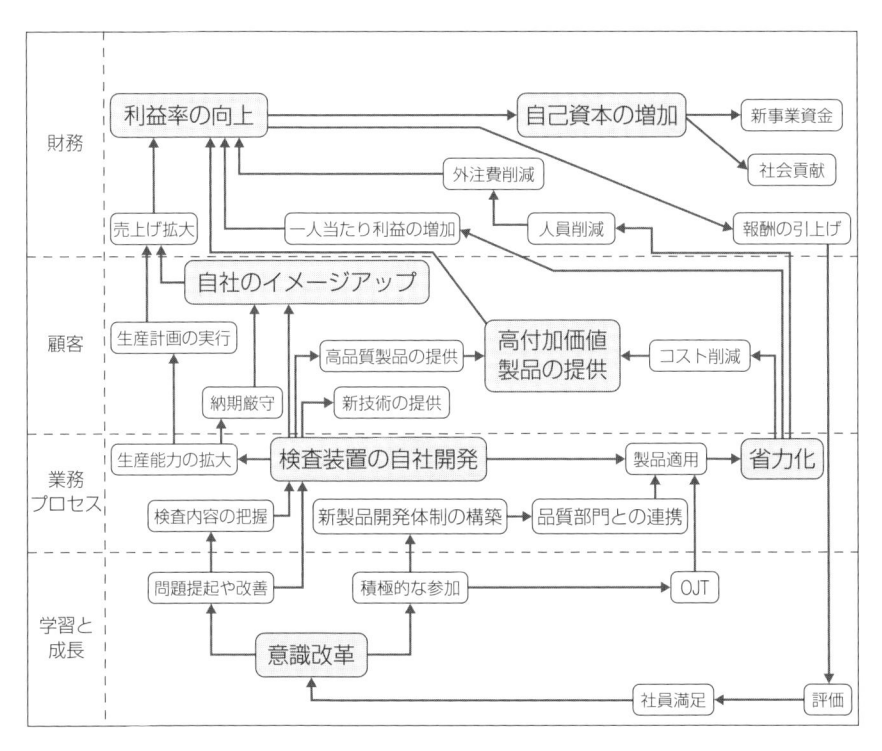

図 4.9 戦略マップの事例

その数値目標及び戦略行動を明らかにする．ただ，財務の視点では，重点戦略目標を定量的に測定できる指標を設定するのはそれほど難しいことではないが，顧客や業務プロセス，学習と成長の視点となるとほとんどが定性的な重点戦略目標である．そこで，定性的な戦略目標の達成度を定量的に測定できる指標としてBSCにおけるKPIを活用することになる．

まず，図4.9で抽出した重点戦略目標を表4.5に転記し，それに適合する業績評価指標を，表4.1～4.4に例示している指標を参考に決定する．

重点戦略目標ごとの業績評価指標が確定すると，次は，その指標の数値目標を決める．BSCのKPIは，定性的な戦略目標の達成度を定量的に測定できる指標となっていることから，数値化することはそれほど難しいことではない．

表4.5　KPIの事例

	戦略目標	業績評価指標	数値目標	戦略行動
財務	・利益率の向上	・一人当たり利益の改善	・10%向上	・自動検査機の導入による人員削減
	・自己資本の増加	・固定費比率の改善	・125%→110%以下	・開発費の早期回収 ・利益余剰金増加
顧客	・高付加価値製品の提供	・コスト ・品質 ・納期	・年5%コストダウン ・客先クレーム月1件以下 ・納期対応90%	・自動検査機の全面展開導入 ・品質管理体制の強化（装置対応を含めた人的資源投入） ・処理能力の明確化
	・自社のイメージアップ	・生産量増加 ・生産負荷の維持	・月産200万枚以上 ・負荷率90%以上	・顧客への情報提示
業務プロセス	・自動検査装置の自社開発	・製品への適用	・期中に実用化	・開発プロジェクトの発足 ・計画作成と実行
	・省力化	・一人当たり生産能力	・10%改善	・自動検査機の導入による人員削減
学習と成長	・意識改革	・出勤率	・95%以上	・経営理念・行動指針の明確化 ・管理監督者の育成 ・人事評価基準の作成 ・報酬による評価 ・情報の共有化
		・改善提案	・重要案件が月に2件以上	

4.4 事務・管理部門の見える化により期待される効果

4.1 節で指摘したように，経営の効率化やコスト削減の中で，本社スタッフ部門も例外ではなく，コストセンターととらえられ，本社が持つ権限・責任を各事業グループに委譲していく本社スタッフのスリム化が進んでいる．

その結果，本社スタッフは，経営トップの意思決定をサポートし，経営戦略の策定・実行を支援する"戦略支援機能"と，全体最適を目指した経営資源の配分など全社的に共通性・専門性の高い業務を一括して行う"管理支援機能"に集約させながら，経営トップに直結したフラットかつ柔軟な効率的組織を目指さなければならなくなっている．

求められているのは，本社スタッフが，各事業部門の価値創造活動を支援しながら，企業全体での価値を最大化していくことである．そのためには，少数精鋭となった本社スタッフが企業全体の価値向上に直接貢献することが期待されている．

本社スタッフの機能強化と活動改善を進めるにあたっては，"情報の共有"，"業務プロセスの共有"，"成果の共有"という3点の課題解決が必要であり，これらをいかに"見える化"し共有していくかがポイントとなる．本章では，各課題に対応した見える化の手法を提示したが，本社スタッフには，戦略支援機能と管理支援機能という二つの異なった機能がある．それぞれの機能に合わせて見える化の手法を応用していくことが必要である．

第5章 適切で迅速な顧客対応と効果的営業活動
——営業・マーケティング部門の見える化

5.1 営業・マーケティング部門の特徴と課題

5.1.1 営業・マーケティング部門の特徴
(1) 営業・マーケティング部門の役割
営業・マーケティング部門が対象とする顧客は，既存の顧客，新規開拓の顧客（潜在顧客），競合相手の顧客といった具合に分類できる．これら顧客の年齢・性別・職業等の"基本属性"，製品に求める便益や機能等の"ニーズ"，先進的か保守的か等の"価値観"，生活様式等の"ライフスタイル"，購買における具体的な行動パターンである"購買行動"などについて分析を行い，販売促進に活用するだけでなく，製品開発部門やアフターサービス部門へとフィードバックしていくことも，営業・マーケティング部門の役割である．

(2) 顧客ニーズの収集・分析手法が多様化
最近では，生活様式の変化やニーズの多様化によって，購買動向などの顧客ニーズの収集・分析を手作業で行うことが難しくなってきている．また，新規顧客の開拓にも多大なコストがかかるようになってきた．

そこで，顧客の購買行動や年齢，性別，趣味などの個人情報を収集し，情報システムを用いることにより，個々の顧客とのすべてのやり取りを一貫して管理するCRM（顧客関係管理）などのITを活用したツールが開発されている．後述するCRMは，従来の企業側からのアプローチだけではなく，顧客の属性や嗜好に基づいて顧客を"個客"として扱い，双方向のコミュニケーションを行うことにより，一人ひとりのニーズに適合した製品やサービスを提供するというワン・トゥ・ワンマーケティング（one to one marketing）の考え方に基づいている．

このような考え方は，江戸時代からの大福帳などのように既に実践されてきたことではあるが，近年のインターネットをはじめとしたITの進歩によって大量の顧客のニーズを個別に分析することが可能となった．詳細な顧客データベースを構築し，個々の顧客とのすべてのやりとりを一貫して管理することにより，顧客のニーズにきめ細かく対応でき，顧客との長期的な関係を築くことができるようになる．

(3) 企業と顧客との情報の非対称性の崩壊

インターネット上には顧客による製品に関する書込み情報が膨大に蓄積されており，それをキーワードによって容易に情報検索することが可能となった．この情報を加工・分析することによって，顧客の購買動向や新たなニーズなどを探ることもでき，反対に，顧客側も製品情報を徹底的にインターネットで検索してから購買行動を起こすというパターンに大きく変化してきている．

このような状況により，企業と顧客との間の情報の非対称性という壁が崩壊しつつある．情報の非対称性とは，市場取引における買い手と売り手の当事者同士が保有する情報が不均衡となっていることである．情報の非対称性が生じていると取引当事者のうち情報の少ない方が不利となることから，これまでは企業側が有利な立場に立っていた．しかし，上記のような変化に伴って，企業と顧客が対等な立場に立つ状況になってきている．

最近では，顧客が求める価値を見出し，その価値観をいかに共有するかが重要となり，企業と顧客が情報共有し，共に価値を創り出す関係を構築し維持する顧客価値創造の考え方が台頭してきている．

5.1.2 営業・マーケティング部門の課題
(1) 顧客の購買行動の変化に対応する見える化

マーケティングという概念が登場して久しいが，製品の販売活動といえば，依然営業主導の販売促進が中心となっているのが現状である．営業主導であることから，1か月や半期，1年といった短期的な志向となりがちで，成績を上げるため押込み販売に走ることも見受けられる．当然，顧客満足度は下がり，

再購入は望めない．短期的な営業志向になるのは，顧客満足度が目に見えず評価することが難しく，営業成果へ反映しにくいことが一因となっている．

ただ，顧客が"モノ"ではなく"サービス"で満足する時代になり，製品の購入がサービスの一部分に過ぎなくなってくると，営業主導の販売促進だけでは業績向上は難しくなってくる．

このため，ITの進化による顧客ニーズの収集・分析手法の多様化や，インターネットを活用した顧客の購買行動の変化に対応した考え方（見える化）への転換が求められている．

(2) ITを活用した顧客の見える化

顧客を見える化する目的は，顧客の判断基準，購買基準をつかむことにある．顧客をよく知ることで，顧客が自社製品を"いつ買うのか"，"いくらなら買うのか"などの基準がわかり，それに合わせて営業活動ができることになる．また，顧客情報をデータベース化し蓄積していけば，顧客ニーズがさらに見えてくることになる．

顧客の見える化を行う最良の方法は，顧客とのコミュニケーションによる徹底したヒアリングを行っていくことである．ヒアリングを積み重ねることにより，顧客のニーズ，つまり顧客の判断基準，購買基準をつかむことができる．

しかし，企業規模が大きくなり，取り扱う製品数が多様化してくると，フェース・トゥ・フェース（face-to-face）の顧客とのコミュニケーションには限界が出てくる．そこで，前述したITを活用した顧客ニーズの収集・分析手法を構築していくことが求められる．

(3) 組織的な営業の見える化

売れる仕組みづくりを行っていくには，顧客の見える化だけでは不十分で，営業活動の見える化も必要となってくる．営業活動を見える化する目的は，顧客ニーズなどの市場情報を組織的に共有し，顧客の判断基準，購買基準に合わせた営業活動を行うことによって成果を上げ，そのノウハウをデータベース化し組織全体としての営業力を高めていくことにある．事前に優秀な営業担当者の行動特性を分析し，重要な活動項目を把握しておけば，結果的に優秀な営業

担当者と同じような行動をとれるようになり，組織的な営業活動を行うことが可能となる．このレベルでも，ITを活用すれば大規模組織でも運用が可能となる．原理原則は，第4章で示したナレッジマネジメントにある．

また，アフターサービスやクレームに対応する製品サービス部門と営業・マーケティング部門の組織的な連携も重要である．アフターサービスやクレーム情報もデータベース化し見える化しておくことによって，顧客満足度を高めるための資産となる．営業・マーケティング部門では，顧客の反応を直接感じ取ることができるが，アフターサービスやクレームに対応する製品サービス部門では，クレームを受けて改善する担当者と顧客との直接的な接点が少ないことから，部門間の組織的な顧客情報共有は必須となる．

製品サービス部門の見える化については，第6章を参照されたい．

5.2 営業・マーケティング部門の課題解決のための見える化

5.2.1 顧客の購買行動の変化に対応する見える化

営業・マーケティング部門における見える化を考える場合，まずは，自分たちが担当している事業の領域を見える化しておくことが必要である．事業領域（domain）とは，"自社の事業は何か"との重要な質問に答えるものであり，自社の生存領域または事業範囲といった戦略空間を決定することである．

事業領域が見える化されることによって，自分たちが焦点を合わせなければならない顧客層が見え，その顧客層のニーズも見えてくることから，顧客の購買行動の変化を把握することができるようになる．

一番わかりやすい事業領域は，製品に基づいてなされる事業領域の表し方であろう．自社が取り扱う製品，例えば，"化粧品"と答えればよいだけである．しかし，製品に基づいてなされる事業領域は近視眼的となってしまうことから，顧客ニーズに関連させて製品の機能により表す方が望ましい．米国の鉄道会社が衰退したのは，事業領域を製品に関連させた"鉄道"としたからであり，顧客のニーズに関連させて"輸送"としていれば，いち早く衰退を回避できたと

いわれる．

　自社が取り扱う製品をもとに顧客に対し提供できる機能（便益），例えば，"化粧品"を扱う企業の場合は，自社の事業を"美容"と表現すれば，化粧品のみならず，エステや健康食品などの分野にまで事業を拡大できることになる．

　だが，製品の機能で事業領域を表すと，今度は反対に事業領域があまりにも広すぎて役に立たなくなる可能性もある．そこで，企業全体の事業領域は機能で表し，個々の事業レベルの領域は"顧客層"，"顧客ニーズ"，"自社独自の技術"の3次元で表すと，より事業内容が見える化できることになる．

　顧客層とは，顧客を地理，人口統計，ライフスタイルなどといった基準によってセグメントしグループ化した層のことである．顧客ニーズとは，製品が満たすべき顧客が求める機能（便益）のことである．市場が成熟し，顧客ニーズが多様化してくると，単に顧客層を明確にしただけの製品では顧客の満足を得られず，顧客が求める製品に対する機能（便益）を明確にした事業領域が必要となる．自社独自の技術とは，製品の根源となる企業がもつ中核的な能力や資源のことである．

　3次元で表す事業領域をわかりやすく言い換えると，"だれに（顧客層），何を（顧客ニーズ），どのようにして（自社独自の技術）提供する事業なのか"となる．例えば，"化粧品"を扱う企業の場合は，20～30歳代の肌が敏感な女性に，無添加化粧品をネット通販で提供するといった具合になる（図5.1参照）．このように3次元で事業領域を表すことにより，環境変化に合わせて自社事業の領域・範囲を拡大，縮小することが可能となる．

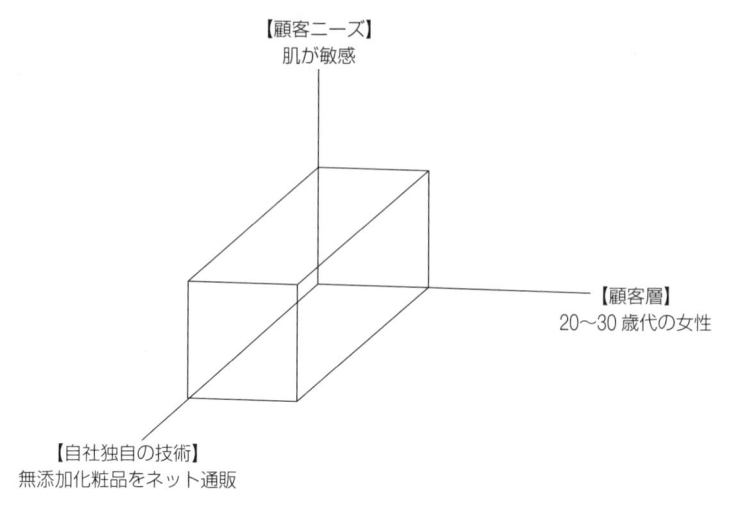

図 5.1 3次元による事業領域（化粧品会社を事例に）

【顧客ニーズ】肌が敏感
【顧客層】20〜30歳代の女性
【自社独自の技術】無添加化粧品をネット通販

5.2.2 IT を活用した顧客の見える化

前述したように，顧客の見える化を行う最良の方法は，顧客とのコミュニケーションによる徹底したヒアリングである．しかし，事業規模が大きく，取り扱う製品数が多様化している企業では，フェース・トゥ・フェースの顧客とのコミュニケーションには限界が出てくる．そこで，前述した IT を活用した顧客ニーズの収集・分析手法を構築していくことが必要となる．

その一つの手法として，ワン・トゥ・ワンマーケティングがある．ワン・トゥ・ワンマーケティングとは，顧客一人ひとりの価値観や嗜好，購買履歴などの違いを把握し，個々のニーズに対して最もふさわしいマーケティング活動を行い，顧客満足度や販売効率の向上を目指す手法のことである．

顧客と企業が 1 対 1 の関係を築くという点では，決して新しいものではなく，伝統的なマーケティング活動のうち，顧客台帳をもとに顧客と店頭で対話したり電話によるアプローチを行うことなども，ワン・トゥ・ワンマーケティングの一つの形態である．

このような伝統的なマーケティング活動とワン・トゥ・ワンマーケティング

の最大の違いは，ITの活用にある．近年のデータベース技術や顧客コミュニケーション技術などの進化により，個人データの管理と運用がますます詳細かつ効率的にでき，多数の顧客との長期的な信頼関係を築き上げ，生涯にわたって顧客を囲い込むことが可能となってきた．

例えば，ワン・トゥ・ワンマーケティングで用いられるITの一つであるCRMは，情報システムを応用して企業が顧客と長期的・継続的で親密な信頼関係を構築し，個々の顧客とのすべてのやり取りを一貫して管理することができるように設計されている．詳細な顧客データベースをもとに，製品の売買から保守サービス，問合せや苦情への対応など，顧客のニーズにきめ細かく対応することで，顧客の利便性と満足度を高め，顧客を囲い込むことができる．

このため，新規顧客の開拓よりも既存顧客のロイヤリティを高めるのに威力を発揮する．また，不必要な情報を配信しないことで，低コストで高いレスポンス率が期待できる．

従来からの4P（Product, Price, Place, Promotion）を中心としたマスマーケティングは，顧客を一つの"固まり（mass）"ととらえ，それを属性や傾向などの共通項から絞り込むことによって対象とする顧客層を設定し，"マーケットシェア"を獲得するアプローチであった．

これに対し，ワン・トゥ・ワンマーケティングは，顧客を"個"としてとらえ，個々の顧客のニーズに細かく応えることによって"顧客シェア（一人の顧客が生涯にわたって購入する自社製品・サービスの占める割合）"を獲得していくアプローチである．また，顧客と接する平均時間価値を計り，顧客の生涯を通じての全体収益がどれだけ見込めるかを数字で表したものを，顧客生涯価値（Life time value）という．

マスマーケティングは新規顧客獲得を主なねらいとするのに対し，ワン・トゥ・ワンマーケティングは既存顧客との双方向で継続的な関係維持をねらいとする．新規顧客獲得にかかるコストは既存顧客を維持するためのコストに比べて数倍高いといわれており，顧客との良好な関係を築き，スイッチングコスト（他の企業の製品・サービスに乗り換えたときに失うもの）を高めて顧客を

囲い込むことにより，既存の顧客内シェアの最大化が図れる（表5.1参照）.

また，ワン・トゥ・ワンマーケティングでは，顧客のニーズを聞き出すための場づくりが重要となる．インターネットの掲示板や電子メールの活用などが有効で，日本ではiモードなどの携帯電話を媒介とした顧客とのコミュニケーション技術が発達している．さらには，顧客との間での直接的な対話能力も重要で，ITを活用したデータ収集に比べて効率は落ちるが，対話の中から顧客の要望を汲み取り，きめの細かい対応を行っていくことが，ワン・トゥ・ワンマーケティングの効果を高めていくうえでは欠かせない．

表5.1 マスマーケティングとワン・トゥ・ワンマーケティングの対比

	マスマーケティング	ワン・トゥ・ワンマーケティング
ねらい	新規顧客獲得	既存顧客維持
目標	マーケットシェア	顧客内シェア
コミュニケーション	一方向	双方向
顧客との関係	短期・一時的	長期・継続的
スイッチングコスト	低い	高い

5.2.3 組織的な営業活動の見える化

組織的な営業活動とは，顧客ニーズなどの市場情報を組織的に共有し，顧客の判断基準，購買基準に合わせた営業活動を行うことによって成果を上げ，そのノウハウをデータベース化し組織全体としての営業力を高めていくことである．

これまでの営業活動は，個人の経験やノウハウをもとにした属人的な要素が強く，個々人の能力によって成果に大きく差が出ていた．また，自分の営業スタイルにこだわり，同僚でも営業成績をあげることではライバル関係にあると認識し，優秀な営業担当者ほど自己のノウハウを開示することなく，個人プレーに走る傾向が見られた．つまり，個々人の営業活動ノウハウを組織的に活用する仕組みがないことから，ノウハウが営業担当者の頭の中にとどまりブラックボックス化してしまっていたのである．

5.2 営業・マーケティング部門の課題解決のための見える化

営業活動の効果を高めていくためには，優秀な営業担当者を数多くそろえるのではなく，組織としての営業活動力を高めることが，ひいては長期的・継続的な営業成果を出していくことにもつながっていく．プロ野球チームが，金に任せてトップクラスの選手を大量に集めても優勝できないのと同じことである．

しかし，営業活動を見える化すると一言でいっても，なかなか難しい．営業活動は生産現場と異なり，非定形的な業務が多く，現場で従事する人員の能力のばらつきも大きい．そもそも，同じ製品を大量に製造するのと違い，1回1回の営業が全く異なった活動プロセスになっている．このため，重要な営業情報や顧客情報などが営業担当者の頭の中に滞留してしまい，ブラックボックス化してしまっているのである．また，営業の現場では属人化が当たり前のようにとらえられ，管理職も実質的に放置してしまっているという組織のあり方そのものにも問題が見られる．

そこで，営業活動をこれまでの属人的営業から，組織的なチームマネジメントによる営業活動へと転換していく必要がある．属人的営業では重要な営業情報や顧客情報などを営業担当者が個人でマネジメントしてきたことから，営業日報を提出させても管理者には営業活動のプロセスが見えていなかった．

組織的なチームマネジメントによる営業活動だと，重要な営業情報や顧客情報などをチームで共有しマネジメントすることから，それぞれの営業活動の進捗状況をチームで把握することができ，何か問題が発生してもチームで対応することができる．

最近ではSFA（Sales Force Automation：営業活動を効率化するための情報システム）と呼ばれるITを活用した営業活動の見える化ツールも開発されてきている．これにより，手作業レベルでの営業活動のマネジメントと違い，大量の営業情報や顧客情報などを分析処理し，組織全体で共有できるようになった．特に，定量的な数字による営業成果の見える化だけでなく，進捗管理など定性的な営業活動プロセスの見える化も可能となった．

しかし，ITを導入すればすぐに効果が出るかというと，そうとも限らない．まずは，営業活動のプロセス全体を見えるようにして問題点を抽出し，改善す

べき活動を組織全体で共有することから始めなければならない．また，営業ノウハウを提供する当事者に対してメリットを与えることも忘れてはならない．例えば，人事制度とリンクさせ，他のメンバーが自分の提供したノウハウを活用して営業成績をあげた場合，ノウハウを提供した者も評価されるという仕組みなどである．

組織的なチームマネジメントによる営業活動の具体的展開策については，次節で取りあげる．

5.3 営業・マーケティング部門の見える化事例

5.3.1 CRMとSFAの一体化による顧客と営業活動の見える化策

営業・マーケティング部門の見える化を実現していくためには，大きく分けて，"顧客"と"営業活動"の二つの要素を見える化する必要がある．

1990年代後半に登場し，2000年代にインターネットや携帯電話の普及に伴い発展したCRMは，当初は，前述したように顧客を"個"としてとらえ，個々の顧客のニーズに細かく応えていくアプローチであるワン・トゥ・ワンマーケティングの考え方に基づいた"顧客の見える化"策であった．

確かに，企業が顧客と長期的・継続的で親密な信頼関係を構築し，個々の顧客とのすべてのやりとりを一貫して管理することで，詳細な顧客データベースをもとに顧客のニーズにきめ細かく対応でき，顧客の利便性と満足度を高め，顧客を囲い込むことができる機能を備えていた．

しかし，CRMによって顧客ニーズへの個別対応が高度化できたとしても，肝心の営業活動が個人の経験やノウハウをもとにした属人的なものであったのでは，"顧客の見える化"策の効果は半減してしまう．

CRMによる"顧客の見える化"を営業活動の中で活用していくためには，営業活動をこれまでの属人的営業から，組織的なチームマネジメントによる営業活動へと転換していく必要がある．組織的なチームマネジメントによる営業活動だと，"顧客の見える化"により得られた顧客情報などをチームで共有し

マネジメントすることが可能となるからである．

　また，営業・マーケティング部門の活動は，自部門だけで完結するものではなく，アフターサービスやクレームに対応する製品サービス部門をはじめ，製品開発部門など川上・川下の各工程とも関係してくる．

　そこで，組織的なチームマネジメントによる営業活動を見える化するためには，まずは営業活動のプロセスそのものを見える化しておかなければならない．

　営業活動のプロセスを見える化するには，"巻紙分析"が役に立つ．巻紙分析とは，模造紙を使いながら業務の内容，流れを書き出し，業務のプロセスを目に見える形にして分析する手法で，問題解決や作業の効率化などによく用いられる．大きな模造紙を巻物のように横長につなぎ，その巻紙の長さがどれぐらい減ったかによって効率化や改善の度合いが可視化できるという効果もある．

　最近では，CRMとITを活用した"営業活動の見える化"策であるSFAが一体となったシステムも開発されており，全社的な営業支援ツールとして活用していくことが可能となっている．

5.3.2　営業活動プロセスの見える化とKPI

　ソフトブレーン株式会社では，2011年1月，営業活動の見える化と企業収益の関係について，全国の営業部門のマネージャーを対象とした実態調査を実施している[22]．その結果，"営業活動の見える化"と"企業収益"には相関性があることが判明している．

　営業活動のプロセス（アポイントを取る，製品・サービス説明を行う，見積書を提出する，プレゼンテーション，クロージングをするなどの結果に寄与する一連の活動）を分解して見える化し，改善するプロセスマネジメントの仕組みを構築している企業では，そうでない企業に比べて，増収増益予測が高かったのである．

　上記調査では，第4章の4.2.3項で紹介したKPIを定めて，営業活動のプロセスをマネジメントできている企業は増収増益予測が高い傾向にあることもわかっている．分解された営業のプロセス上にKPIを明確に定めている企業

とそうでない企業とでは，また，部下が目標数値と現状数値を認識している企業とそうでない企業とでは，収益上の差が出ているのである．

この調査結果から，営業活動のプロセス上のKPIの設定と，部下との目標数値と現状の認識の徹底が，収益に大きな影響を与え，営業課題の解決上有効となることがわかった．つまり，営業活動を見える化することが重要であり，営業活動のプロセスをマネジメントしていくことが，営業成果の向上に貢献することが裏付けられたのである．

そこで，営業活動を見える化していくには，まず，営業活動そのものをプロセスごとに要素分解したうえで，要素ごとにKPIを設定しマネジメントしていくことが必要となる．表5.2は，営業活動の主要素を六つに分解し，要素ごとの業績評価指標であるKPIの例を示したものである．業種・業態ごとや取扱製品の違いにより営業活動のプロセスは様々であろうが，ここでは，一般的なモデルとして示しておく．

先に示した調査結果でも，部下が目標数値と現状数値を認識している企業とそうでない企業で差が出ていることから，要素ごとのKPIの設定とそれをマネジメントしていくことの重要性がわかるであろう．

表5.2に示したKPIは，営業活動を量的な視点から把握するものとなっているが，"どれだけ"という客観的なデータによる量的分析だけでなく，"どのように"という質的な視点も忘れてはならない．営業活動プロセスの各要素を徹底した現場視点で分析を行い，数字には表れないが，その背景にある本質的な問題を抽出することが重要である．客観的な視点という意味では，企業内部の視点だけではなく，企業外部の競合企業や異業種の営業活動と比較していくことも必要である．

要は，ブラックボックスになっている営業活動を，その量と質の両面から見えるようにしていくことが大切であり，見える化した営業活動のプロセスを標準化することができれば，次項で検討する組織的な営業活動のプロセスマネジメントが可能になってくる．

5.3 営業・マーケティング部門の見える化事例　　147

表 5.2　営業活動のプロセスと KPI

営業活動の主要素	営業活動の内容	KPIの例
営業準備	どれだけ営業先があるか (市場調査，見込み客調査，販売計画策定など)	市場分析件数 見込み客リスト件数
↓ アプローチ	どれだけ営業アプローチしたか (DM発送，アポイント，面会など)	アプローチ件数 面談件数
↓ 初期訪問	どれだけ営業ニーズがあるか (ニーズ把握，提案書作成など)	ニーズ分析件数 提案書作成件数
↓ 提案	どれだけ営業先に提案したか (提案書・見積書作成，プレゼンテーションなど)	提案書提出件数 見積書提出件数
↓ 商談締結	どれだけ成約したか (商談，クロージングなど)	商談件数歩留率 成約件数
↓ 顧客フォロー	どれだけ顧客を獲得したか (アフターフォロー，クレーム対応，顧客情報更新など)	顧客別収益率 顧客定着率

5.3.3　組織的なチームマネジメントによる見える化策

　組織的なチームマネジメントにより"顧客"と"営業活動"を見える化していくためには，CRM と SFA が一体となったシステムを全社的な営業支援ツールとして活用していくことが効果的であることは，前述したところである．

　しかし，システムの活用がうまくいかず失敗したといった報告が数多い．その理由は，システムの導入だけを目的としたから，特定の部門のみで限定的に取り組んでしまったから，目先の営業課題の解決のみにとらわれたから，等々である．

　全社的な営業支援ツールとして活用していくには，一時的・限定的なものではなく，長期的・継続的に取り組むという姿勢が重要である．そのためには全社的な営業戦略の構築と，それに基づいた営業・マーケティング部門の役割を明確にし，組織力の強化を目指すことである．

　そのうえで，5.2.1 項で示した，見える化された事業領域を開発生産からサービス部門まで全社的に共有しベクトルを合わせ，営業活動プロセスの要素ごと

に，どの部門がかかわればよいかを明らかにしておかなければならない．

具体的には，全社的な収益構造を見える化しなければならない．第4章4.2.2項で示したバリューチェーンの概念図をもとに，収益構造を見える化し，その中で組織的な営業活動のあり方を可視化するとよい（図5.2参照）．どの市場でどのような顧客を対象としているのか，競合者はだれで，自社との違いはどこにあるのか，そして，どこでどのようにして売上げをあげ利益を獲得しているのか，またそのような収益を獲得するために，どの部門がどのような貢献をしているのかを示すのである．

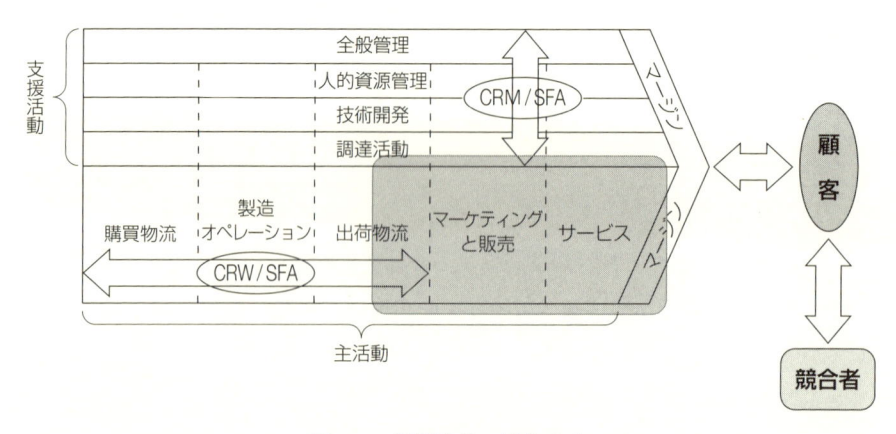

図5.2　収益構造の見える化

次に，営業・マーケティングに関する課題を明らかにし，その課題解決のための社内体制や役割など，組織的に対応していくチームマネジメントの要素を抽出する．いったん分解した営業活動のプロセスを，社内体制や役割で整理してつなぎ直すことで，営業戦略と各部門の相関関係に対する理解を深めることができ，共有することができるようになる．

チームマネジメントの前提となるのは，営業戦略に基づいた分業体制の構築と個々人の役割の明確化であり，チームマネジメントによる営業活動を導入することで，企業の組織力と営業生産性を向上させることが可能となる．

営業活動のプロセスを見える化することにより，組織力としての営業活動が最適化され，成果に直結した営業活動に集中することで，営業生産性の向上が期待できる．また，長期的な顧客満足を提供できることになる．

CRM と SFA が一体となったシステムを全社的な営業支援ツールとして活用していくことは，営業活動のプロセスをマネジメントしていくために欠かせないものである．加えて，営業活動のプロセスの見える化で設定した KPI を共通の尺度とし，それらを向上させていく組織的なチームマネジメントの仕組みを構築することにも役立つ．

例えば，本社では全社統一の KPI をもとに各部門の実績を集約し，営業活動プロセスにおける全社的な傾向と各部門の現況をフィードバックする．各部門，特に営業・マーケティング部門では，毎月の目標をもとに営業社員ごとの KPI を設定し，CRM や SFA といった全社的な営業支援ツールを駆使し営業活動を行う．その活動状況をもとに営業活動に問題がないかどうか，問題があるとすればどの部分か，改善するためにはどんな手を打てばよいかをチームで検討を行っていくといった具合である．

しかし，CRM や SFA などの IT ツールは，あくまでも"支援"のためのツールであり，それを使いこなし見える化するための仕組みや体制を整備し，加えて組織メンバーの意識を高めておかなければ，営業・マーケティング部門の業績向上にほとんど効果は発揮できず，結局は属人的な営業活動に立ち戻るだけとなってしまうから注意が必要である．

このため，組織的なチームマネジメントの手法を取り入れ，営業活動のプロセスを設計し，プロセスの工程をきちんとマネジメントすることが重要である．営業活動のプロセスをきちんとマネジメントすることで，結果をコントロールすることができ，成果を出せることになる．

5.4 営業・マーケティング部門の見える化により期待される効果

本章では，営業・マーケティング部門の見える化を実現していくためには，大きく分けて"顧客"と"営業活動"の二つの要素を見える化する必要があり，そのためには，属人的な営業活動から組織的なチームマネジメントによる営業活動への転換が必要なことを提言してきた．

また，事業規模が大きく，取り扱う製品数が多様化している企業では，フェース・トゥ・フェースの顧客とのコミュニケーションには限界が出てくることから，ITを活用した顧客ニーズの収集・分析手法を構築していくことが必要であり，CRMとSFAが一体となったシステムを全社的な営業支援ツールとし活用していくことについても述べた．

このような見える化の取組みを行うことによって，以下のような効果が期待できる．

① **営業担当者にとっての効果**
- 営業を行ううえでの活動のプロセスが見える化されることにより，次に何をやらないといけないかがわかり，自主的に営業活動の計画，実行，顧客フォローができるようになる．また，新人の営業活動に対する不安を取り除くこともできる．
- 営業活動プロセスの要素ごとに必要とされるスキルが明らかになり，体系的にスキルを身につけることができる．
- 顧客属性分析や顧客ランク分析などにより，顧客別の営業活動計画を策定し，提案型の営業活動に取り組むことができるようになる．

② **営業・マーケティング部門にとっての効果**
- 営業担当者が計画的に活動できることにより先の予測が立ち，見える化により営業活動プロセスを把握できていることから，問題が生じたら組織的に早期の対策を講じることができる．
- 営業活動プロセスの要素ごとに取得すべき顧客情報を明確にでき，それを部門で共有・把握することで迅速かつ的確な指示・アドバイスを上司が行

うことができる.
・営業活動から得られた顧客の生の声(定性情報)を収集・分析することで,仮説に基づき進捗状況を踏まえた計画を立て,常に先を見据えた営業活動ができる.
・クレームの発生と状況を見える化することにより,早期対応を行うことができる.

③ 全社にとっての効果

・営業活動から得られた顧客の生の声(定性情報)を収集・分析することで,関連する部署との分析結果の共有ができ,製品開発や製品改良等に反映させることができる.
・営業担当者の役割と,その重要性を全社的に理解してもらえる.

このような効果を発揮できる半面,営業・マーケティング部門の見える化に取り組むうえで最も注意しなければならないことは,営業活動の成果を評価する仕組みを同時に作っておくことである.

営業活動は生産活動のように業務を定型化することが難しいことから,属人的な営業活動になりがちであることは先に述べた.優秀な営業担当者ほど自身がもつ顧客情報や営業ノウハウを開示したがらない.このため,見える化率を高めるためには,人事制度,特に人事考課へ,継続的な営業活動プロセス改善への取組み成果を反映させる仕組みを作ることが重要である.

第6章　顧客との関係性プロセスの強化による顧客満足の向上——製品サービス部門の見える化

　サービスは適用範囲が広く，多様なサービスが存在する．本章では，製品を提供した後のクレームや要望を含むアフターサービスなどによって顧客の効用と満足を提供する部門を"製品サービス部門"と定義して"見える化"による改善について述べる．ここで，アフターサービス（after service）とは，製造者が提供した製品の保全サービスを購入者に継続的に提供する行為である．製品サービス部門におけるアフターサービスの目的は，製品提供後の顧客と良好な関係を維持することにある．

6.1　製品サービス部門の特徴と課題

　アフターサービス業務は，顧客関連プロセスとして重要なプロセスであるが，適切な評価方法を欠き，効果が明確に見えないために，戦略的なアフターサービス活動を実施して顧客満足を向上させて成果を上げている企業が少ない．実際に業務を遂行している製品サービス部門は，クレーム受付と処理，修理など後ろ向きの内容を担当している点で負のイメージをもたれる傾向がある部門であり，多くの組織では製品サービス部門を積極的に活用して製品からのフィードバック情報を得ることによって顧客の満足度を向上させることに強い関心をもっているとはいえなかった．

　製品及び企業活動に対する顧客の真意を知るためには，多くの顧客満足要因情報と顧客との接点の情報が"見える化"されることが必要であり，製品サービス部門のプロセスを最適化して目的とする成果が達成できるような仕組みが求められている．

6.1.1 顧客の不満を満足に変換させるアフターサービスの重要性

アフターサービス業務には，製品の定期的なメンテナンス（点検・修理）のほか，製品購入後に顧客が感じる多くの不満の処理がある．顧客の満足度は製品を提供された後の対応によって変化するが，特にクレーム対応，顧客からの要望処理によって，企業に対する好感度，イメージ，満足度は大きく変化する．対応によっては顧客の信頼を損なってしまう危険性もあるが，逆にクレームに敏速に対応して顧客の困っていること・不満などを解消することによって，好意と信頼を得られれば，優良顧客・固定客になってもらえる可能性が高い．

6.1.2 顧客からの不満が解消されないアフターサービス

アフターサービス業務は，メンテナンスからクレーム処理まで範囲が広く，顧客の不満は重大な問題から軽微な内容まで多彩であり，顧客の不満足の程度もわかりにくい．また，担当者一人当たりの処理件数も多いほか，処理プロセスには個人の力量と個人的資質が直接反映されることが多く，対応にばらつきが生じている．

点検・修理，クレーム対応，顧客要望処理などのアフターサービス業務は，顧客との連絡，顧客の製品に対する対応，顧客との対話や対応など，すべて状況が異なる顧客との接点での状況依存的行為である．しかし，アフターサービスにおける顧客プロセスにおける多くの事象の処理結果やそのときの情報，関連して決定された管理の内容が記録されていない，又は適切な対応のための情報として有効に活用されていないことが多い．

異常に対する処理と情報記録と共有化のシステムが整備されていないために，属人的で曖昧な対応を招き，敏速な処理が実施されず，知らぬ間にクレームや苦情は放置され，最悪の場合重大な問題に発展し取返しのつかない企業ダメージを受けることになる可能性がある．必要な情報を一元化して組織的にサービスのプロセス管理が監視・測定できるように"見える化"する必要がある．

また，顧客からの不満の処置は現象面での応急処置だけで終わり，その原因追究は不十分なまま放置されることが多く，改善となり得る重要な情報が適切

にフィードバックされていないことも問題である．

6.2 製品サービス部門の課題解決のための見える化

6.2.1 基本としての顧客関連プロセスの見える化

製品サービス部門の目的は，高品位なサービスの提供による顧客の満足度向上と顧客の不満足の満足への変換，及び顧客から製品の妥当性に関する情報のフィードバックにある．これらの目的達成には，基本情報となる顧客関連プロセスの状況を，事象の進展に従った正確な記録によって見えるようにする必要がある．また，顧客からの情報は営業，設計，生産，サービスなど，情報を受け入れた部門によって分断されることが多いので，組織全体で一元化して機能させることも検討する必要がある．

6.2.2 顧客の不満を満足に変換する見える化

顧客の不満を満足に変換させるためには，まず顧客不満の内容を5W1Hで明らかにしたうえで，対症療法的な応急処置として実施することと再発防止の恒久処置として実施することを明確に区分して，迅速かつ適切に処置を実施する必要がある．そのためには処置をするための組織の責任と権限を明確に規定しておかなければならない．

また，アフターサービスにおける処置プロセスは処理までに時間を要することが多く，同時に複数の案件処理を確実に実施するためには，アフターサービスのプロセスが常に監視・確認できるようにすることも重要である．

アフターサービスプロセスの監視・確認においては，サービスの処理がどこで止まっているのか，その理由は何なのか，いつまでに実施しようと計画しているのか，だれが責任者なのか，顧客からの要求が変化しているのか，などの情報を見える化することが効果的で，いつでも，だれにでも見える化されているとそのプロセスの管理が自律的に行われるようになってくる．実際のサービス活動と見える化するデータ・情報の連結をどのようなシステムで実現するか

がキーポイントになる．

　顧客の不満を満足に変換させる基本要件は，正確な情報とすばやい判断による決断と処理であり，顧客と約束した処理を間違いなく，かつ遅れることなく実行することである．また，対応態度，服装，言葉遣いなどの教育とその徹底は，サービス部門の組織風土とモチベーションに影響されることも多いので，組織文化の醸成，正当な評価の仕組みとあわせた見える化が不可欠である．

6.2.3　顧客情報による不満の要因のフィードバック

　アフターサービスプロセスにおける顧客からの情報は多くの重要な事項を含んでいる．顧客の不満は組織が改善すべき重要課題であり，サービス部門の役割は顧客の不満情報を迅速かつ正確に収集し，不満の真の要因を突き止めて適切に対処するともに，その情報を組織の関係部門にフィードバックすることである．しかし，真の要因を追究して，適切な処置を実施することは簡単ではない．問題の重要度に応じて，活動プロセスが体系化され，問題解決活動が組織的に展開され，問題解決活動に関連した情報が蓄積されて，さらに今後の対応に活用できるように，それらの内容がすべて見えることが重要である．また，製品サービスのプロセスにおいて，提供された製品が顧客のニーズや期待を満たしたかどうかの妥当性確認もできるようにすることも必要である．

6.2.4　情報の記録と展開

　アフターサービス実施における顧客との接点での情報の収集・蓄積・活用を効率的にかつ合理的に行うためには，様々な手法を適用していく必要があるが，そこではITとインターネットの活用が不可欠である．

　アフターサービスプロセスのデータ収集と情報の処理・活用は工夫次第であり，PCや携帯電話，スマートフォンなどの携帯情報端末を活用し，顧客への報告，業務報告・日報作成，資材・機器の手配，連絡事項などを，フォーマット化されたSNS（ソーシャルネットワークサービス）形式などで実施すれば，アフターサービス活動そのものがマルチメディアを含めた記録データの記録と

情報の収集・蓄積となり得る．しかも，情報の一元化と統合処理の実施など，運用次第では大幅な管理コスト削減が可能となる．

さらに，顧客の囲い込みとして，各顧客に対して顧客と関係したプロセスを見える化することによって，顧客との親密度と顧客の信頼感を向上させ，他社との差別化をさらに進めることも可能となる．顧客にデータを開示することは，組織にとって多くの面でハードルが高いが，そのハードルを飛び越えると今までの環境とは違う別世界が開けるはずである．IT はソフトウェアや情報機器の革新的な進歩によって，使い勝手と機能，及びコストの状況が大きく変化しており，組織の IT 活用能力を高めて有効に活用すべきである．

6.3 製品サービス部門の見える化事例

製品サービスにおける見える化は，顧客サービス向上と社内データ・情報活用のために必要なことであるが，実際に見える化するには，社内事情など内部要因も関係するため組織的な対応にあたっての課題は多い．本節では，顧客の不満となり得る状態に対して，敏速で適切な処理と対応を行う部署を超えた部門横断的な連携処理が顧客の満足の向上に大きく寄与した，建設会社の製品サービス部門の事例を紹介する．この事例では，従来の管理帳票は廃止して，建物や構造物を引き渡した後の様々な顧客関連プロセスの情報を詳細に記録し統合化を行い，アフターサービスのプロセス状況を社内に見える化することによって，関係者がすべてプロセスの管理者となり，管理の自律性を促進している．

6.3.1 建設アフターサービス部門とその関連業務の問題点

建設会社における引渡し後の建物や構造物に対する顧客からの要求は，メンテナンス，調査，建屋法令検査，修理クレーム，苦情及び無償修理，交換及び補償に関する内容など多岐にわたり，適切な対応と処理ができないと不満が一気に高まる．

これらの顧客からの情報は，各地域工事担当者，各地域メンテナンス担当者，

各営業担当者，関係スタッフと多くの窓口に提示されるため，処理が担当者ベースで実施され，その技術的な検討内容，処置の敏速性と対応方法などにばらつきがあり，多くの問題を抱えていた．仕組みとしては顧客からの不満・クレームなどは担当部署に報告することになっていたが，実際に報告される件数は実態とはかなり違っていて，アフターサービス情報の顕在化も不十分であった．

製品サービス部門の扱う対象建物は，地域も広く件数も多いために，各種依頼事項のクレーム関係は要員の処理能力を超える量となる．また，処理にあたっては，技術的問題，経理的な問題，営業的な問題など，社内的にも了解・承認を要する物件が多い．

それまで情報伝達は帳票や電話によって行われていたが，帳票の作成には手間がかかり，電話など口頭での伝達は不明確で確実性が不足していた．また，処理の過程で関連するスタッフからの検討書や対応方法などが提供されるものの，担当者ベースで保管されることが多く，その実態と実施プロセスが見えなかった．さらに，クレームは，顧客から施工担当者に直接依頼が来る場合が多く，その処理と実施プロセスが顕在化されないことも大きな問題点であった．

6.3.2 顧客アフターサービス情報の一元化

建設アフターサービス部門が顧客から要求される要件は，検討内容が多く，当該事象の調査や顧客とのやりとりなど，時間がかかるものが多い．まずは，各地域担当者，各部署の情報を一元化して統合し，グループウェアでの共有化を実施した．その後，徐々に帳票や報告書をこのシステムに取り込み，既存の書類を廃止していった．

このシステムによって共有して見えるようになった具体的な内容は，情報の入手から実施された処理プロセスの経過とかかわった担当者の記録の時系列的な開示である（図 6.1 参照）．この経過は適切な処置をしたという実証の記録であり，処置の手順を確認することが可能である．その処置に関連した資料もシステムに取り込んで一元管理を実施している．

6.3 製品サービス部門の見える化事例　　159

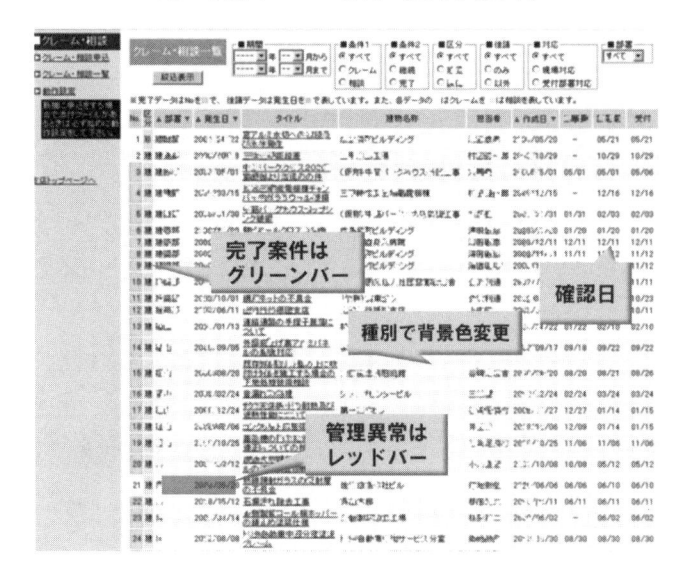

図 6.1　一元化され公開された情報の例

6.3.3　処理プロセスの変更

　このような顧客要件を一元化し管理する仕組みは，一般的な方法ではあるが，実際に統合し共有するとなると部門間の壁や他の業務プロセスとの整合など多くの問題点が出てくる．この問題に対して，いかに強力に社内でのシステム化を進めるかが重要なポイントとなる．

　この事例では，品質マネジメントシステムの導入によって，今まで曖昧であった顧客満足向上の仕組みを改善するために，アフターサービスの仕組みを見える化することを目的として，他の生産管理とITシステムで統合することができた．建設のアフターサービスに関する全社的な処理プロセスの変更により，関連する一連の処理プロセスをすべてシステムで統合することによって，技術検討，営業対応，後請け申請，最終の経理処理，及び承認関係の業務もこのシステム上で実施することになり，情報，データ，受付，申請，報告，記録，承認，支払いに至るまでが，一つのシステムで完結して見られるようにした．また，評価や統計管理に必要な期末と月次におけるデータの集計と報告も，こ

のシステムのアウトプットによりリアルタイムに確認することが可能になり，これまで関連していた業務が大幅に合理化された．

6.3.4 アフターサービスプロセスの情報の見える化

このシステムで物件のプロセスの進捗状況を見える化することによって，関連する人達がプロセスに関与するようになり，常に監視・測定が行われるようになったことで，管理ミスを防ぐことができるようになった．

今まで一連の業務処理に関して分散していたデータ・記録・情報をプロセスの経過に従ってシステムに一元管理する処理業務は，システムで標準化されたテンプレートによって効率的に実施される．状況の写真や，顧客との打合せ内容，上司からの指示コメント，スタッフから提案された資料，会議録など顧客との接点における情報を含む詳細な実物資料が業務の処理に従って格納できるシステムとなっている．これらの内容はすべて見える化されているので，いつでも確認でき，何か問題が発生したときには過去の関連した情報をすぐに参照することが可能である（図 6.2 参照）．

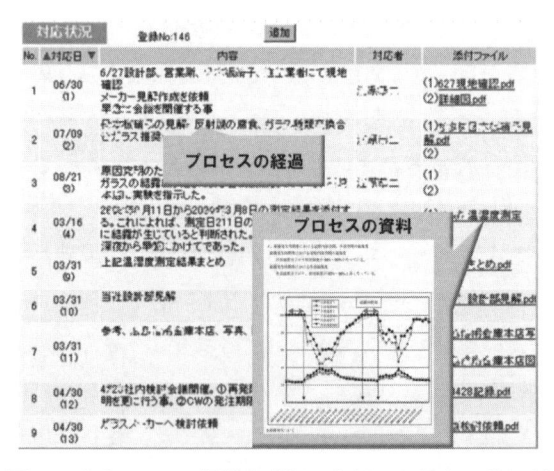

図 6.2　プロセスの経過を詳細に記録した見える化の例

6.3 製品サービス部門の見える化事例

また，新たに処理を要するプロセスの発生やプロセスの経過が次のステップに移行するときは，関連するラインとスタッフに自動発信によるメールが届き，必要な業務処理，確認，承認を要求して，その期日と実施期限がシステムに登録される．プロセスが予定期日を超過及び管理項目が異常値を示せば，システムに登録されている案件のカラーバーが変化して注意喚起が行われ，同時に担当者や管理者へメールが発信されることになる．これらのアクションはシステム側で実施されるので特別なオペレーションは不要である．さらに，クレームに起因する損失金額の処理は，経理システムとの連動により，プロセスが完了登録されていない案件の経理処理はできない仕組みとした．

アフターサービスにおけるクレームや調査などの案件は現地確認と調査を適切に実施することが重要で，この処理は後の結論に大きく影響する．口頭や文書の作成ではなく，現地の状況と処置のデータを携帯情報端末で報告し，その結果を担当者とシステムを通じて情報交換する仕組みとしている．そして，ここでやりとりされた情報はシステム上に残り記録となる（図 6.3 参照）．

連携する各部署への連絡事項，及び業務処理と経理処理は，このシステムが中心となって機能するために，従来顕在化されなかった事象は姿を消して，すべての顧客からの要件とその処理が見える化されることになった．

6.3.5　プロセスの監視・測定と処置の結果の見える化

顧客からの不満となる要素の情報については，組織内で適切に原因究明を実施したうえで，処置を実施する必要があり，このシステムにおいても発生したクレームはすべて是正処置（再発防止）の仕組みとリンクしている．一般的に問題となるのは，その是正処置が単なる"修正"に終わり，真の要因の追究による解決（再発防止）になっていないことであるが，このシステムでは，システム上で原因究明とその後の処置の有効性が上職者と関連部門のスタッフによってレビューされ公開されている．このレビュー公開の効果は大きく，レビューの結果の有効性を互いに意識して実施するようになり，その処置が格段に高度化した．これらの是正処置データは工事着工段階の予防処置システムに

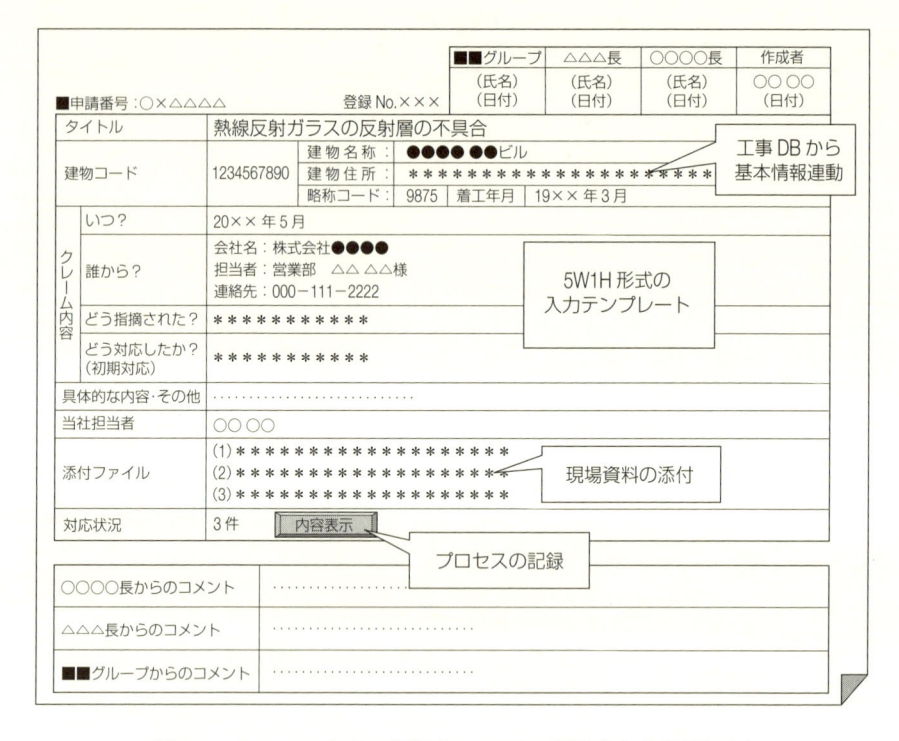

図 6.3 クレーム内容の把握を 5W1H で明確化した画面の例

連動され，クレームの未然防止に役立っている．

6.3.6 システムの評価と成果

　システムの運用によって，顧客との接点における情報が顕在化された効果は大きく，対応する処置のスピードアップと適切性は以前とは比較にならないほどである．また，一元化された情報と統合化された処置の記録は，実施された処置の信頼性を増すことになり，その後の是正処置に大きく貢献するとともに同一クレームの再発防止に役立っている．また，これらのシステム化によって管理業務が大幅に低減され，関係する報告書，検討書，申請に関する内部資料など従来の帳票がすべて廃止された効果は大きく，これらの業務に費やしてい

た時間の低減は管理要員の削減にもつながった．

さらに，見える化による意識の向上は大きく，処理プロセスが時系列で確実にトレースされることから，担当者による自律的な管理が自ずと促進され，管理状態を実現している．その結果，顧客対応案件を敏速にかつ適切に管理された状態で充足できるようになり，顧客からの信頼度を高めるとともに，顧客の不満を満足に変換させることができている．

6.4 製品サービス部門の見える化により期待される効果

製品サービス部門では，顧客の不満を満足に変換し，効率的な情報入手と分析によって，顧客の真のニーズ・要求・期待を製品や組織活動に展開することが求められている．情報交換などの資料や会議ばかりで，管理業務，報告業務に大きな労力を取られ，見える化が進まない状況から，顧客対応に全員参加で総合力を発揮できる自律的な管理活動に進化させる必要がある．

目指すべきは，顧客価値の視座から，顧客の生の声を傾聴し，顧客との接点における情報を収集するとともに，顧客を観察し洞察して，顧客ニーズを創造し充足するよう対応することにある．少なくとも，様々な顧客が抱いていた不安がスムーズに解決される過程で，顧客からの信頼を確実なものとし，程度の多寡はあれ好感度も向上させることが求められる．

時間をかけずすばやく必要な対応をすることが要求される状況下で，個人プレイに頼らず，組織全体で対応する仕組みとなるのが"見える化"である．

顧客の真の要求を感知するうえで，アフターサービスの活動とそこでの顧客との接点における情報は非常に貴重であり，この情報を製品企画設計及び営業活動の前段階に活かすことの効果は計り知れない．真の顧客ニーズが何かということは，顧客自身気づいていない，表現できないでいる，あるいは諦めていることも多い．顧客との接点で活動する関係者全員が顧客ニーズを感知するセンサーとして，いち早く体系的にそのニーズを先取りし，俊敏に対応することが必要である．

第7章　技術部門の機能と設計・開発プロセスの活性化
　　　──設計・開発部門の見える化

7.1　設計・開発部門の特徴と課題

7.1.1　設計・開発部門の特徴

　グローバル競争が激化する中，製品開発は，価値創造と持続的成長を担う役割があり，競争力の源泉として，企業における重要性がますます増大している．

　今やいずれの業界でも，コスト面，スピード面での競争は熾烈であり，日本の企業にとっては，先進欧米企業へのキャッチアップだけを考えていればよかった時代は終わっている．韓国，中国，台湾，タイ，インドなど新興国の企業の追上げに負けないようにしなければならないとともに，成長著しい新興国市場での売上げと利益の拡大と競争優位性を獲得することが急務となっている．独創的な製品を継続的に開発して，常に一歩でも先行しなければ，いずれ競争から脱落する．しかし，製品開発は最も創造的な活動であり，しかもその成否に関しては不確実性の高い業務であることから，製品開発活動の現場では"創造性"，"複雑性"及び"不確実性"をうまくマネジメントすることが要求される．

　製品開発活動の現場では，マニュアル的な知識よりも，創造的に深く考えるための基礎となる知識のほうが重要になる．製品開発プロセスは，マニュアルに沿って一本の決められた道をたどるよりも，多くの職能組織が複雑に入り込み，それぞれが必要に応じて協働しながら，紆余曲折を経て様々な問題をそのたびに解決していく問題解決プロセスである．そのため，企業にとっては製品開発に優れた組織能力，特に，技術力，組織プロセス能力，価値創造能力をいかにして構築していくかが鍵になる．

7.1.2 設計・開発部門の課題

昨今の新製品開発環境下での設計・開発の課題は多くあるが，主に次のようなものがある．

① グローバル競争の激化とライフサイクルの短縮化に伴い，開発期間の短縮と開発効率，品質向上と低コストを同時に実現することが最大の課題として求められる．
② 不確実性の高い状況で，創造性を発揮する必要があるが，その思考プロセスが見えにくい．
③ 目標を共有化し，多くの技術者が役割を分担し，多くの部門と協力しながら深く追求していくことを必要とする．そのための整合性やスケジューリングを同期化していく必要がある．
④ 多くの要素技術，ノウハウ，データベースなどを蓄積し，うまく活用する仕組みや人材育成が必要である．
⑤ 個人の力量，努力，情熱に依存する部分が大きく，そのための個人のモチベーションや能力の向上，及び職場の活性化をはかる必要がある．

7.2　設計・開発部門の課題解決のための見える化

7.2.1　使命達成のための業務の見える化

企業の持続的成長に対する使命のもとに，ますますその重要性が高まる技術部門に所属する者は，技術部門として，使命達成のためにどのような仕事があるか，何ができて何ができていないのか，今，職位として各自が何をなすべきか，自身の役割を再定義し，管理点を明確にして，職務を遂行すべきである．このためには技術部門の業務機能を見える化し，各技術者がその内容を認識して，分担された自己の業務内容を着実に遂行する必要がある．通常これらについては企業の業務分掌や研究開発管理規定，開発管理規定等で明記しているが，内容的に不十分であったり，認識されていなかったりすることが多い．見える化は，まず業務内容の見える化を行い，その結果から必要なものを見極めて行えばよい．

7.2.2 QCD確保のための新製品開発プロセスの見える化

新製品開発のステップは，"製品企画→概要設計→詳細設計→試作評価…"のような流れ［新製品開発体系図（フロー図）］を構成し，開発の流れに合わせて，設計・開発部門がどの部門とどのように連携しながら進めるか一目でわかるようにすべきである（図7.1参照）．そこでは，開発ステップごとに必要な業務や管理項目，開発推進における関連部門との協働活動を明確にする必要がある．開発活動は，思考活動が核となり，見えない部分が多いので，可能な限り見える化することが重要である．

また，新技術開発は，人間の創造性を最大限に発揮することと，その失敗リスクのバランスを取ることで成り立っている．したがって，成功した，失敗した，という"結果指標"だけでなく，途中段階の"進行指標"，見込み段階での"先行指標"が重要になる．例えば，製薬業界は新薬開発に10年単位の時

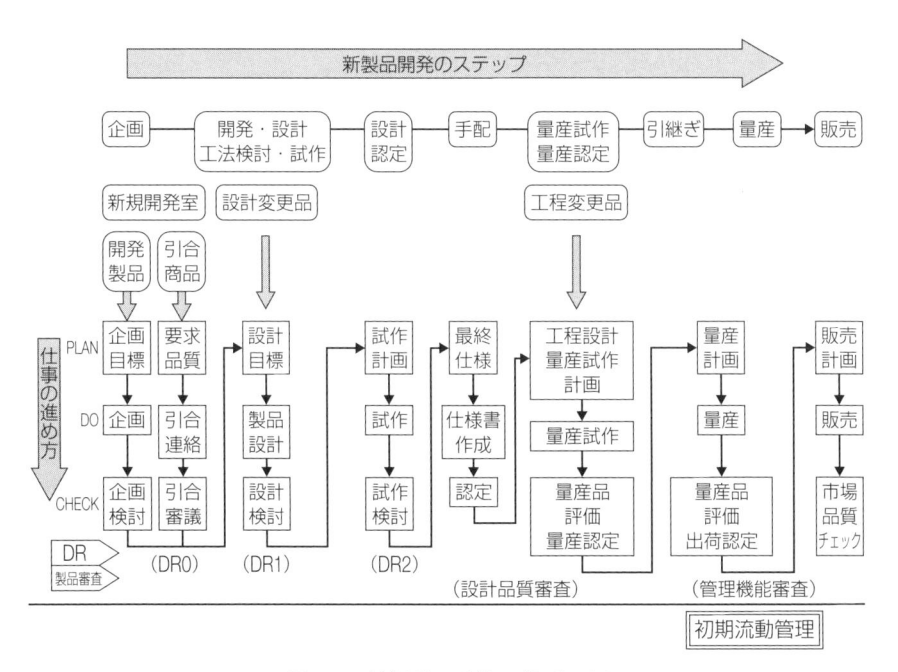

図7.1 新製品開発管理体系の例

間がかかる．しかも，多くの関連部門が相互に関連しあいながら活動（作業）を進めるため，目標までのスケジューリングの見える化は不可欠である．スケジュールの策定と進捗管理に対しては，PERT（Program Evaluation and Review Technique）で見える化すると効果的である．PERT は日程を計画管理する手法で，どのような方法で，どのような工程の進め方をしたら，人員や資材のムダがないように配置でき，しかも日程を短縮できるか検討するもので，プロジェクトに含まれる各作業にかかる時間を見積もり，各作業の先行後続関係をアローダイアグラムでネットワーク的に表す．このネットワークの中でその遅れが直ちに全体日程に影響するような日程をつないだ経路をクリティカルパスといい，そこでの仕事の順序を変えるなど工夫して時間短縮をはかるのに役立ち，大規模開発には特に有効になる．アローダイアグラムの例を図 7.2 に示す．

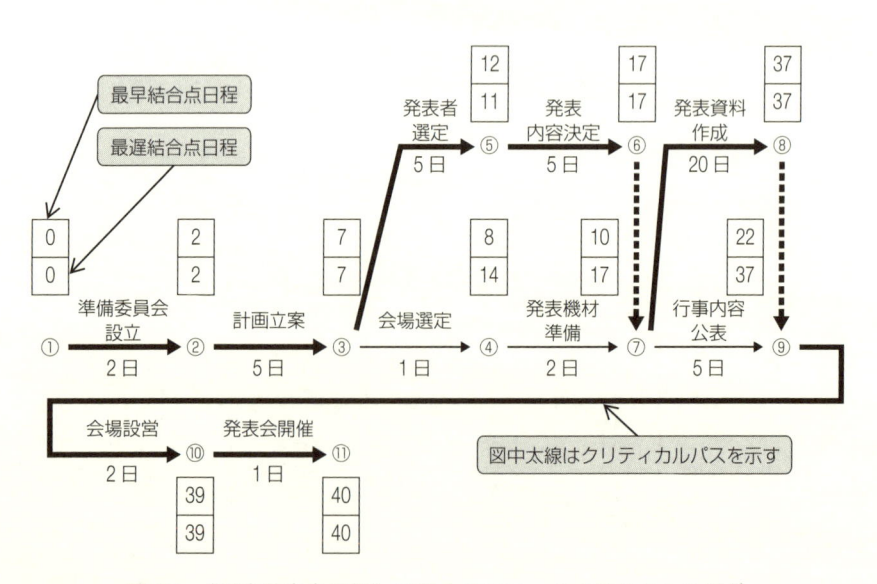

図 7.2 "研究発表会開催"に関するアローダイアグラムの例[23]

7.2.3 顧客要求事項を確実にする思考プロセスの見える化

設計・開発は，顧客の要求するものを企画・設計し，商品化していくが，そのプロセスは顧客要求をしっかり把握して商品企画することから始まる．企業としての開発の方向性は，この商品企画書をもとに決定されるため，顧客要求を見える化し，顧客視点で検討されるかどうかが商品開発の成否を決めるといっても過言ではない．すなわち，設計・開発は，顧客価値の視点から顧客ニーズを洞察し，商品コンセプトを創造し，新製品企画書などで表し，さらにコンセプトを実現するために，顧客要求を代用特性（製品特性）に置き換えて設計目標を決め，具体化していくことになる．これらの設計展開プロセスを見える化するためには，QFD（Quality Function Deployment：品質機能展開）を使うと効果的である．QFD は図 7.3 の概念図に示すように，ターゲット市場の顧客の主観的な言葉で顧客の要求が何であるかを展開する要求品質（同図

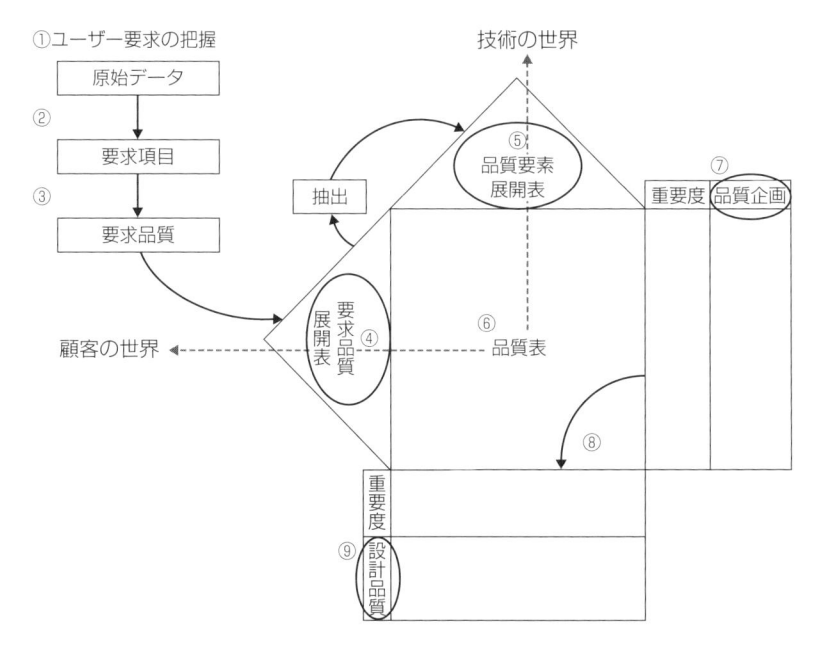

図 7.3 品質展開の概念図

内①～④）と，開発企画製品の評価と操作が可能な客観的な技術的特性を展開した品質要素（⑤）との関連を明確にする品質表（⑥）を作成する品質展開が基本である．この品質展開は，市場で成功する品質企画（⑦）とその企画品質を実現する設計品質（⑨）を明確に規定するために活用される．

特に，開発技術者がどのような思考プロセスで目的とする製品開発に達していくかのモデルを示したのが図7.4であり，思考決定プロセスで紆余曲折を経ながら一つひとつ"仮説→思考→検証→決定"を繰り返しながら決定していることがわかる．また，設計・開発における思考プロセスを見える化する方法としては，新QC七つ道具のPDPCが有効であろう．PDPCは，Process Decision Program Chartの略で"過程決定計画図"と呼ばれ，事態の進展に伴い，いろいろな結果が想定される問題を望ましい結果に導く方法である．PDPCの例は図7.11を参照されたい．

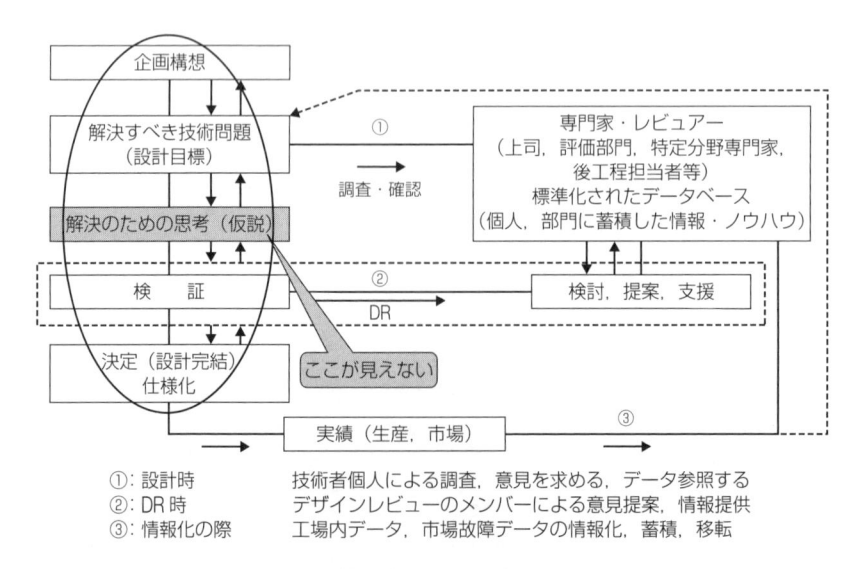

図7.4 技術者の思考決定プロセス

7.2.4 プロセスの異常検出のための見える化

製品開発においては，開発期間の短縮など開発効率をはかると同時に品質向上に取り組むなど，相反する要求を実現しなければならない．そのためには，図 7.5 のようなコンカレントエンジニアリング［Concurrent Engineering：CE，並行設計，これはサイマルテニアスエンジニアリング（Simultaneous Engineering：SE，同時設計）ともいわれている］が効果的であり，その適用には，様々な問題解決を製品開発のなるべく早い段階に前倒しするフロントローディング（源流管理）の考え方が必要になる．

このフロントローディングの考え方によって，開発の前段階で問題を顕在化させ，対策活動を行うことが可能になり，結果的に開発期間の短縮や開発効率の向上だけでなく，品質向上やコスト低減なども可能となる（図 7.6 参照）．しかし，フロントローディングを行うためには，見える化の考え方を入れていかないとうまく機能しない．

また，製品設計には 3 次元 CAD(Computer Aided Design)，CAM(Computer Aided Manufacturing)，CAE（Computer Aided Engineering）など IT ツールが導入され，設計プロセスの見える化とコンカレント化が急速に進んでいる．設計段階から 3 次元グラフィックによるシミュレーションなどが可能となっ

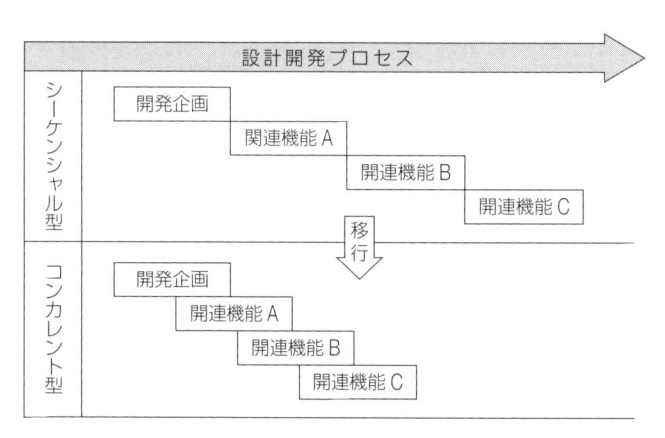

図 7.5 コンカレントエンジニアリングの考え方

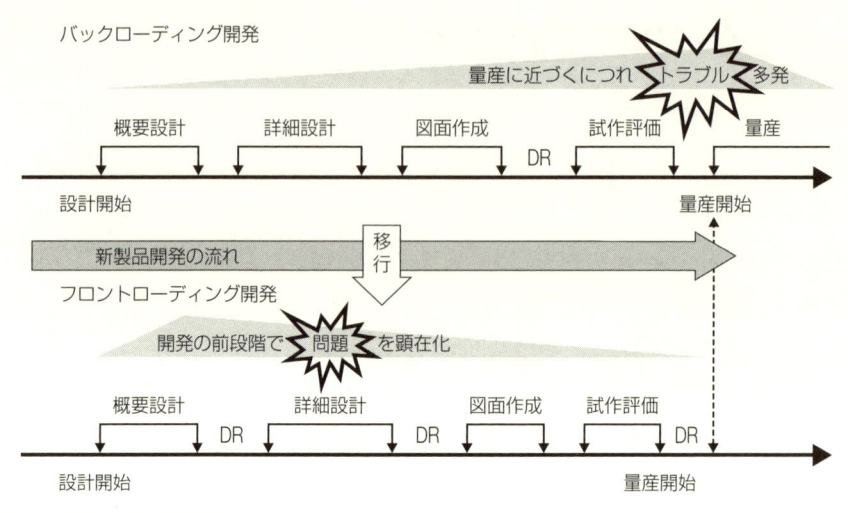

図7.6 フロントローディング開発の考え方

たことで，バーチャルデータにより，生産段階での作業者の負担を見える化して検討できるようになり，生産に対する設計的配慮を事前に行うことによって垂直立上げを可能にしている．

設計・開発段階では，開発する商品に起こり得る種々の故障・不具合を予測し，事前に何らかの技術的な配慮を行うことで未然防止を図っているが，そこで使用される信頼性技術にFMEA（Failure Mode and Effects Analysis：故障モード影響解析）がある．これは設計・開発段階で起こり得る故障・不具合モードを事前に見える化し，処置対策を講じようとするもので非常に有効である．

しかし，設計・開発段階で考慮しなければならないことは多い．例えば，使用材料にはその材料固有の故障モード（特異故障）があるが，これらを見える化しておくと，材料の仕様検討が容易かつ抜けなくできる．

7.2.5　コミュニケーション基盤づくりのための見える化

設計・開発活動では，ITを活用したコンカレントエンジニアリングを含めて，関係者との効果的な協働には，時間のみでなく，相互に情報やデータを交

換するコミュニケーションが不可欠で，設計・開発の途中段階でもできるだけ多くの図面や情報を関係部門に提供することが重要である．例えば，量産化に移行するには，技術開発の進行とあわせて，生産技術部門は設備手配，購買部門は材料手配，製造部門は工程設計，品質管理部門は品質保証などそれぞれに準備をしなければならない．これら他部門との連携が効果的に実施されることによって，製品の垂直立上げが可能になる．製品設計に対応する関係者との盛んな議論・検討とコミュニケーションの一つの手法であるデザインレビュー（Design Review，以下 DR とする）があるが，これは，技術者の仕事が多岐にわたるため，必然的に個人の能力の限界を超えることが多く，技術的な問題が十分予測されるが，それらが解決されていないことによって生起する設計問題を抽出し解消するために実施される．また，設計者が設計するときの頭脳活動は表 7.1 のように正の論理と負の論理に分けて考えるとわかりやすい．技術者が優秀か否かに関係なく負の論理トラブルが起き，いわゆる優良企業でも，信頼性や PL，PS 問題を引き起こす可能性がある．技術者の頭脳活動の特徴から，特に負の論理にまつわる問題が発生しやすいことに留意したい．

DR は，これら避けられない技術者の負の論理の弱点をサポートするツールであり，その場に関連部門の関係者が集まって，設計者に要望なり指摘・アドバイスをするとともに，これら関連部門への情報提供を行う場でもあり，コ

表 7.1 技術者の頭脳活動の特徴

比較の要点	正の論理	負の論理
設計者の常識的発想との関係	技術的発想によるもの	常識を外れた発想が必要なもの
検証のしやすさ	確実にできる	困難な場合が多い
仕様への取り入れやすさ	取り入れやすい	範囲が広く，取上げ困難，漏れやすい
品質保証上のリスクの可能性	現状のシステムで予防可能な場合が多い	予測が漏れ，予防が困難な場合が多い
PL，PS，信頼性問題	少ない	ほとんどがこれに該当する

注　1）PL とは，Product Liability の略で"製造物責任"と呼ばれている
　　2）PS とは，Product Safety の略で"製品安全"を意味する

ミュニケーションの場である．このDRをより有効活用するには，設計者が考えたプロセスや課題をいかに解決してきたかを見える化した資料にして，参加者に検討してもらうことにより大きな効果が期待できる．

また，設計・開発は，すべて新規のものではなく，既存の技術（材料・部品・機構など）の利用と改良も含まれている．そこで，新規の技術と変更した用途・条件の既存の技術など，設計変更点の他特性への影響に焦点を当てて，まず設計者がFMEAを実施し，リスクの大きいものを事前に明確にし，それらに対して取った対策を整理し，見える化すべきである．そのうえで，それをベースに技術，生産技術，製造，品質管理などが協働して，より深い検討を行うDRBFM（Design Review Based on Failure Mode）が，未然防止をより充実する方法として活用されるとよい．

さらに，技術部門内部のコミュニケーションのための基盤として，新製品開発計画表や特許件数の申請推移や技術部門内部の改善活動の進捗状況等を見える化することによって，内部のコミュニケーションを高め，士気高揚に役立てることが望ましい．

7.2.6 技術部門活性化のための見える化

技術競争の激化とともに，技術開発も細分化され，深化している．深化を続ける技術開発を担う専門家を育成・活用することは，すぐに製品開発競争力の差となって表れる．そのためには，企業としての必要な要素技術は何か，その専門家はだれか，どこにいるかなどを明らかにしておくことにより，技術テーマにより適切な技術者を割り当て，活用するとともに，技術者のモチベーションを高揚させる必要がある．

製品開発は創造のプロセスでもある．技術開発活動の活性化をどのように図るかは，技術マネジメントにおいて最も重要な課題の一つであり，開発責任者，プロジェクトリーダーなどは，技術者のやる気を高め，鼓舞し，賞賛して使命感を高める仕組みと工夫が必要である．一方，技術者は自らの使命を認識し，やる気，やる腕を高めていくことが重要になる．

7.3 設計・開発部門の見える化事例

7.3.1 業務の見える化事例

通常，企業には各職能の仕事の内容や責任権限について決められている職務分掌がある．設計・開発などの技術業務も職務分掌が規定され，大綱が見える化されているのが一般的である．

図7.7は，技術部門の機能（役割）について，機能分析からその業務を出した簡単な例である．技術部門と一口にいっても，研究開発的なものから製品設計や工程設計的なものなど性質の違いがあるほか，扱う内容も電気的，機械的，化学的，ソフト開発など多岐に分類される．それらに応じた展開をし，機能達成に必要な部分を見える化すれば，より有効なものが得られる．

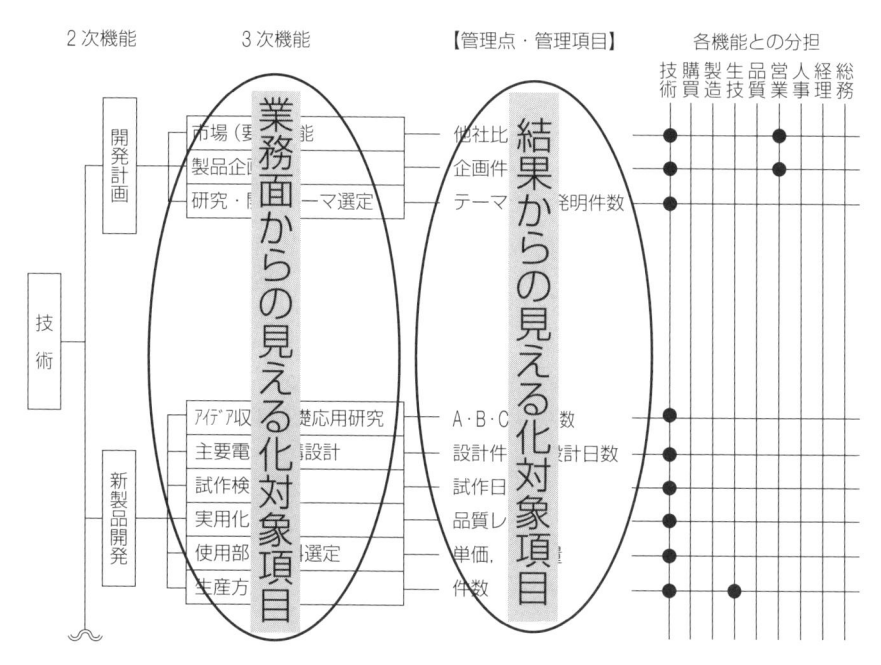

図 7.7 設計・開発部門の機能系統図の例

7.3.2 新製品開発プロセスの見える化事例

新製品開発は，そのステップに従って種々の業務が発生するが，その内容や実施レベルは対象となる製品の開発ランク（例：Aランク，Bランク…）によっても異なる．これらの業務を効率よく，抜けなく行うためには，企画部門，営業部門，生産技術部門，品質管理部門等の関連部門との密接な協働活動が必要不可欠となり，これらの関係を見える化することにより協力が得やすくなるなど設計・開発マネジメント上の重要なツールとなる．その簡単な事例を図7.8に示す．このように見える化することで，ステップごとの業務内容と関連部門との役割分担も明確になり協働活動がレベルアップする．

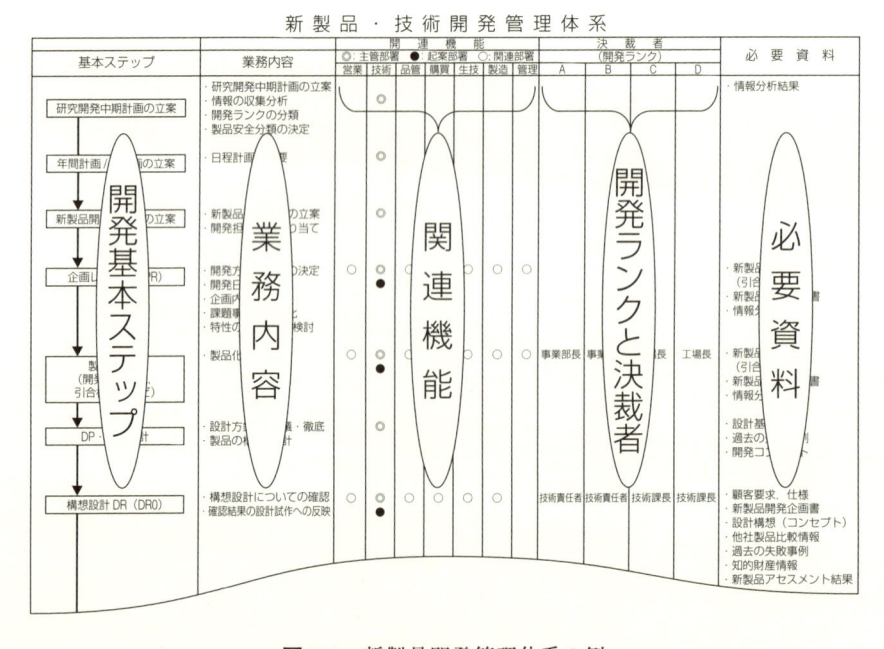

図7.8 新製品開発管理体系の例

また，設計・開発には長期に及ぶものから短期のものまであるが，そこには各種のマイルストーンが存在する．これらマイルストーンごとにやるべきことの

見える化を実施したうえで，次のステップに移行することが重要である．また多様な機能が関連してくるので，これらの活動と同期し，連携しながら進めるには設計・開発全体の流れを見える化し，クリティカルパスに対しても処置しておくとよい．そのために前出の PERT を活用することを推奨する（7.2.2 項参照）．

7.3.3 思考プロセスの見える化事例

設計・開発は，顧客の要求を把握して新製品企画書を作成し，商品企画会議等で審議・承認されスタートする．新製品の企画意図を見える化する場合に作成される企画書の例を図 7.9 に示す．

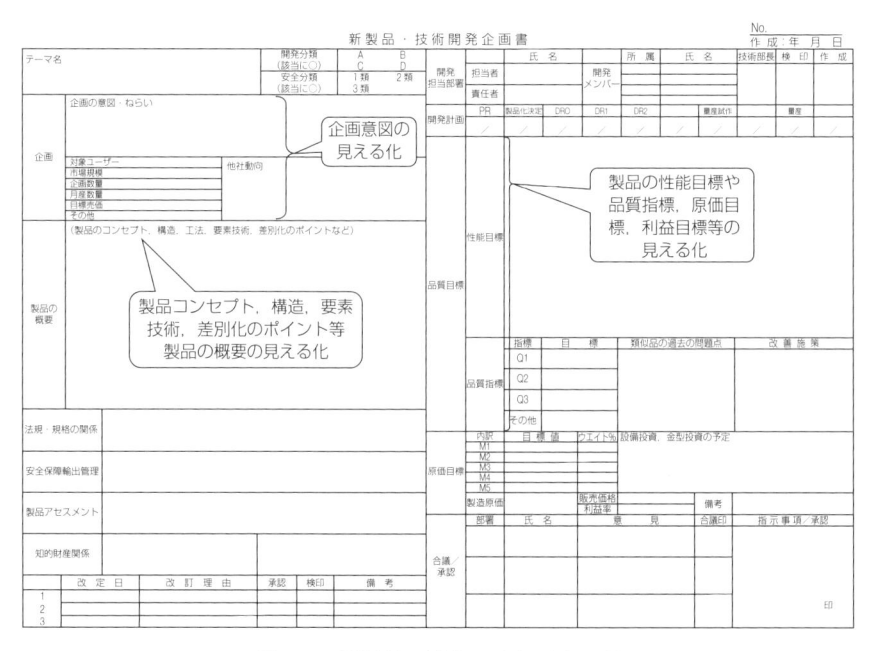

図 7.9 新製品・技術開発企画書の例

次に，顧客要求を代用特性（品質特性）に変換し，製品の設計品質を定め，各機能部品，個々の構成部品の品質，及び工程の要素に展開する．すなわち，

顧客要求を収集・分類・整理して要求品質展開表にまとめ，次いで，各要求項目ごとの代用特性を列挙・整理して品質要素展開表を作成し，それら二つを二元表の形（品質表）に表す．このように展開することで顧客要求がどのような代表特性に落とし込まれたか，その思考プロセスを可視化することができる．図 7.10 に電気製品での例を一部示す．この品質表を作ることにより，顧客要求を展開した三次の要求品質特性が，右の製品としての品質要素展開表のどの項目と関係があるか（すなわち要求品質特性を製品のどの品質要素で実現するか）を見える化している．◎部分は特に強く対応があることを示しており，対応する要素で実現していることが読み取れる．

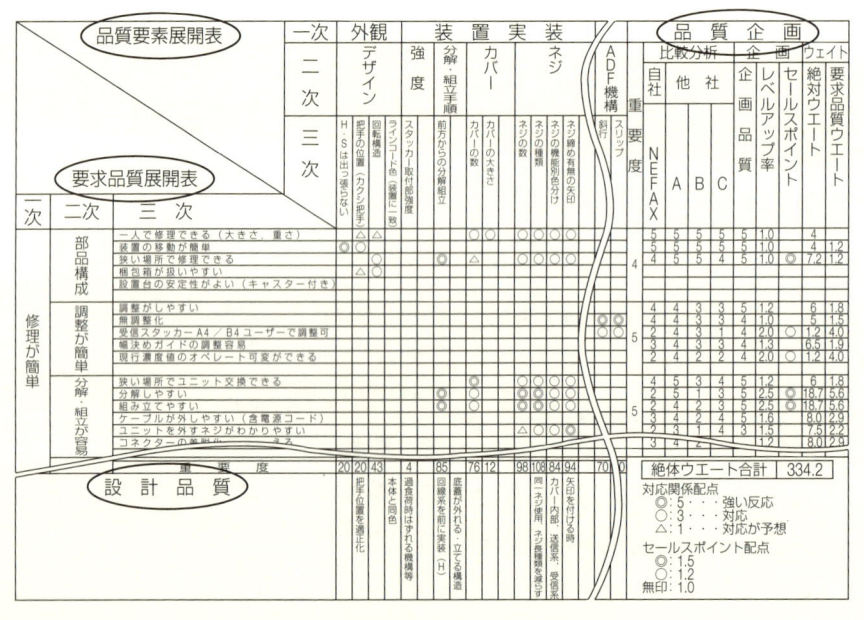

図 7.10 電気製品の品質展開表の例[24]

また，新製品開発においては，スタート段階で開発目標を決め，ロードマップを作成するが，その目標達成実現のための実行計画が当初の予想どおりに推

7.3 設計・開発部門の見える化事例　　179

移するとは限らないし，システムに予期せぬトラブルが発生し，重大事故に至ることもある．これらを防止するために，途中で考えられる様々なリスクを予測し，開発プロセスの進行をできるだけ望ましい方向に導く必要がある．そのために，どのような考え方（思考プロセス）で達成しようとしているのかを見える化する方法として7.2.3項で示したPDPCがあり，その例を図7.11に示す．

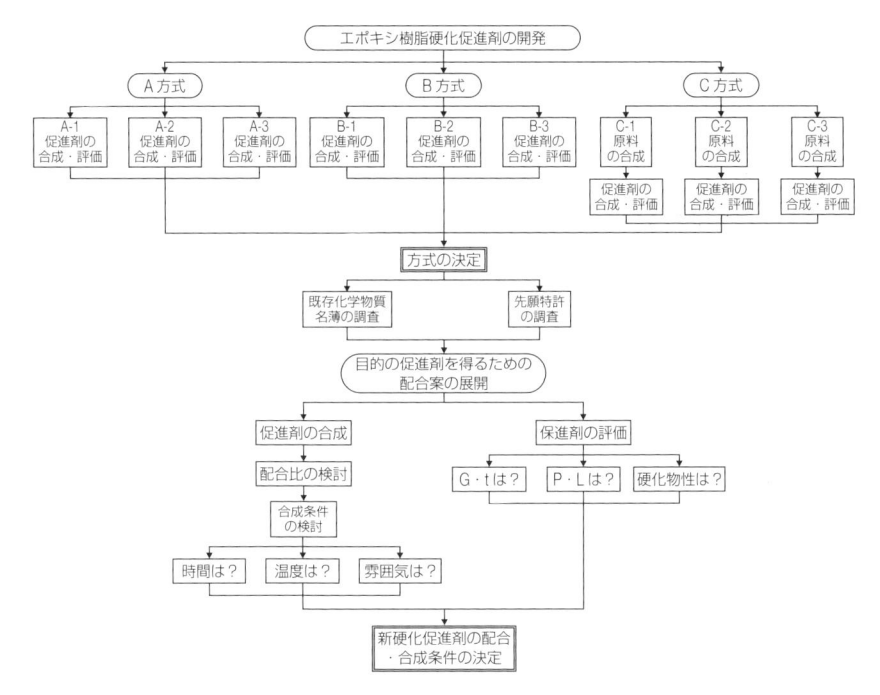

図7.11　開発におけるPDPCの例[25]

7.3.4　異常検出のための見える化事例

3D-CAD・CAEによるバーチャルデータは，設計の前段階で関連職能部門が参加して評価することにより，問題点の顕在化を可能とするので，これらはフロントローディングのための有力なツールになっている．最近はデザインレビューにもITを活用して，レビュアーが立体画像を見ながら検討する方法を

とる企業が増えている．図7.12にCAEによる熱伝導解析を行うことにより熱伝導の見える化を図った例を示す．この方法によって精密測定が難しい内部の温度変化の状態が見える化でき，その都度実験を行うことなく異常状態の検出や最適な構造を探索できる．

【概要】
成形精度確保に重要となる成形時の金型内部に発生する過渡的な温度変化を，輻射も考慮した解析により見える化し，予測することができる

【効果】
成型精度向上可能な，新たな金型構造の導出ができる

部品A 中央部の温度変化

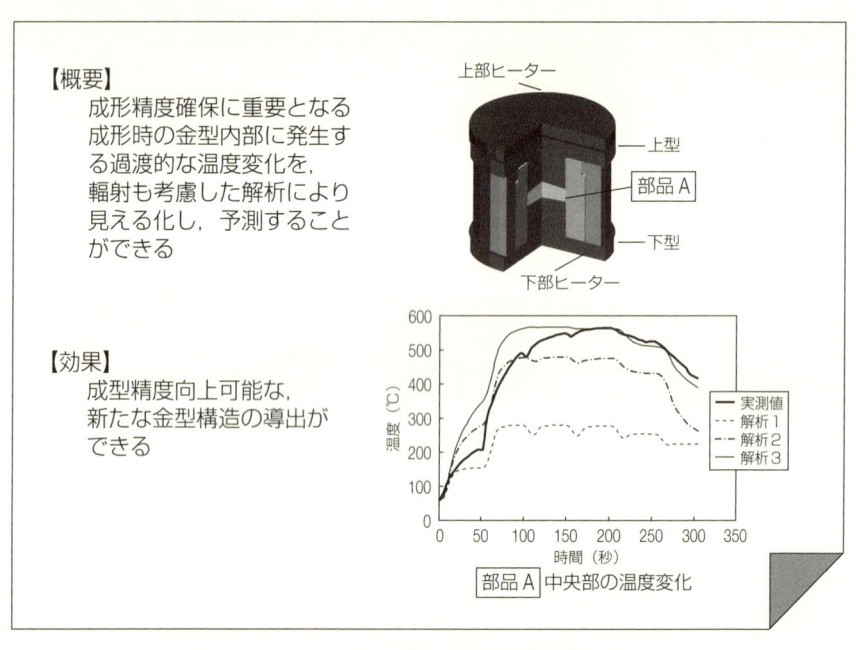

図7.12 ITによる金型内部の熱伝導解析の例

また，未然防止のツールに設計のFMEAがある．設計のFMEAには実施段階により企画段階の設計FMEA，詳細設計段階での設計FMEAに分かれる．設計段階で製品を構成する要素の起こり得る故障モードを事前に予測し，さらにそれらのリスクを評価し，リスクの高いものから優先的に対策検討し，その対策内容もFMEAシート上で見える化することによって，未然防止に大きな効果を発揮している．

標準的な解析手順は，"①解析対象を理解→②信頼性ブロック図の作成→③故

7.3 設計・開発部門の見える化事例

障モードの抽出→④影響度の評価→⑤致命度の評価→⑥リスクの高い故障モードから対策実施"という流れでFMEAシートを使いながら解析を進める.FMEAについては多くの専門書が発行されているのでそれらを参考にされたい.

設計段階では過去の失敗事例などを考慮して設計しなければならないが,特に使用材料には気を付けなければならない特有の故障モードがある.図7.13は,これら材料の固有の故障現象を見える化した事例で,設計段階での使用材料のチェックに活用できる.

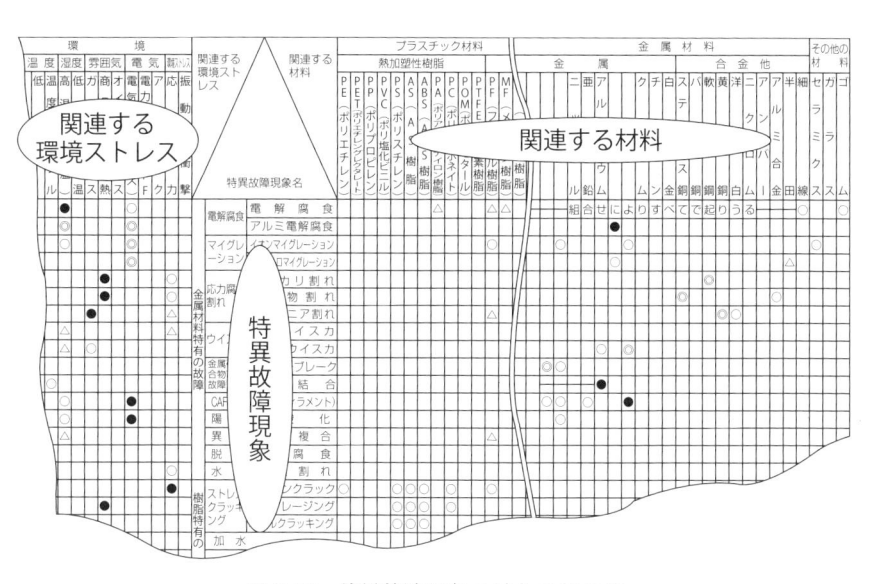

図7.13 特異故障現象の見える化の例

図7.14は,過去の失敗事例を見える化して設計上やデザインレビュー時に活用するもので,問題発生の未然防止を可能にする.このような失敗事例を個人レベルから組織レベルまで引き上げ,貴重な共有財産としての知恵を見える化すべきである.また,こういった失敗事例は教育資料として活用すれば,技術マンパワーの向上にもなり,組織としての競争力アップにつながることが期待できる.

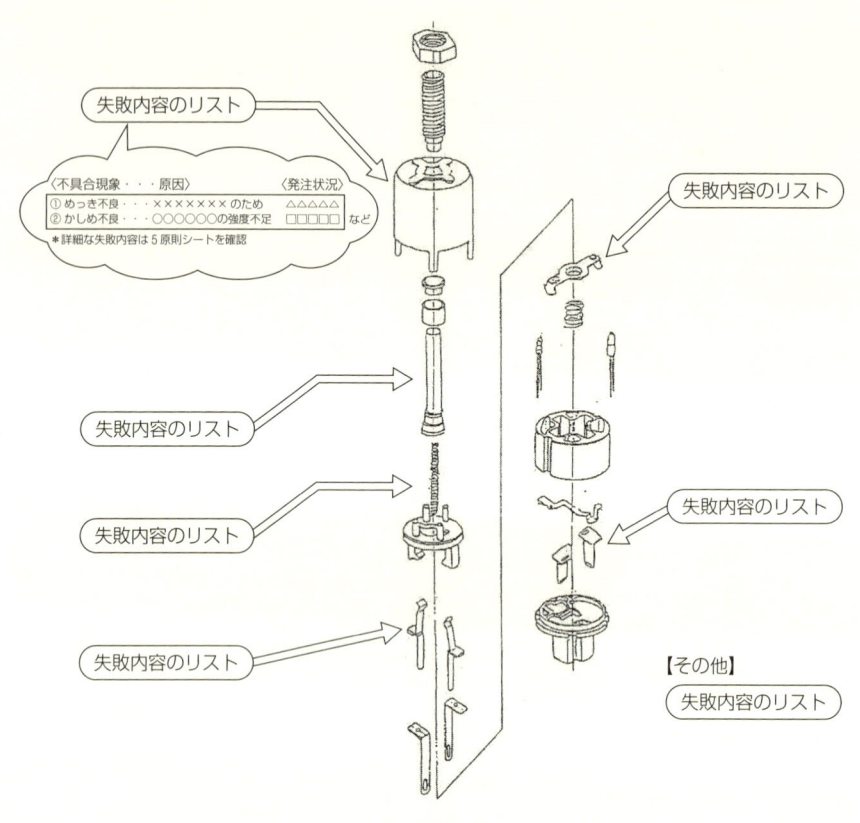

182　第 7 章　技術部門の機能と設計・開発プロセスの活性化——設計・開発部門の見える化

図 7.14　製品 A の失敗事例の見える化の例

7.3.5　コミュニケーション基盤づくりの見える化事例

　DR による関連部門とのコミュニケーションを効果的に実施していくには，設計者が設計プロセスにおいてどのように問題解決してきたかを時系列に整理し，それをベースに，関連部門からの参加者がより深く掘り下げた検討を行うことで課題の共通認識ができ，技術部門と同じ目線から活発な検討が可能になることから関連部門を巻き込んだ効果的な未然防止対策が打てる．図 7.15 に技術者が設計段階での課題解決の中で，特に大きく変更した内容を時系列で見える化した例を示す．この図からもわかるように技術者は種々の理由で設計を

変更するが，こういった変更がまた新たな問題を引き起こすことが多い．これら考えられる問題に対しては，技術者が技術的な視点から対応処置を考えるが，それでもやはり完璧な対応は難しく心配な点は残る．このような問題についてはを技術部門がまず見える化し，製造，品質管理，生産技術などの関連部門や専門家が集まって，より深い検討を行い，潜在している問題を掘り起こし，設計的配慮，テスト確認，製造面の再検討などによって適切な対応を明らかにし，各関連部門がそれぞれ必要な処置をすべきである．技術的課題解決を関連部門がサポートし，共有化することになり，より連携の取れた未然防止活動が可能となる．

開発履歴表

No	変化点	変化点理由・目的	変化点心配項目	設計配慮	テスト・品質保証確認	製造的検証	対策要否	対策案	効果の確認	実行責任者	判定	判定責任者
1	スイッチ取付方法の変更	・スイッチ取付工数削減によるコストダウン ・○○○○○ ・△△△△△	①取付時のケース回転速度の低下 ②×× ×…	①回転ストッパ強度は… ②…	①着脱繰返し振動，温度テスト確認でガタ発生なし ②…	①管理試験にて製造品質を保証 ②…	否			○○	OK	●●

図 7.15 設計段階での課題解決のために変更した内容を見える化した例

また，技術部門内部のコミュニケーションの活発化に向けては様々な方法がとられているが，新製品開発計画表や特許申請件数などを見える化している例を図 7.16 に示す．このように設計開発部門の現状を種々の視点から情報公開することにより，部門課題の共通認識と協働活動への参画意識が強まり，部門全体のモチベーションの向上にもつながる．

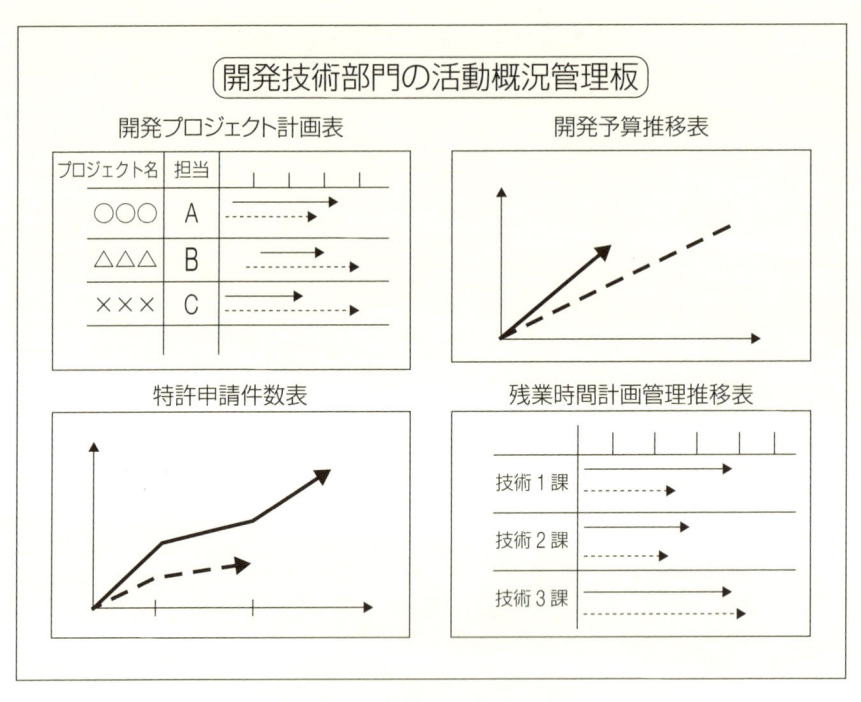

図 7.16 活動概況管理板の例

7.3.6 技術部門活性化の見える化事例

設計・開発活動で，技術者がその仕事にやりがいを感じ，喜びを見いだすのは，困難で重要なテーマを任され，大きな成果を実現し，自分自身（自分の仕事）の成長を認識し，かつ同業の技術者からも正当な評価をされたときであろう．そのためには，技術者自身が専門家として公平で正しい評価を行われることが重要な要件になる．図 7.17 に要素技術と専門家を一覧にして見える化した例を示す．

このように"専門家"たる存在として見える化されることにより，自己の専門性のレベルをより高めようとする技術者の意欲を刺激することが期待できる．

7.3 設計・開発部門の見える化事例

所属	氏名	役職	材料						
			光学		圧電体			圧	
			二酸化テルル	ホタロン	……	Ta酸リチウム	Nb酸リチウム	……	酸化アルミ	…
○○	○○○○	○○	○			○				
××	××××	××		×						
△△	△△△△	△△				△			△	

図 7.17 要素技術と専門家一覧の例

　また，担当する開発プロジェクトが会社（部門）目標の中でどのような位置づけにあるのかなどを明確にして見える化した例を図 7.18 に示す．これらを見える化することにより，だれがどのような困難なプロジェクトに立ち向かっているのか，自己のプロジェクトはどういう立場なのかといった点が認識でき，技術者間の競争原理が働き，技術者魂に火をつけることにもつながる．

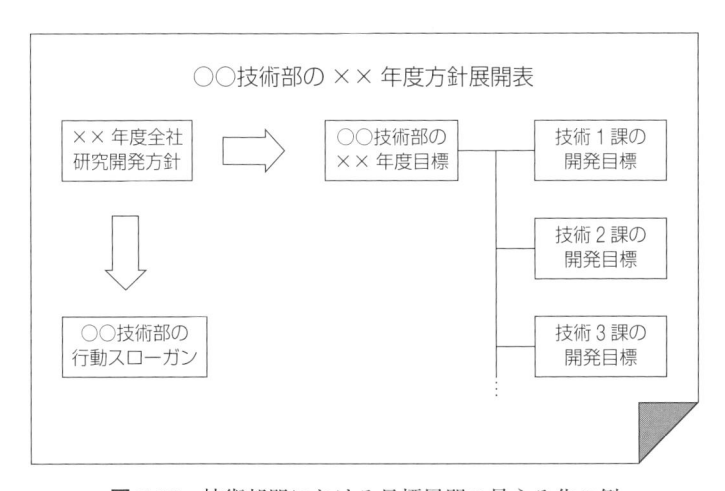

図 7.18 技術部門における目標展開の見える化の例

さらに，自社の技術が業界や国内，また世界的レベルからみてどのような位置づけにあるかを，縦軸に技術競争力，横軸に技術の成熟度を取り，製品ごとの投入資源量を書き込んだポートフォリオで見える化することにより，ここからどの技術分野に強くてどの分野が弱いか，どこにどれだけの資源（人，モノ，金）が投入されているかがわかり，強化すべきあるいは今後進むべき方向を知ることができる．

なお，ポートフォリオとは，投資対象の金融商品の組合せや，企業経営上の事業の組合せ，商品販売上の組合せなど，複数以上ある管理運営対象の固まりの全体を示す手法である．

7.4 設計・開発部門の見える化により期待される効果

設計・開発部門において見える化を導入することにより，多くの効果が期待できるが，その主なものを以下に示す．

① 新製品開発は通常長期間にわたり多くの人がかかわりながら進展する．見える化は，全体の進捗の把握とより適切な修正作業を可能にすることでスピードアップと効率化を可能にする．

② 設計活動は顧客要求を代用特性に変換することから始まる．このプロセスを見える化することによって，製品設計を確実に漏れなく行うことができ，顧客の要求に合致する新製品の開発が期待できる．

③ 製品開発は創造プロセスで，個人活動が多くなり，個々の技術をマネジメントする観点が重要である．見える化によって，技術者個人のやる気を引き出し，また開発技術部門の活性化が期待できる．

④ 見える化は，製品開発における技術部門と関連部門との協働を有効かつ円滑にし，設計から目標どおりの製品の生産実現を図るコラボレーション（協創）体制をうまく確立できる．

最も創造的な活動で，かつ多くの組織が，必要により協働しながら様々な問題を解決してゆく設計・開発プロセスをうまくマネジメントしてゆくうえで，

上記のような効果をもつ見える化は大きなツールとなり得る.

第8章　製造部門の機能とプロセスの管理・改善
──製造部門の見える化

8.1　製造部門の特徴と課題

8.1.1　製造部門の特徴

　製造部門は，企業におけるプロフィットセンターとしての位置づけにあり，その役割は "顧客の要求するもの（設計部門が顧客要求を満たすことを念頭に設計品質を設定したもの）を，計画部門が計画した数量だけ），計画された納期までに，最も経済的な方法で具体的に製品化し，後工程（最終的に顧客）に送り続ける" ことにある．

　そのためには，日頃から製造力を高め，顧客が要求する QCD（品質，コスト，納期）を，きっちり満足させ，結果として利益を確保しなければならない．日本国内と欧米などの成熟市場では，製造にかかわる環境も構造的に変化し，ますます製造力強化の重要性が増している．一方で BRICs を中心に新興国の成長市場においては，日本企業は新たな成長機会を求めて生産拠点を拡大し，厳しいグローバルな競争を展開している．しかも，日本企業にとっては，円高，関税などの貿易上の新たな課題も浮上し，ものづくり環境は激変している．特に，グローバル化におけるものづくりは，生産場所もボリュームゾーンを中心に最適地生産を志向するようになり，高度化かつ多様化する QCD に対する要求に対応するのみならず，スピードが要求されるとともに，ものづくりに携わる多種多様な人間に適切に対応することが課題となっている．しかし，どこで，だれが，何を作ろうと，製造力を強化する活動の対象は同じで，これら活動対象をしっかり見極め，問題と思われる活動要素を見える化の対象にして改善していくことが重要であるが，各企業は，これら基本的要素について，効果的な見える化をして，改善が継続的にかつ加速度的に実施されるようになっているだろうか．

8.1.2 製造部門の課題

製造部門には多くの課題があるが，主要な課題に次のようなものがあげられる．

① QCD の向上を絶え間なく追求することが求められる．特に，グローバル化の進展に伴いコスト低減が強く求められている．

② 製造部門は，5M（Man, Machine, Material, Method, Measurement）が絡み合った多くの単位プロセスから成り立ち，期待されるねらいどおりのアウトプット（付加価値）を生成することが要求される．

③ 装置工業的な製造形態は，インプットからアウトプットまでに時間を要するものが多く，かつアウトプットに至るまでの各プロセス中の問題が見えにくい．

④ 製造作業に携わる人材は，ベテランから新人，派遣社員又は外国人など，作業の習熟度や就業形態など様々な点でばらつきが大きく，かつ人材の流動と多様化が激しい．

製造部門は付加価値を実現する最も重要なプロセスで，そのプロセスを進化させることは，直接企業の業績につながる．本章では，製造業務の核となるプロセスに焦点を当てて，見える化を考える．

8.2 製造部門の課題解決のための見える化

8.2.1 使命達成のための業務の見える化

製造部門が，製造の使命を達成するためには，どのような仕事があるか，何ができて，何ができていないのか，いま自分として，また職位として何をすべきかの認識を再度新たにして，目標を決め，管理点を明確にし，それらを分担して日常の行動に落とし込み，着実に推進していくことが重要になる．これを確実に実行していくために製造部門の業務機能を見える化しなければならない．そのためには図 8.1 に示すような機能分析手法などを活用して業務分析を行うとよい．

8.2 製造部門の課題解決のための見える化

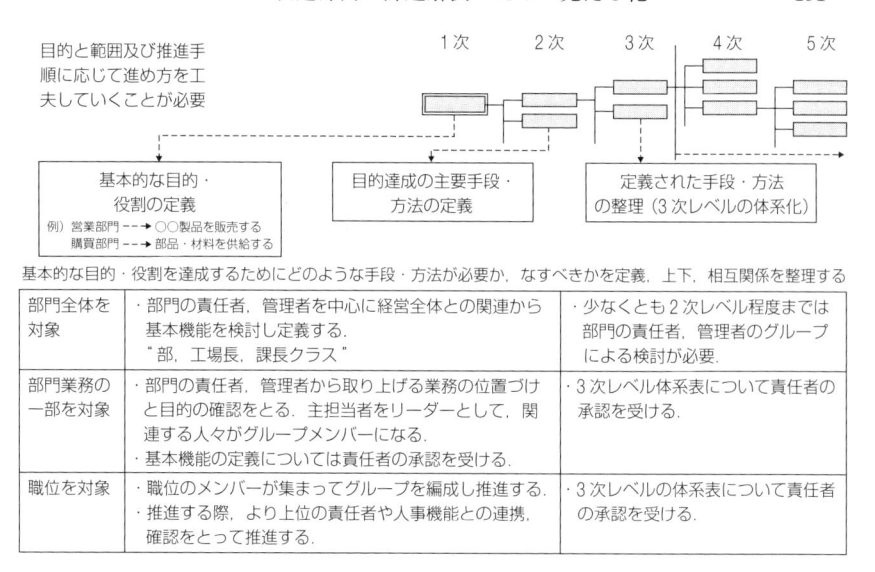

目的と範囲及び推進手順に応じて進め方を工夫していくことが必要

1次　2次　3次　4次　5次

- 基本的な目的・役割の定義
  例）営業部門 ---→ ○○製品を販売する
  　　購買部門 ---→ 部品・材料を供給する
- 目的達成の主要手段・方法の定義
- 定義された手段・方法の整理（3次レベルの体系化）

基本的な目的・役割を達成するためにどのような手段・方法が必要か，なすべきかを定義，上下，相互関係を整理する

部門全体を対象	・部門の責任者，管理者を中心に経営全体との関連から基本機能を検討し定義する。"部，工場長，課長クラス"	・少なくとも2次レベル程度までは部門の責任者，管理者のグループによる検討が必要。
部門業務の一部を対象	・部門の責任者，管理者から取り上げる業務の位置づけと目的の確認をとる。主担当者をリーダーとして，関連する人々がグループメンバーになる。 ・基本機能の定義については責任者の承認を受ける。	・3次レベル体系表について責任者の承認を受ける。
職位を対象	・職位のメンバーが集まってグループを編成し推進する。 ・推進する際，より上位の責任者や人事機能との連携，確認をとって推進する。	・3次レベルの体系表について責任者の承認を受ける。

図 8.1　業務の機能的な分析手法

（プロセス名）　（1次）　（2次）　　| 管理項目 | 管理周期 | 記録方法 | 責任者 |

機能分析から見えてきた業務を実施するために見える化すべき部分　　見えてきた業務を管理するための見える化すべき部分

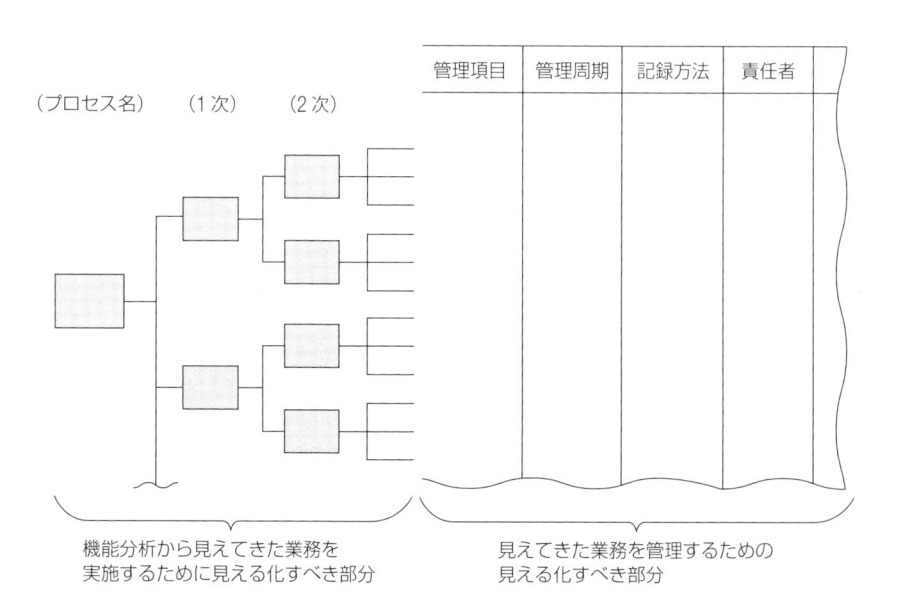

図 8.2　プロセス設計と管理の概念図

そして，分析の結果に基づき図8.2のように製造業務プロセスの設計と管理を行うと，各業務機能を抜けなく効率的に遂行できる．特に，不必要な機能や逆に不足している機能をチェックし，質的・量的な重みづけをして改善するための業務プロセスの見える化は，どの部分（管理項目）を見える化の対象にするかをあらかじめ決めて運用することが重要である．

具体的な業務の機能分析手順を図8.3に示す．

```
手順1：機能分析の目的・対象の明確化        手順6：管理方法を決める
        ・分析目的の明確化                         ・管理周期の明確化
        ・分析の対象・範囲の明確化                 ・記録方法の明確化
手順2：機能の定義                                  ・原因系の管理項目と結果系の
        ・基本的な目的・役割の定義                   管理項目を考えておく
        ・目的・役割達成に必要な手段・      手順7：管理項目の責任者を決める
          方法の定義                               ・各管理項目ごとに決める（部長，
手順3：目的・手段の整理と体系化                     課長，係長，…）
        ・抽出した手段の整理               手順8：リスク（品質，コスト，量，時間な
        ・3次レベル以下の機能の定義                 ど）に着目した問題点の抽出
          と整理                           手順9：問題点の改善
        ・機能系統図の整理                         ・不必要，不足機能のチェック
手順4：機能の評価                                  ・質的・量的な重みづけ
        ・不必要，不足機能のチェック       手順10：プロセス展開図の作成
        ・質的・量的な重みづけ
手順5：管理点の設定
```

↓

```
見える化方法の検討と決定
以上の機能分析結果から
特に見える化の対象を絞り込む
```

図8.3 業務の機能分析手順

製造部門では，これらの基本業務を職場の労務管理，作業管理，設備管理，工程管理，品質管理，安全・環境管理，原価管理，職場の利益管理・目標管理など機能別に分けて管理しているため，管理内容は多岐にわたっている．製造部門の見える化を進めるに際して，これらの管理をうまく行うには，上記の分析から製造業務プロセスの管理項目における期待はずれの項目，すなわちマイナス情報（例：計画数量に対する遅れ，工程歩留りの悪化，作業効率の悪化，

機械設備の停止・休止，稼働率の悪化，クレーム件数の増加，予算・原価の超過，残業時間の増加，利益の悪化…等）を見える化し，全員参加で自律的に改善が進むような組織運営できる体制にするとよい．

また，職場の経営目標や改善目標などを明示し，全員の意識やモチベーションを高めるという視点から，何を見える化しなければならないか判断しながら推進することが大きな成果につながる．参考までに管理監督者に必要な管理項目一覧表を表 8.1 に示す．これらの項目を勘案して，管理監督者と作業者の立場から，それぞれ何を見える化すればよいか職場で検討すると，職場が活性化しさらなる成果につながることも期待できる．

表 8.1 管理・監督者の管理項目[26)]

区分		管 理 項 目	備　考
総合 （利益）		損益分岐点 限界利益 付加価値額	$\dfrac{F}{1-V/S}$　　利益図表 利益＋固定費＝売上高−変動費 売上高−外部購入価値，一人当たり
生産	原価	作業能率 残業時間 経　費 原材料費 設備稼働率	総合能率＝能率×稼働率 負荷状況，一人当たり 予算と実績，低減 歩留り，消費能率 能率，稼働率，負荷率
	納期	生産達成率 納期遅延件数 在庫量 生産期間	数，量，金額 件数，変更依頼 （流動数曲線）数，量，金額 日，週，月
	品質	不良率（仕損率・歩留率） 返品率（クレーム） 廃却率 QC サークル	数，量，金額 金額，点数，件数 金額，面積，数，量 開催回数，テーマ解決数
購買		受入ロットアウト件数 納期遅延	ロットアウト件数，不良率 件数，変更依頼
労務		教育 出勤率・定着率 提案活動 災害（休業・不休）	教育人員，回数，時間，社内外 人員，時間，人員数 件数，賞金額 強度率，度数率，件数
技能 技術		技能士人員数 新技術開発・修得	資格取得者数 進度，件数，修得者数

経営者：40〜50 項目
部門長：15〜20 項目
監督者：10 項目　　が目安！

8.2.2 QCD確保のための生産プロセスの見える化
(1) プロセスの見える化にあたっての重要な考え方

企業は，顧客価値を創出して社会から認知されて存在するために，利用可能な経営資源を投入して効率的に組織的活動を遂行しようとしている．そして，目標を明確にし，一つ一つの仕事を積み上げ，それらの連鎖が企業としての結果を出している．一つ一つの仕事の要素（活動）は図 8.4-1 のようにプロセスを構成し，プロセスが相互関連性によってネットワーク化され，バリューチェーンとなり，全体のシステムになっていく（図 8.4-2 参照）．

一連のプロセスをシステムとして運用することが"プロセスアプローチ"である（図 8.5 参照）．プロセスアプローチにあたっては各プロセスの最適化を図りつつ，システム全体での最適化を追求して，最大のアウトプットを求めていく必要がある．

さらに，品質管理の重要な考え方としては，目的とする結果が得られるようにプロセスを構成するとともに，要因系をしっかり設計・制御して管理・改善していく"プロセスコントロール"がある（図 8.6 参照）．

入力を出力に変換する，相互に関連する経営資源及び活動のまとまり

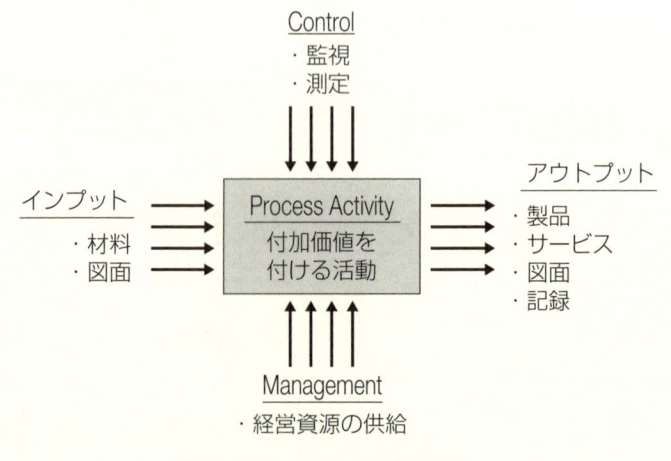

```
         Control
         ・監視
         ・測定
            ↓↓↓↓
インプット  ┌─────────────┐  アウトプット
   ─→    │Process Activity│   ─→ ・製品
・材料   ─→ │  付加価値を    │   ─→ ・サービス
・図面   ─→ │  付ける活動    │   ─→ ・図面
         └─────────────┘      ・記録
            ↑↑↑↑
         Management
         ・経営資源の供給
```

図 8.4-1 プロセスの概念図

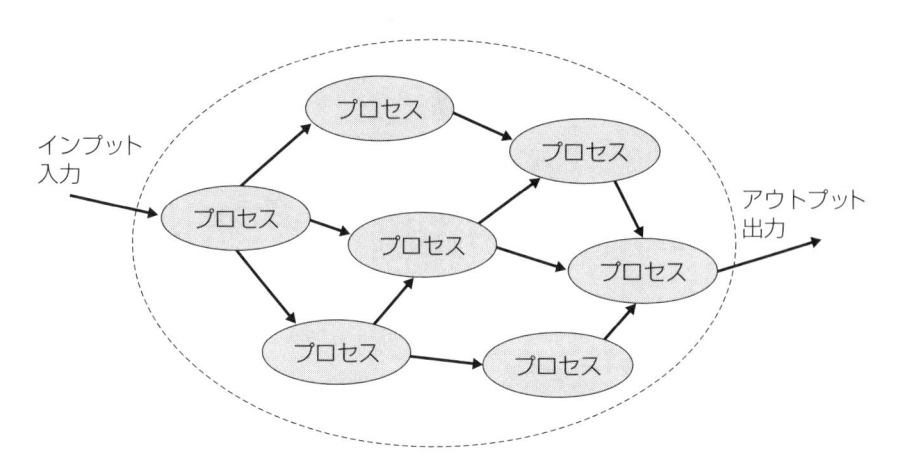

8.2 製造部門の課題解決のための見える化

図 8.4-2 企業内のプロセスネットワーク

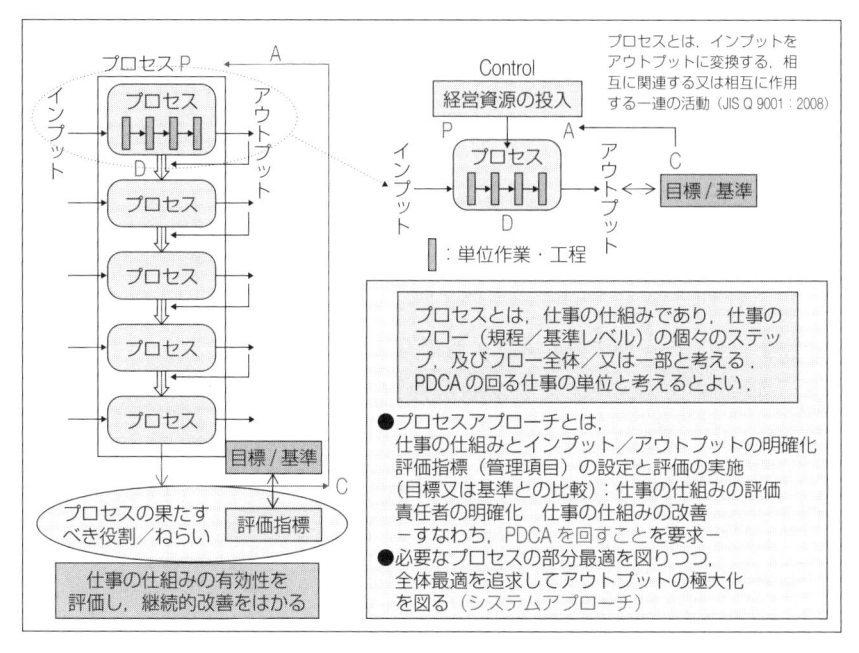

図 8.5 プロセスアプローチの概念図

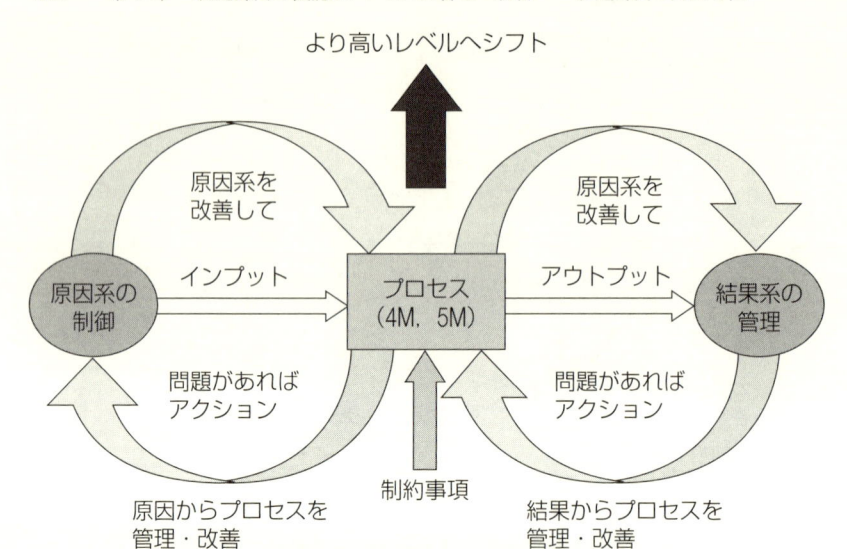

図8.6 プロセスコントロール

(2) QC工程図による製造プロセスの見える化

製造部門は，モノを生産して付加価値を付与して利益を上げる企業のプロフィットセンターであり，ものづくりのプロセスそのものが見える化の最も大切な対象である．製造現場の目的は，品質がよく，コストが安く，短納期で，安全に作り出すことであり，そのためには，次の①〜④の活動を繰り返しながら，スパイラルアップしていくことが求められる．

① まず製造の条件である5Mの管理方法を決めて標準化する
② 決められたことを正しく守り，今の水準を維持していく
③ 今のやり方を改めて，さらによくする方法を追求する
④ よいやり方が見つかれば，その方法を標準化し新たな管理方法として，その方法を守る

また製品は多くのプロセス（工程）での作業を通じて完成品に仕上げられる．この完成品までの各作業がきっちり行われ，さらに全体が最適化されてはじめて目標の達成が可能になる．したがって，すべてのプロセスを含め製造現場全

8.2 製造部門の課題解決のための見える化

体を見える化して，管理，改善を実施できる体制にしていくことが重要である．
製造工程の管理の仕組みを図 8.7 に示す．

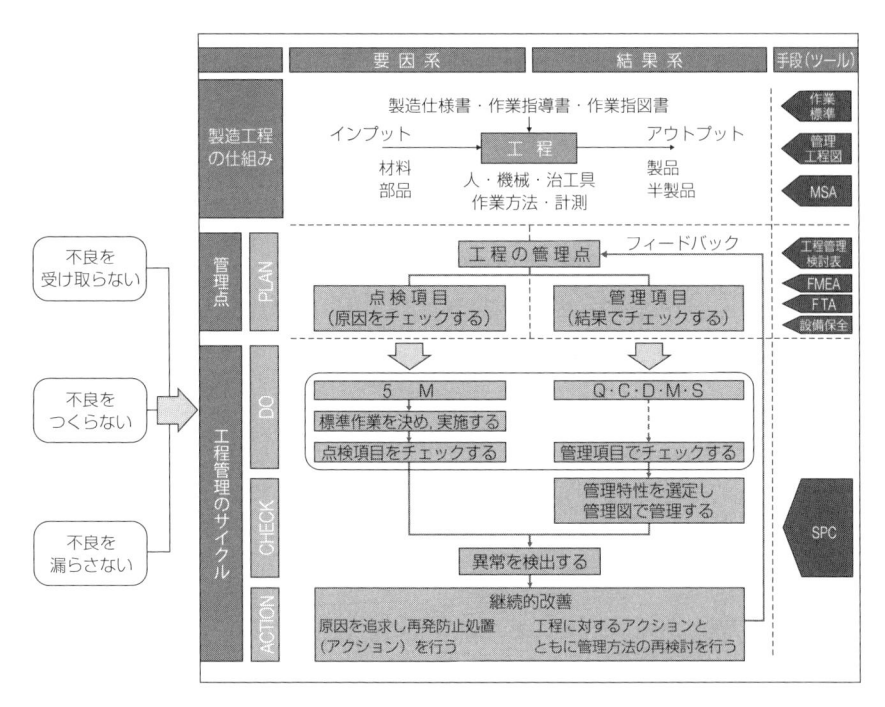

図 8.7 製造工程の管理の仕組み

品質は"工程で作り込む"べきものであり，製品仕様書，製造仕様書などの品質標準を作り込むために，勘，コツなども定量化して，これらも含めた作業方法，作業条件が製造標準等で明確に示されていなければならない．製造では，この製造標準をベースに生産すべき製品に必要な材料・部品を受け入れ，設備・治工具，作業者を用いて加工・組立てなどの各種工程を経て，製品を作り上げている．この生産プロセスについては"だれが"，"いつ"，"どのような方法で管理し"，"その結果がどうであったか"などの製品品質履歴を明確に追跡管理できる体制を確立しておくことが必要である．製造工程のどこで，何を管

理点として設定するかは，工程管理がうまくいくかどうかの重要なポイントであり，この管理点を部品・材料の供給から完成品の出荷・納入に至るまでの工程の流れに沿って整理し，俯瞰的に見える化したものが QC 工程図である．つまり，QC 工程図は，工程を管理する際，何を，いつ，だれが，どこで，どのように管理したらよいかを具体的に決め，この要点を工程の流れにそって整理し，一目瞭然にわかるように図表に示したものであり，各社で様式や内容が工夫されており，QC 工程図，QC 工程表，管理工程図，工程保証項目一覧表，管理項目一覧表など様々な名称で呼ばれている．

QC 工程図作成の前提条件として管理点の設定があり，工程を管理していくためには次の二つの観点からの追究が必要である．

① 完成品が使用されて発揮する性能・機能，つまり機能品質を保証するために，その工程で作り込まれたアウトプット（結果系）の"品質特性"として何をチェックするか．

② その品質特性を作り込むべき工程自体を管理するために，影響する，あるいは関連するインプット（原因系）の"条件（項目）"として何をチェックするか．

この結果系としての品質特性を管理項目，原因系としての条件項目を点検項目といい，両者を総称して"管理点"という．

工程全体をよく見えるように配慮した QC 工程図を作成するための記入上の注意点と記入事例を図 8.8 に示す．

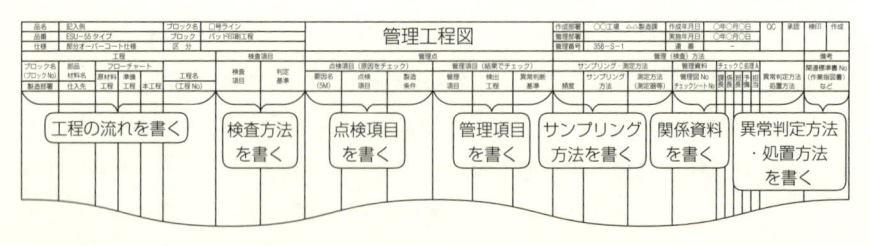

図 8.8 QC 工程図の記入上の注意点

(3) 作業標準書による作業の見える化

QC 工程図により製造プロセス全体の見える化を図るとともに，さらに工程単位ごとに作業標準を明確にしておく必要がある．各作業のタクトタイム（製品1個の工程作業時間で稼働時間÷必要生産量で算定される），作業順序，標準手待ちなど作業のルールをきっちり決めて，ムリ，ムダ，ムラをなくし，だれが行っても間違いなくねらいの QCD を実現するようにすべきである．作業標準は，目的や用途の置き方によりいろいろな様式が工夫されている．作業標準書は，原則として，製造工程図や QC 工程図を見て，工程順序，工程名を確認して単位工程ごとに作成する．以下に，作業手順書の見える化の標準的な様式の例を図 8.9 に示す．

工程名：	作業標準書	作業指導書登録No.	制定 年 月 日
製品名：			実施 年 月 日

部品・材料	設備・治工具	主体作業にかかる時間
① 使用する部品・材料名	② 使用する設備・治工具名	⑥ WF 法やストップウォッチ法で求めた主体作業の正味時間

作業手順	ポイント・コツ	図解
③ (準備作業) 作業の段取り，部品・材料の準備，機械・設備の準備，点検，製造条件の設定など生産準備のための手順	④ より速く，より安全に，より品質のばらつきが小さく，より楽になるようなやり方（条件）	⑤ 作業の分解図及び製品品質の図解
(主体作業) 主体作業の手順		
(管理点・管理方法) ・点検項目とその確認方法，判断基準，異常処置方法 ・管理項目とその確認方法，判断基準，異常処置方法	注：裏面には失敗の記録のリスト等を記載し，教育等にも使用すると効果的	

改訂年月日	改訂理由	承認	改訂年月日	改訂理由	承認	事業部	工場	課長	検印	作成者
． ．			． ．			課	係 班	⑦		

図 8.9 見える化のための作業標準書の例

8.2.3 工程単位プロセスごとのやるべきことを明確にした重点管理点の見える化

製造工程での品質保証の基本は，各工程でやるべきことをきちんと行うだけでなく，さらに全体最適を求めていくことである．その中でも，品質を確実に工程で作り込むためには重点管理点の見える化と変化点の見える化が重要となる．これらの見える化を行うことによって，最終検査から要因管理への脱皮，管理図をベースとした工程管理の推進などが可能になる．本項では重点管理点の見える化について例を示し，変化点に関しては後述する．

(1) 重点管理点の見える化

各工程における管理点の設定には，図 8.10 のように，VE（バリューエンジニアリング）の機能分析手法を活用した管理項目の設定方法と IE（Industrial Engineering：インダストリアルエンジニアリング）の作業分析手法を活用した点検項目の設定方法で行うとよい．

管理項目の設定は，VE で用いる機能分析の手法をベースに，工程の機能並びにその上位機能の定義（追究）を行い，その定義（追究）した上位機能の動

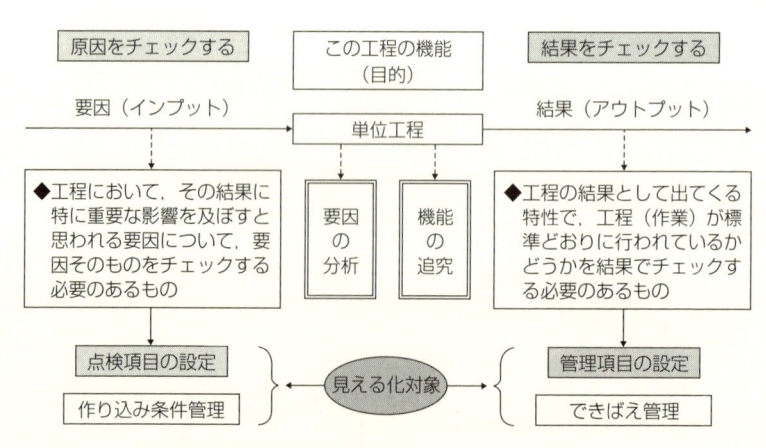

```
        ┌─────────┐    ┌─────────┐    ┌─────────┐
        │原因をチェックする│    │この工程の機能  │    │結果をチェックする│
        └────┬────┘    │  (目的)   │    └────┬────┘
             │         └─────┬───┘             │
       要因（インプット）     │         結果（アウトプット）
             │         ┌─────┴───┐             │
             │         │  単位工程  │             │
             │         └─────┬───┘             │
        ┌────┴────┐    ┌──┴──┐       ┌────┴────┐
        │◆工程において，│    │要因│機能│       │◆工程の結果として出てくる│
        │ その結果に   │    │の  │の  │       │ 特性で，工程（作業）が標│
        │ 特に重要な影響を│    │分析│追究│       │ 準どおりに行われているか│
        │ 及ぼすと    │    │    │    │       │ どうかを結果でチェックす│
        │ 思われる要因について，要│    │    │       │ る必要のあるもの│
        │ 因そのものをチェックする│    │    │       │                │
        │ 必要のあるもの│    │    │    │       │                │
        └────┬────┘    └────┘       └────┬────┘
             │          ┌─────┐             │
        ┌────┴────┐   │見える化│       ┌────┴────┐
        │ 点検項目の設定│ ←│ 対象 │→      │ 管理項目の設定│
        ├─────────┤   └─────┘       ├─────────┤
        │作り込み条件管理│                  │できばえ管理  │
        └─────────┘                  └─────────┘
```

◆ "単位工程の機能" に影響を与える "点検項目（要因系）" と
"管理項目（結果系）" を総称して，"管理点" としている．

図 8.10 管理点設定の考え方と見える化

8.2 製造部門の課題解決のための見える化

詞の部分から管理すべき特性や管理点を抽出し，管理項目にするものである．

一方，点検項目の設定はIEで用いる作業分析手法をベースに，個々の工程（単位工程）の作業を分析し，要素作業とそれらの順序（作業手順）を明らかにして，要素作業ごとに必要な人，部品・材料，設備・治工具，方法とそれらの内容や条件を抽出し，点検項目として設定するものである．

このように求めた各工程の管理点のうち，特に重要と思われるものを重点管理点として管理図やグラフ等で見える化する．

図8.11に，工程の機能追究による管理項目の設定の例を，電気器具製造におけるフラックス塗布工程の事例で示す．

具体的には，図8.11に示すように，その工程の定義から工程の機能を定義しさらに上位機能へと定義してゆく中で，動詞部分から特性を抽出する．これらの項目が管理項目になるが，それらが測定可能か否かにより測定できるものは管理項目になり，できなければ，代用特性を見つけてそれを管理項目にする．管理項目の設定が不可能であれば，その管理項目に影響している工程要因を点検項目とし管理する．これらの中から重要なものを見える化の対象項目とする．

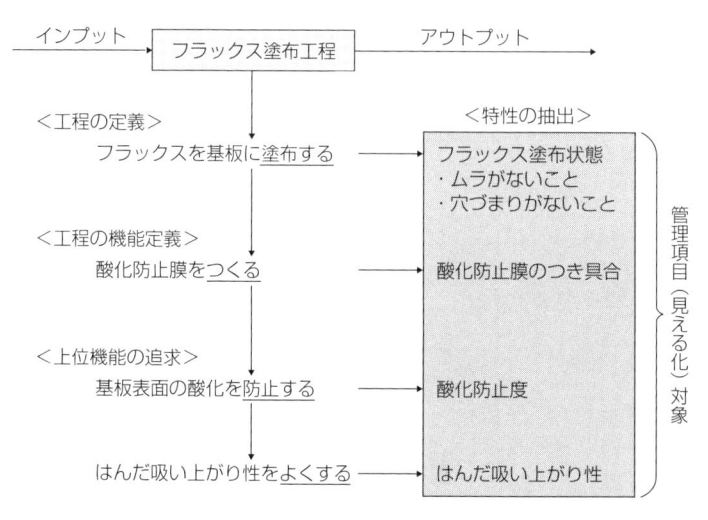

図8.11 工程の機能追究による管理項目の設定の例

一方，点検項目は，図 8.12-1〜3 の例に示すように作業分析することによって，抜けなく決定する必要がある．

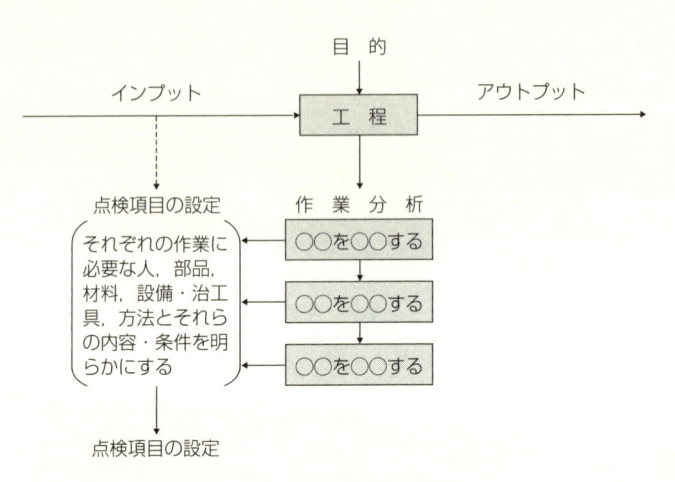

図 8.12-1 作業分析による点検項目の設定の例（1）

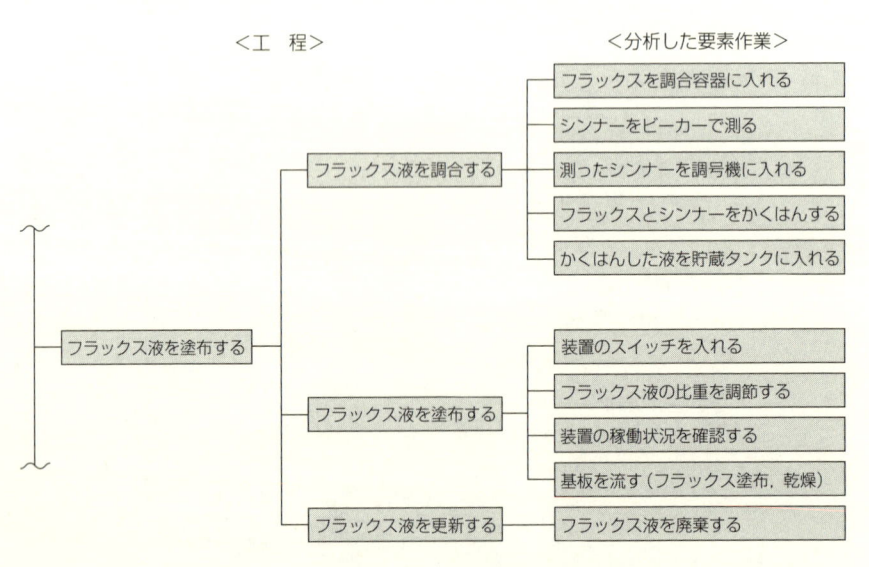

図 8.12-2 作業分析による点検項目の設定の例（2）

8.2 製造部門の課題解決のための見える化

具体的には，図8.12-2に示すようにその工程を要素作業に分け，作業手順を明らかにする．要素作業とは"部品を取り付ける"，"切断する"といった作業単位のことである．設備については，設備そのものの個々の工程（単位工程）を明確にし，必要なものはさらに要素作業に分けて作業手順を明らかにする．

次に，図8.12-3のようにそれぞれの要素作業ごとに投入される人，部品・材料，設備・治工具，方法とそれぞれの内容・条件を明らかにしてゆく．その中で管理項目に与える影響度で重要度づけを行い，影響度の大きいものを点検項目とする．設定した点検項目について，その点検方法（担当，頻度，管理資料，処置方法）を明確にして見える化する．

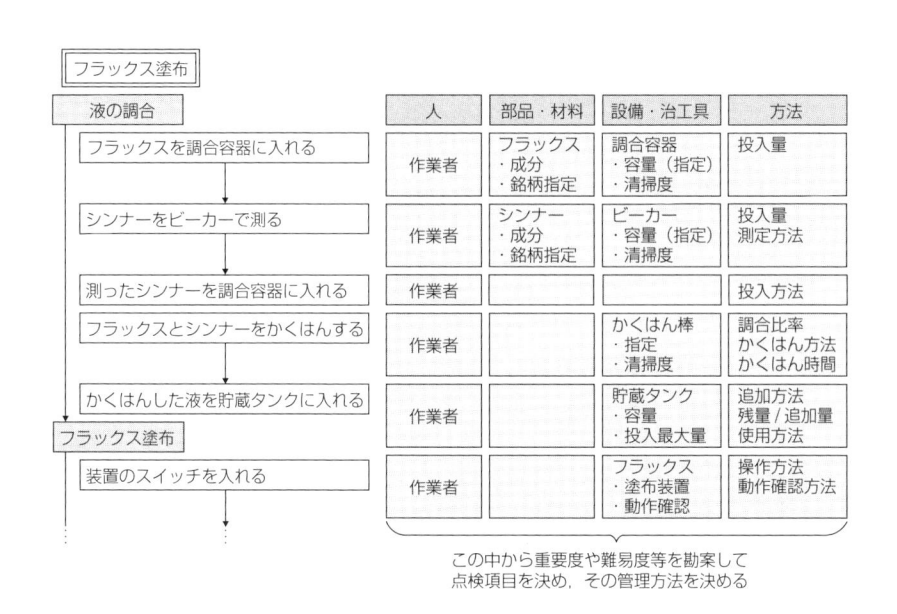

	人	部品・材料	設備・治工具	方法
フラックスを調合容器に入れる	作業者	フラックス ・成分 ・銘柄指定	調合容器 ・容量（指定） ・清掃量	投入量
シンナーをビーカーで測る	作業者	シンナー ・成分 ・銘柄指定	ビーカー ・容量（指定） ・清掃量	投入量 測定方法
測ったシンナーを調合容器に入れる	作業者			投入方法
フラックスとシンナーをかくはんする	作業者		かくはん棒 ・指定 ・清掃量	調合比率 かくはん方法 かくはん時間
かくはんした液を貯蔵タンクに入れる	作業者		貯蔵タンク ・容量 ・投入最大量	追加方法 残量/追加量 使用方法
装置のスイッチを入れる	作業者		フラックス ・塗布装置 ・動作確認	操作方法 動作確認方法

フラックス塗布
　液の調合
　　フラックスを調合容器に入れる
　　シンナーをビーカーで測る
　　測ったシンナーを調合容器に入れる
　　フラックスとシンナーをかくはんする
　　かくはんした液を貯蔵タンクに入れる
フラックス塗布
　　装置のスイッチを入れる

この中から重要度や難易度等を勘案して点検項目を決め，その管理方法を決める

図8.12-3　作業分析による点検項目の設定の例（3）

8.2.4 生産プロセス改善のためのプロセス課題の見える化

近年のグローバル化する SCM[*3] の中で，顧客の求める QCD を実現することは企業の盛衰を左右する要となる．このような状況下で勝ち組に入るためには，
- 製品の基本特性，信頼性特性で他社に負けない製品を作る
- 不良を受け取らない，不良を作らない，不良を流さないという観点から，ユーザ工程・市場品質で他社との優位性を確保する
- 他社に負けないコストを実現する

ための活動を，R&D から量産までの段階で，コンカレントに推し進める必要がある．

商品の生産形態には組立型やプロセス型などがあるが，特にプロセス型の生産形態では，インプットからアウトプットまでに時間がかかるとともに，要因が複雑に絡み合って原因究明が困難なことが多い．これらを解決するにはプロセスを見える化して，因果関係のみならず品質やロス発生の状況や目標展開まで多目的な問題を同時に見える化し，体系的に問題解決を実践することが重要になる．つまり，複雑な生産形態では，だれが，どの工程を，どのようにしようとしているかがわかりにくいうえに，ある工程の取組みが他工程へ影響を及ぼす場合があり，相互の関連を把握した活動になっていない場合があることから，そのような場合には，図 8.13 に示すような品質マトリックスを使い，それぞれの関係や問題点を見える化するとよい．

また，製造現場ではコスト削減や生産リードタイムの改善等を絶え間なく続けることが大切なので，図 8.13 の品質マトリックスの不良モードの部分を，ロスや余裕率など生産性を阻害している項目（例えばロスマップなど）に変更し，製造現場のどこでロスが多いのか見える化したうえで，問題のある工程で集中的に改善活動を行うと効果的である．

加えて，工程の FMEA を実施し，工程の弱い部分（問題の発生しやすい工

[*3] Supply Chain Management の略で，原材料や部品の調達から製造，流通，販売という，生産から最終需要に至る商品供給の流れを"供給の鎖（サプライチェーン）"ととらえ，それに参加する部門・企業の間で情報を相互に共有・管理することで，ビジネスプロセスの全体最適を目指す経営手法．

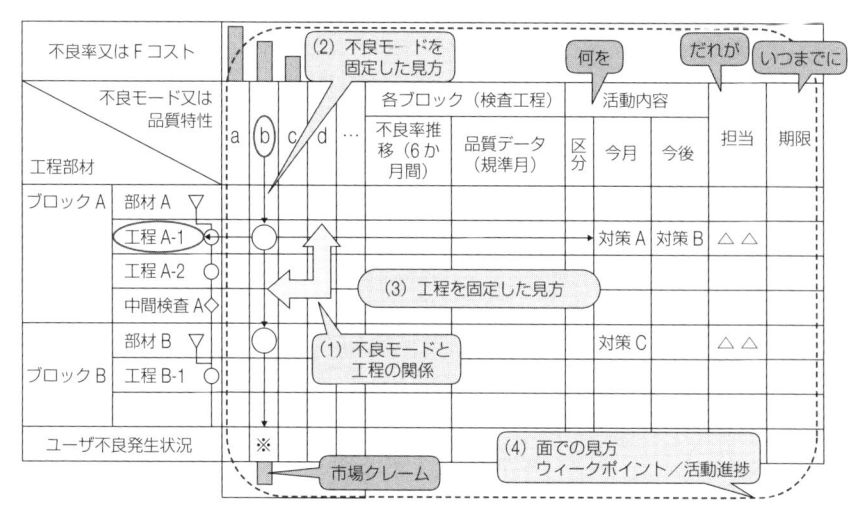

8.2 製造部門の課題解決のための見える化   205

図 8.13　品質マトリックスによる工程の見える化

程）を見える化し，問題工程に焦点を当てた改善活動をするとさらなる効果が期待できる．

8.2.5　プロセスの早期異常検出のための 5M の変化点の見える化

製造現場では，5M は日常的に変化しており，種々の問題を引き起こす．現実には，変化点の認識がなかったり，何が変化点か不明確であったり，人により対応が様々であったり，作業者のノウハウに依存していたりしている場合が多い．

5M の変化点を明確にし，毎日，だれもが，特に現場長は，しっかりセンサーとして見て，日常管理を進めていくことが重要である．ただし，変化点と混同されるものに変更点があることに注意したい（図 8.14 参照）．変更点は故意に変化させるもので，変化点とは意味が違うが，いずれもこれらの管理が徹底されていない場合や気づいていない場合に問題が起こりやすく，製造業務ではこの点には十分注意しておく必要がある．

日常見逃しやすい（見にくい）変化点の見える化は，下記の手順で進めると効果的である．

206　第8章　製造部門の機能とプロセスの管理・改善——製造部門の見える化

```
変化点と変更点の違い
　　変化点：変えたくないのに変わってしまうもの→変化点管理
　　　　　　例えば…年休時に応援に入る，設備の故障をメンテナンスする　等々
　　変更点：故意に変化させるもの
　　　　　　例えば…設計変更，条件変更　等々
```

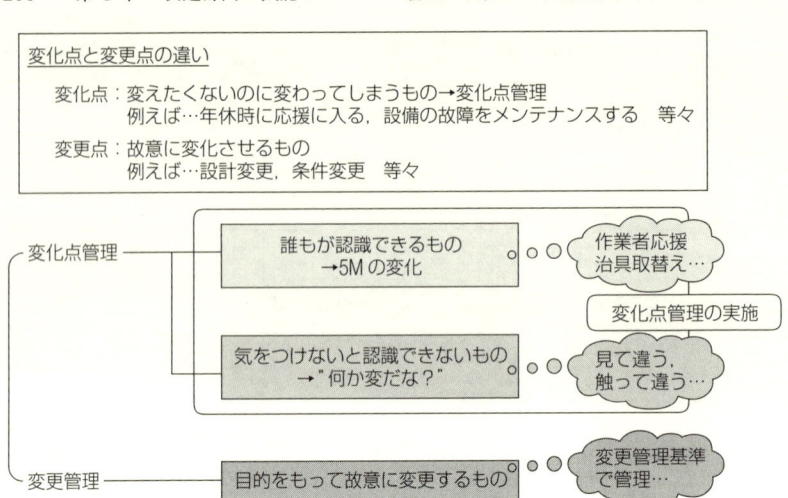

変化点管理 ── ┬─ 誰もが認識できるもの　　　　　　　○○　作業者応援　治具取替え…
　　　　　　　│　→5Mの変化
　　　　　　　│　　　　　　　　　　　　　　　　　　　　　変化点管理の実施
　　　　　　　└─ 気をつけないと認識できないもの　○○　見て違う，触って違う…
　　　　　　　　　→"何か変だな？"

変更管理 ──── 目的をもって故意に変更するもの　　○○　変更管理基準で管理…

図8.14　変化点と変更点の違い

① 変化点項目の明確化

5Mの変化や日々の気づきの中から，変わってしまうことを明確にし，だれでも同じように変化に対応できるようにする（図8.15参照）．

工程内で発生すると考えられる変化点項目とそれに対する確認項目を明確にする

	人 (Man)	設備 (Machine)	工法 (Method)	部材 (Material)	測定 (Measurement)	その他 "何か変だな"
日常発生	新人 計画年休 …	治具交換 消耗品交換 部品交換 定期メンテナンス …	タクト調整 規格内 条件調整 …	部品金型 交換 規格内変化 …	測定治具 交換 測定器交換 （同一精度） 接点交換 …	… … …
突発発生	生産応援 突発年休 …	設備調整 治工具破損 停電 …	作業ミス …	部材異常 …	測定器破損 …	いつもと違う 光沢が違う 勘合がおかしい 色が違うなど

図8.15　変化点の明確化

② 変化点発生時の対応ルールの整備

それぞれの変化点に対する対応の手順を明確にしておき，漏れなく確実に変化点に対する確認ができるようにする．

③ 変化点管理の実施と変化点管理の見える化

変化点管理を実施し，変化点を見える化することによって，情報の共有化を図るとともに，変化に対する感度を上げる．そして図 8.16 のように，日々発生した変化点をボードに明示し，工程の状態が一目でわかるようにする．発生した変化点について，所定のカードに必要な内容を記載し，どのような内容について，どのように確認し，その結果がどうなったかが確実に見えるようにする．

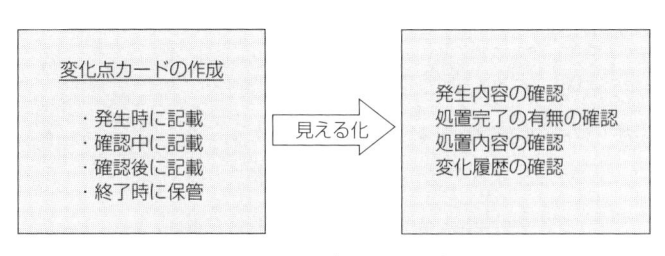

```
┌─────────────────────┐           ┌─────────────────────┐
│ 変化点カードの作成      │           │ 発生内容の確認       │
│ ・発生時に記載         │  見える化  │ 処置完了の有無の確認  │
│ ・確認中に記載         │ ────→    │ 処置内容の確認       │
│ ・確認後に記載         │           │ 変化履歴の確認       │
│ ・終了時に保管         │           │                     │
└─────────────────────┘           └─────────────────────┘
```

図 8.16 変化点カードの作成

8.2.6 モチベーションアップの基盤づくりのための見える化

製造現場は，人間の集団の活動が実践される場であり，従業員の士気（モラール）とモチベーション（動機づけ）が，現場の見える化の成否の鍵を握っている．モチベーションには，認知論的アプローチ（期待×価値＝やる気）や情動論的アプローチ（理屈ではなく自然に気分集中し没頭できる状態）があるが，全員が企業にどのように参加・貢献しているのか，自己の位置づけと評価はどのようになっているなどに左右される．従業員の士気の高揚とモチベーションの向上を図るよう工夫することで，職場の全員がやる気にあふれ，それが自主性に変わり，さらに自律してくると職場は最高の出力を出す．

現場の見える化は，基本的には次の三つのポイントから進めるとよい．

① 日常業務に対する従業員の参画意識を高めるための見える化

　士気を高めるには，会社の方針や目標が開示されており，そこに従業員がどのようにかかわって仕事をしているか認識でき，また毎日の仕事を通じて仕事の達成感を感じてもらうことが重要である．そのためには，方針目標展開表，自らの目標，改善活動状況表など，方針・目標，仕事の進み具合，及び結果が見えるようにすべきである．

② 従業員一人一人が成長していることの見える化

　従業員の承認と自己実現の要求に対して配慮することは，モチベーションアップの有力な手段である．スキルアップ管理表，小集団活動成果表，気分天気図（体調と心の喜怒哀楽の感情の状態を気分の天気として表したもので，体調の悪い人が作業できているかといった点が確認しやすくなる）など，やる気が見えるようにしたい．

③ 楽しい職場にするための見える化

　職場のチームワークと絆は，仕事からだけでなく，仕事から離れた日常のつきあい，交流，遊びなどからも強化される．レクリエーション計画表，自己紹介表など，仕事に遊びの要素も入れ，ゲーム感覚で行うなどの工夫も必要になっている．

8.3　製造部門の見える化事例

8.3.1　業務の見える化事例

　企業では，各職能のミッション達成のための仕事の内容や責任権限について決めた職務分掌を参照し，製造業務の内容とそれぞれの業務の管理点を明確に（見える化）して日常管理を行うことになる．

　図8.17は，製造部門の機能（役割）について，機能分析からその業務を導き出した簡単な例である．製造業務は，生産計画，作業計画，作業管理，作業者の管理，職場の利益管理など，その内容は広範囲に及ぶ．特に，管理監督者はこれらの機能を確実に実施することが要求されるため，管理監督者の立場と

8.3 製造部門の見える化事例

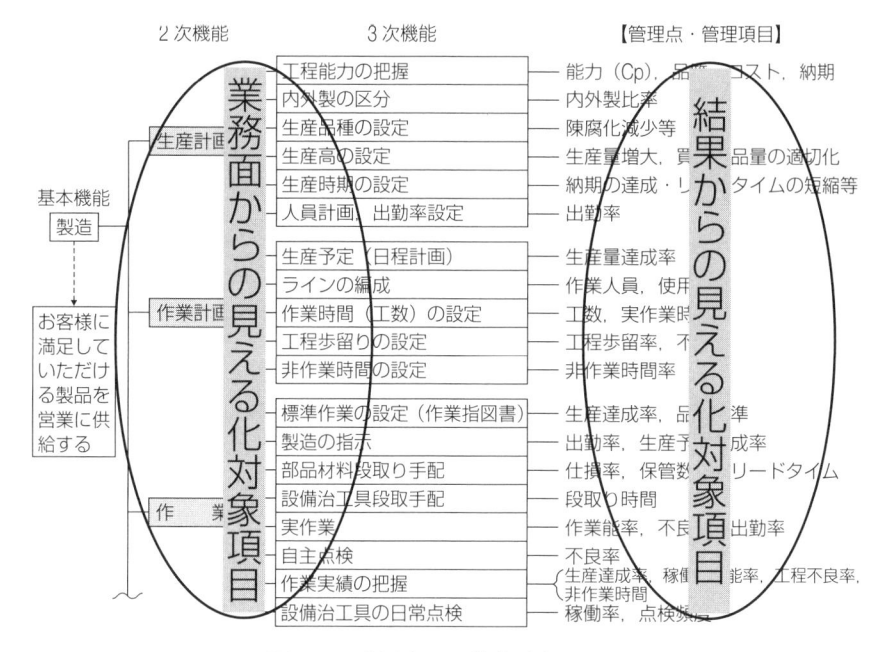

2次機能	3次機能	【管理点・管理項目】

基本機能
製造

お客様に満足していただける製品を営業に供給する

生産計画
- 工程能力の把握 — 能力（Cp），品質，コスト，納期
- 内外製の区分 — 内外製比率
- 生産品種の設定 — 陳腐化減少等
- 生産高の設定 — 生産量増大，買い替え，品量の適切化
- 生産時期の設定 — 納期の達成・リードタイムの短縮等
- 人員計画　出勤率設定 — 出勤率

作業計画
- 生産予定（日程計画） — 生産量達成率
- ラインの編成 — 作業人員，使用
- 作業時間（工数）の設定 — 工数，実作業時間
- 工程歩留りの設定 — 工程歩留率
- 非作業時間の設定 — 非作業時間率

作業
- 標準作業の設定（作業指図書） — 生産達成率，　　準
- 製造の指示 — 出勤率，生産予　　成率
- 部品材料段取り手配 — 仕損率，保管数　　リードタイム
- 設備治工具段取手配 — 段取り時間
- 実作業 — 作業能率，不良　　出勤率
- 自主点検 — 不良率
- 作業実績の把握 — 生産達成率，稼働　　能率，工程不良率，非作業時間
- 設備治工具の日常点検 — 稼働率，点検頻度

（業務面からの見える化対象項目）　（結果からの見える化対象項目）

図 8.17　製造部門の機能系統図の例

作業者の立場から何を見える化すべきか考えて行動する必要がある．

8.3.2　生産プロセスの見える化事例

ISO 9001（"品質マネジメントシステム―要求事項"）ではプロセスが目標どおりのアウトプットを出すように監視及び測定することが要求されている．図 8.18 に製造プロセスの監視測定を徹底するための見える化の事例を示す．

製造現場では，QCD を確保するためのプロセス全体や各単位工程に対して，5M の条件と管理方法を明らかに（見える化）して，生産活動を実施する．この基本になるものが QC 工程図と作業標準であり，見える化の工夫が必要である．

図 8.19 は，多くの項目を入れ込んだ多目的作業標準書の例である．これは多くの目的をもった作業が工程ごとに一覧形式で見える化されているのでわかりやすい．

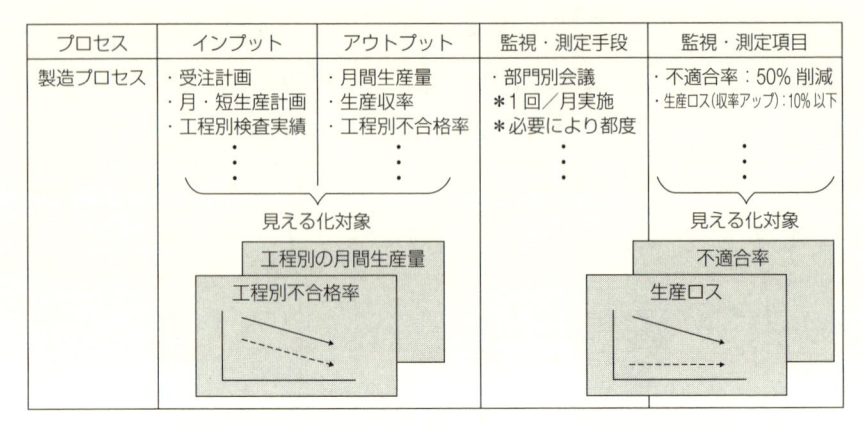

プロセス	インプット	アウトプット	監視・測定手段	監視・測定項目
製造プロセス	・受注計画 ・月・短生産計画 ・工程別検査実績 ︙	・月間生産量 ・生産収率 ・工程別不合格率 ︙	・部門別会議 ＊1回／月実施 ＊必要により都度 ︙	・不適合率：50％削減 ・生産ロス(収率アップ)：10％以下 ︙

見える化対象（アウトプット）：工程別の月間生産量／工程別不合格率

見える化対象（監視・測定項目）：不適合率／生産ロス

図 8.18 プロセスの監視・測定のための見える化展開の例

作業標準書

| 品番 | 品名 | 工程名 | | | 決裁 | 承認 | 立案 |

(1) 段取り作業標準 — (2) 作業標準 — (3) 自主検査規格

① 作業条件
　回転数／送り

② 初物検査
　品質特性／規格値

(2) 管理項目・規定値・管理方法

(3) 品質特性・規格値・検査方法

(4) 設備点検基準
　① 点検項目・周期
　　点検基準・方法
　　点検者・異常時の処置
　② 給油箇所・基準
　　給油方法・用具
　　給油周期・油種
　　担当

(5) 金型治工具点検基準
　① 点検箇所・項目・基準
　　周期・担当・方法
　　異常時の処置

(7) 作業者心得
　・異常時の処置

(6) 安全基準
　① 点検項目・基準など
　② 保護具
　③ 資格者

(8) 改訂記録

図 8.19 多目的作業標準書の例 [27]

8.3.3 重点管理点の見える化事例

各工程から抽出した重点管理点の管理方法は，通常，各工程の前に作業指図書と一緒に掲示する．あるいは，工程の前ないし連絡書などを掲示する場所に

8.3 製造部門の見える化事例　211

図 8.20 に示すように重点管理点をまとめて掲示する．

重点管理点の抽出に，FMEA を使用する場合があり，図 8.21 に工程 FMEA を活用した重要管理点とその管理方法決定の例を示す．

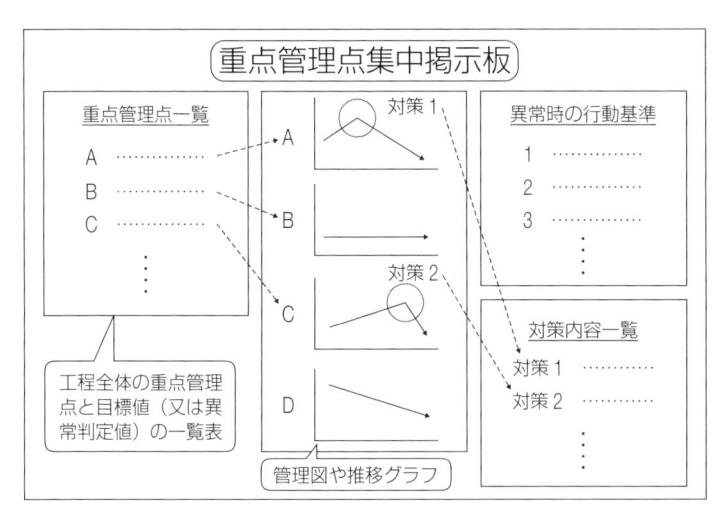

図 8.20 重点管理点の集中掲示の例

図 8.21 工程 FMEA による管理点決定の例

8.3.4 プロセス課題の見える化事例

製造プロセスは，長いものから比較的短いものまであり，生産リードタイムもインプットしてから完成品がアウトプットされるまで，数分のものから1週間以上かかるものまで多様である．製造プロセスの内容的にも，単純な組立てを中心としたプロセスもあれば，複雑な反応もある電気化学的なプロセスなど様々なものが存在する．特に，長くて複雑な工程の場合は，プロセスの課題が見えなくなる傾向があるので，プロセスにおける課題を見える化して改善活動につなげる必要がある．図 8.22 は品質面からのプロセス課題を見える化した例であり，図 8.23 は不良項目がどの工程で作り込まれ，どの工程で検出されているかを見える化したもので重要工程の課題がよく見える．また，図 8.24 は"品種－工程－ロス金額"を見える化したもので，この見える化を行ったことでロス金額上の改善課題が明らかになった例である．

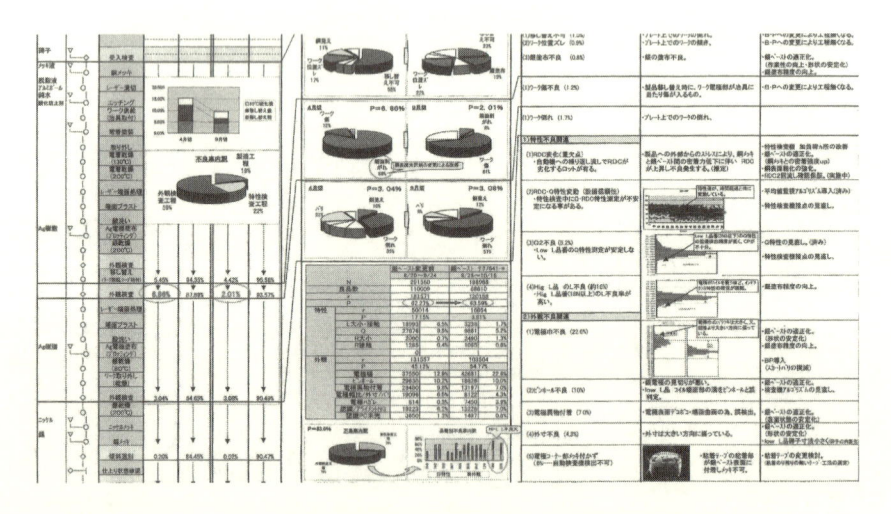

図 8.22 特定の部品に関するプロセスごとの課題の見える化の例

8.3 製造部門の見える化事例

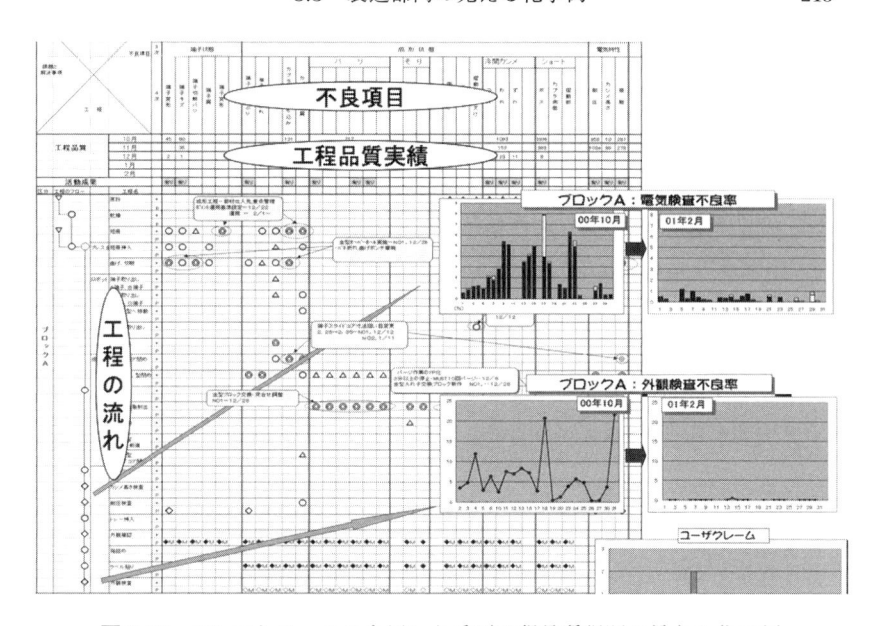

図 8.23 QA マトリックスを用いた重要工程品質課題の見える化の例

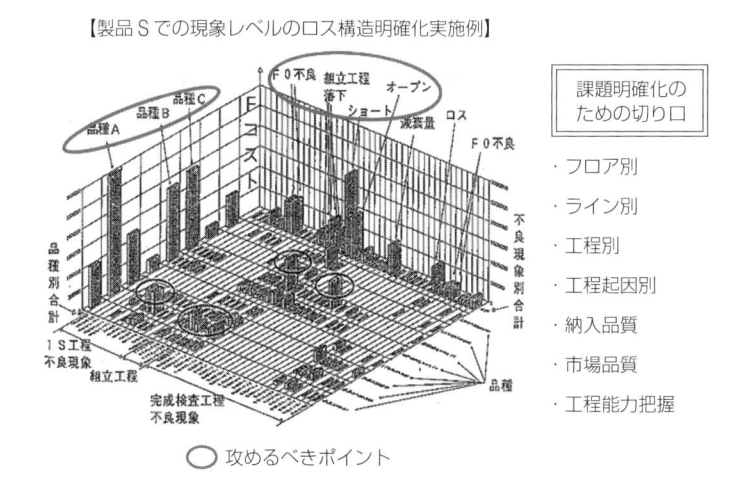

図 8.24 ロス発生状況の見える化の例

8.3.5 異常検出のための 5M の変化点の見える化事例

製造現場で，不良が出たり，特性がばらついたり，思わぬ問題が生起するが，これらの多くは 5M の変化によって起こっているものである．プロセスの正常性を確保するには，5M の変化点をしっかり把握して問題が起こる前に未然防止する必要がある．また，QCD に悪影響を及ぼす原因となる変化点について定義しておき，現場のオペレーターがセンサーとなって感知し，フィードバックする仕組みを作っておく必要もある．図 8.25 に変化点報告シートの例を示し，図 8.26 に現場長による変化点管理のための見える化の例を示す．

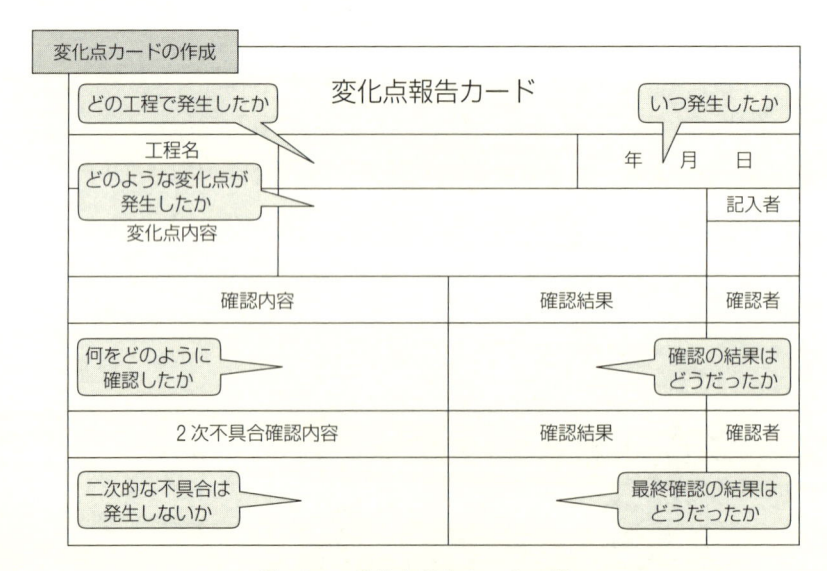

図 8.25 変化点報告カードの例

8.3 製造部門の見える化事例

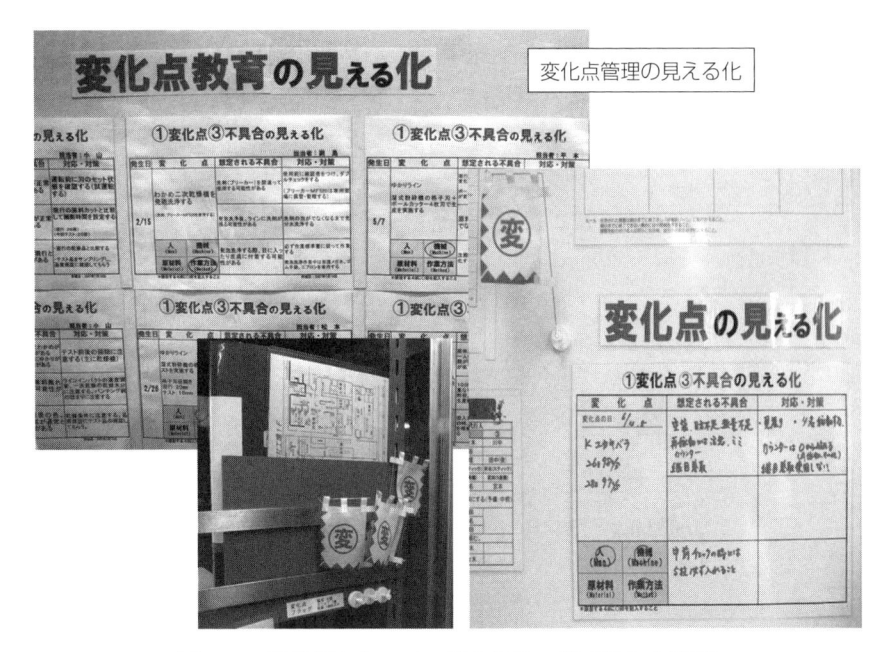

図 8.26 現場長にとっての見える化の例(変化点管理)

8.3.6 高いモチベーションの基盤づくりの見える化事例

現場でのモチベーションを向上させるためには，職場の活動を明らかにして参画意識を高揚することが重要である．図 8.27 は職場全体の活動内容を見える化した例で，図 8.28 は職場全体の目標達成のために各班単位までブレークダウンし，モチベーションと競争意識を上げることを目的とした見える化の例である．

また，業務にあたる一人ひとりが成長している状態を見える化し，モチベーションの向上を図る手段としては，図 8.29 に示すようなスキルアップ管理表(スキルマップ)などの活用も有効と考えられる．

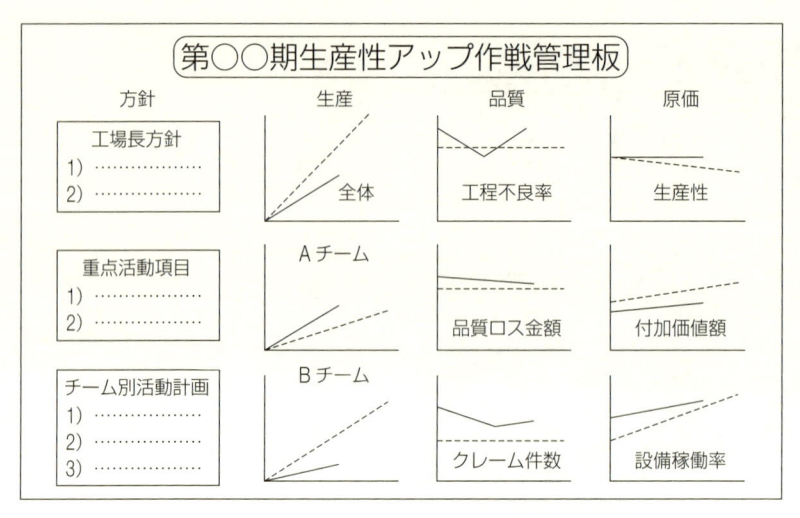

図 8.27　職場における全体活動の管理板の例

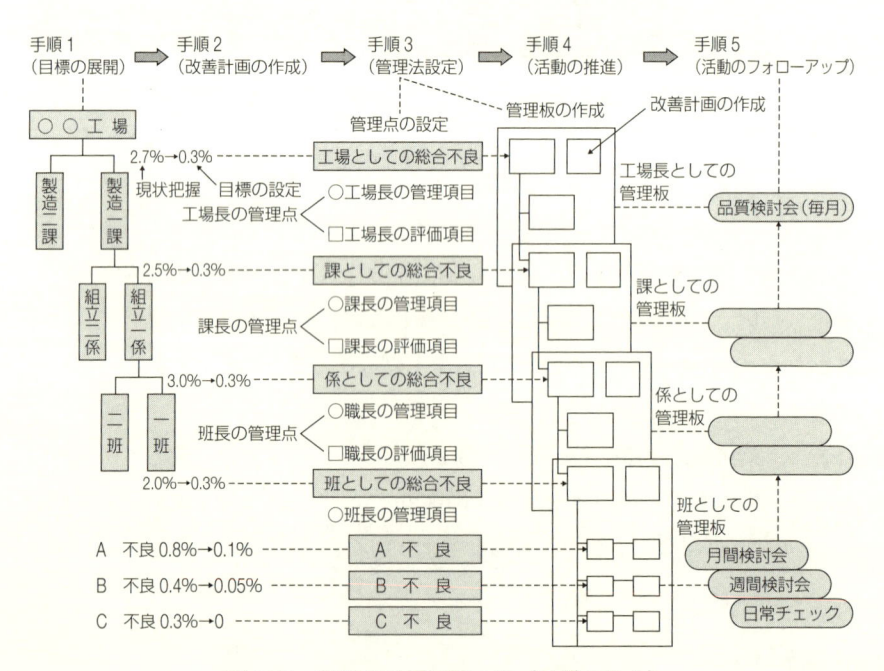

図 8.28　職場の目標展開の例（品質の場合）

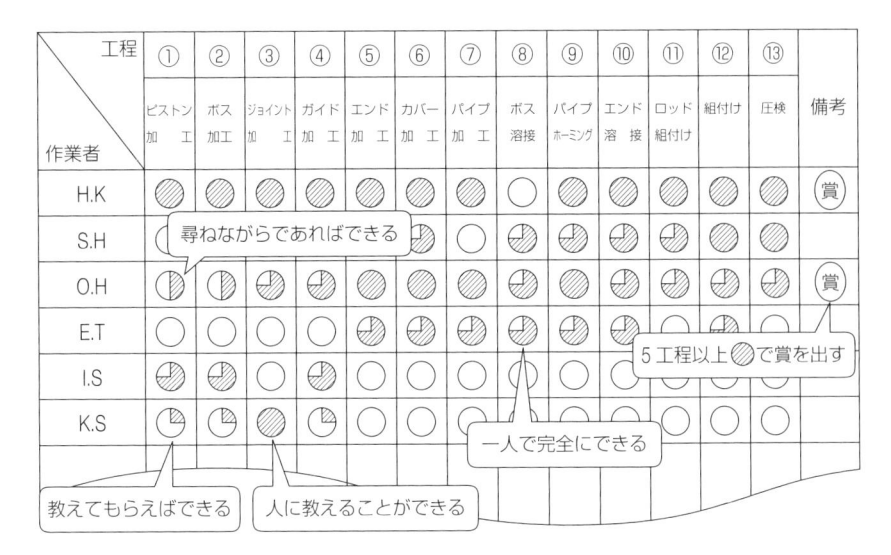

図 8.29 スキル修得状況を見える化した例[28]

8.4 製造部門の見える化により期待される効果

　製造における見える化の究極の目的は，人材を育成し，組織を活性化して，顧客の信頼にかなう品質が保証された製品を，必要とされるときに提供できる高収益体質の工場を実現し，継続的に適正な利益を確保し続けることにある．具体的には①品質の維持向上，②原価低減・改善，③納期の遵守，④安全の確保・向上，及び⑤職場の5S，モチベーションの維持・向上といった項目の改善が，見える化によって促進・実現されることで期待する成果を得ることができる．

第9章　見える化の組織的推進

9.1　全員参加の見える化推進の課題

　全員参加の見える化を組織的に推進するには，一般的には推進体制を設置して，必要な教育・訓練の実施，推進計画の策定と実施を段階的に展開する必要がある．見える化は，組織的な改善・変革活動の一つであり，トップ主導でなければ，組織への浸透と活性化は実現しない．また，見える化を表面的にとらえ，"流行だから実施する"とか，"表示の仕方の工夫である"として取り組んだのでは，見える化に対する誤解を招くとともに，活動の形骸化に陥り，成果を上げることはできない．

　他方，見える化は全く新規な活動ではなく，何らかの形で，局所的に実施されている活動であり，複雑かつ不確実な時代へ対応していくための，全員参加の継続的改善と組織活性化を目指すものである．

　見える化を組織的活動として展開するには，まず見える化の導入・推進を組織化（委員会と推進事務局の設置）する必要がある．進め方は組織の特徴・規模に見合った形で推進していけばよいが，推進する体制・仕組みづくりは必要である．あくまでも自社の業態，体質，実態に応じた体制のもとで進めていけばよい．重要なのは，トップの意思として活動を導入・推進することで，実質的に有効に機能させることであり，トップが信頼する適任者を選任することである．

　見える化活動に対する推進事務局の役割は，トップの強い意思の表明を促すこととその内容の社内周知をはじめ，見える化の活動方針の策定と徹底のための支援と推進の活動，見える化の社内教育・訓練，社外講習会への参加あっせんと見える化実施企業の見学の機会の創出と活用，各部門の見える化の活動展

開のシステム構築と運用，見える化診断の運営と表彰などで，他の改善・変革活動推進との大きな差異はない．また見える化を全従業員の共通テーマとして組織的活動を展開する場合，見える化の体系を構築して，体系的活動として推進する方法もある．しかしながら，ほとんどの組織で既に見える化が局所的に実施されている状況下では，見える化は現実の実体を直接観察することが基本であり，第一線の人々の草の根的なボトムアップ活動が重要であるので，見える化の目的と要諦，及び見える化の手段とポイントの視座から，改善すべき見える化をテーマにモデルづくりを行い，そこで学習した事項を活かす水平展開を実施するのが現実的である．

9.2 見える化の組織的推進体制

既に多くの組織で，TQM（総合的品質マネジメント），TPM（全員参加の生産保全），TPS（リーン生産システム），KI（改善・変革）などの全員参加の改善・変革活動を導入・推進している．そのような場合には，"見える化"を一つの分科会として既存の委員会のテーマに追加するとともに，既存の推進事務局の役割に見える化の推進を加えて推進担当者を選任すればよい．見える化は事業戦略成功の基盤を構築するものであり，方針管理，日常管理，新製品開発や品質保証などの部門横断的管理を補完する活動として，また持続的成長を実現するマネジメントの一環として実施すべきであって，見える化のみを単独に推進するのは効果的ではない．しかしながら，そういった全社的な活動の素地のない組織においては，見える化の導入から推進，定着化までの大まかな推進計画を立て，その計画に沿って活動を推進していく必要があるため，組織の全員に推進プログラム自体を見える化し，理解させておくことが大切である．

9.2.1 見える化の導入宣言

見える化の導入・推進にあたっては，全社にその必要性を明確に説明し，見える化に関するニーズを顕在化するなど，導入に向けたムードづくりが必要と

なることから，まずはその組織のトップが"見える化を推進し，企業体質を改革していく"という姿勢を明確に宣言することが重要である．また全社スローガンを設ける場合は，導入準備教育が終了した段階で組織の全員からの応募の中から採用すればよい．

また，組織内で"見える化は生産現場が行うもので，間接部門の自分の業務とは関係ない"といった温度差があるとうまくいかない．全組織，全階層で見える化の必要性を十分認識し，見える化推進の意義をよく理解し，当事者になってもらうことが大切であり，組織内の認識統一を図るためにも，トップは年頭挨拶，役員会，社内重要会議等で自分の思いを強く押し出すとともに，ことあるごとに関係者を動機づけるべきである．そして，トップとしての意思表明を裏付けるものとして，自ら見える化の実現状況を注視し，成果を診断するとともに優先順位を明確にする必要があるだろう．

9.2.2 見える化推進組織

TQM，TPM 等を既に実践している組織については，現状の推進体制の中で見える化の活動を取り込んでいけば比較的スムーズにいくと思われるが，そういった全社的活動が行われていない組織においては，全社的に展開するための推進組織が必要とされる．推進体制は企業の規模にもよるが，全国的に事業を展開している大企業であれば本社に推進中央委員会的な組織を設置し，全社の見える化推進策の検討，審議と活動状況の把握，勧告・指導等を行いながら推進していけばよい．そして各支店，事業所にも見える化推進室など事務局に当たるものを設置すれば隅々まで活動が展開されるとともに活動のフォローも可能となる．

一方，それほど規模が大きくない企業は，その規模に見合った組織を設置し，推進担当者を選任したうえで見える化推進の検討，施策の審議及び活動状況の把握，指導を行っていくとよい．その場合のモデルとして図 9.1 に見える化推進組織の一例を示す．

図 9.1 の組織図：

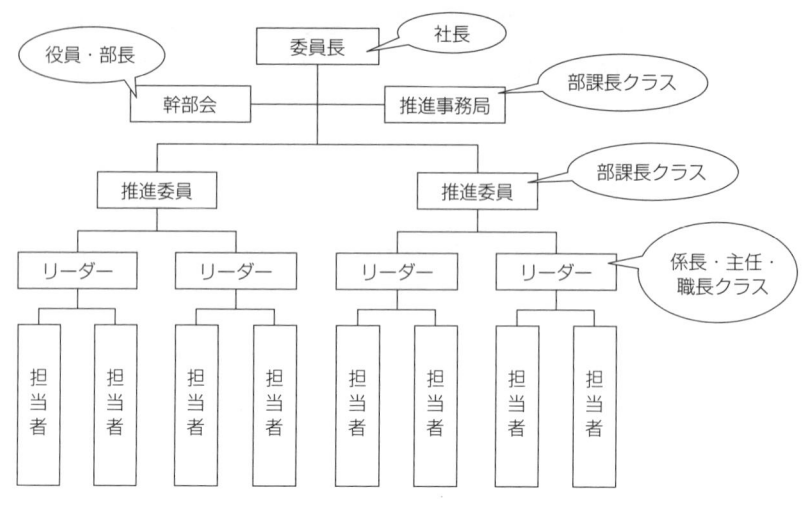

- 委員長（社長）
  - 幹部会（役員・部長）
  - 推進事務局（部課長クラス）
    - 推進委員（部課長クラス）
      - リーダー（係長・主任・職長クラス）
        - 担当者

図 9.1 見える化推進組織の例

9.2.3 見える化推進計画

　見える化は，特別な活動をするわけではない．現在の仕事のやり方と活動自体を見える化という視点（切り口）で見直し，従来から各組織で取り組んできた"業務の効率化"，"原価の低減"，"工期短縮"，"品質の向上"，"安全確保"，"環境保全"，"人材育成"，"新技術開発"など，いわゆる経営上の各機能の維持と改善をより確実にするための活動である．ただし，見える化の活動を導入・推進し定着化させていくためには，活動をフォローしていくためのプログラムが必要となる．

　見える化の推進計画は"導入準備段階→導入段階→活動段階→定着"の各段階に分け，それぞれの段階で実施しなければならないことを決め，着実に実行していく必要があるが，見える化の推進自体においても，定期的に活動の進捗状況と推進内容のチェックと修正・見直しを行うなど，PDCA サイクル（管理のサイクル）を回していくことが大切である．図 9.2 に見える化推進計画の一例を示す．

9.2 見える化の組織的推進体制

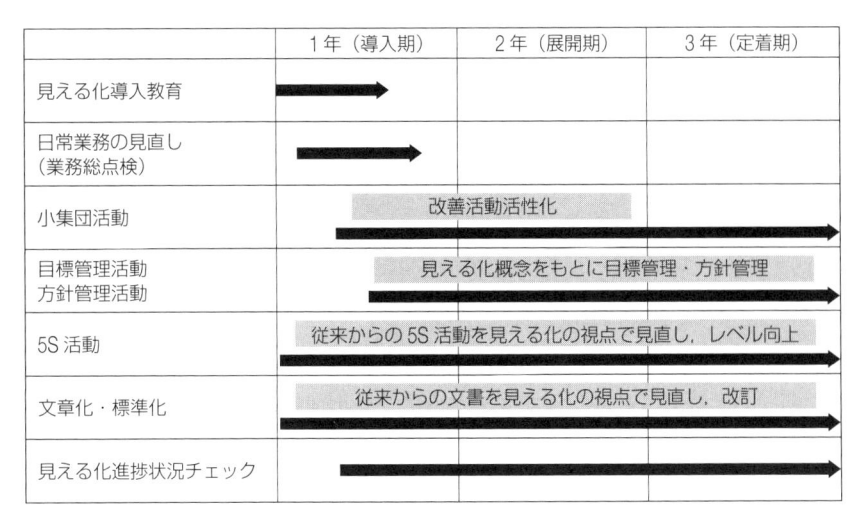

	1年（導入期）	2年（展開期）	3年（定着期）
見える化導入教育	▬▬▶		
日常業務の見直し（業務総点検）	▬▬▶		
小集団活動		改善活動活性化	▬▶
目標管理活動 方針管理活動		見える化概念をもとに目標管理・方針管理	▬▶
5S活動		従来からの5S活動を見える化の視点で見直し，レベル向上	▬▶
文章化・標準化		従来からの文書を見える化の視点で見直し，改訂	▬▶
見える化進捗状況チェック	▬▬▬▬▬▬▬▬▬▬▬▬▬▬▬▬▬▬▬▬▶		

図 9.2 見える化推進計画の例

9.2.4 見える化の教育・訓練

見える化を推進していくためには，社員全員が見える化について理解するための教育も不可欠である．

TQM，TPMなどを実践ないし経験した企業においては，見える化について"TQM，TPMなどの改善活動における手法や問題解決の手順などと同じではないか"などの意見があると推察されるが，見える化は改善活動そのものであり，"見せる→観る→気づく→改善"を継続的に行い，現場力の向上，組織力の向上，体質強化のツールであるという認識をもつことが大切である．

そのために教育はトップ，経営幹部をはじめ一般社員に至るまで，各階層の職位と職能に応じて行う必要がある．社外教育，社内教育などを通じ，見える化についてよく理解してもらうことが重要である．

9.3 見える化活動のアプローチの仕方と活動の展開

導入宣言，推進組織の設置，基本的な考え方の教育が終了した段階で，次に見える化の活動（改善活動）を推進・展開することになる．活動を進めていく方法には，率先垂範で管理者主導の改善チームによる見える化のモデルづくりを行い，その経験を活かして，計画的かつ組織的に見える化活動を展開する方針管理活動の中で取り組んでいくトップダウン的アプローチと，日常管理上の問題点を対象に職場第一線の従業員を中心とした小集団活動により，職場の身近な問題点を摘出し改善していくボトムアップ的アプローチで展開する方法がある．本節ではこれらの方法について説明する．

9.3.1 管理者による見える化のモデルづくり

見える化は第一線の人々の参加が不可欠であるが，管理者の役割と責任を鑑みると，まずは見える化のモデルは管理者主導で実施するとよい．以下に見える化のモデルづくりの例を示す．

（1）掲示板の事例

見える化は，掲示板によるものと誤解される場合があるほか，現実の多くの掲示板は，読めない，意図がわからない，効果が期待できないなど，多くの問題を含んでいる．見える化の基本要件は次のとおりである．

① **問題が常に見えるようにする：**

発生した問題への対応と結果，及び未解決の問題を明確に示す．

② **問題が発生してもすぐに解決できる環境にする：**

発生した問題はその場で対応するのが望ましいが，持ち越した問題は，職場ミーティングを活用し，第一線の人々の知恵を結集して，職制ないし小集団で問題解決に取り組むとともに，解決するまでの対応策を指示する．

③ **問題が発生しにくい環境を実現する取組みを行う：**

対症療法的処置のみならず，根本原因に対する再発防止処置を示し関係者で共有し維持管理を確実にする．

9.3 見える化活動のアプローチの仕方と活動の展開　　225

　掲示板による見える化は，基本となる情報やデータを現場に掲示することで，現場の人が自ら気づき，問題意識を高め，自ら改善する努力を促す仕組みであり，問題の早期発見と解決，情報の公開による改善の活性化，問題の顕在化による再発防止といった効果を期待するものである．

(2) 工程の見直し活動の例
① **重要な工程で問題と感じている工程の細分化：**
　工程を細かく分け，各工程の役割を明確にして，問題を見えやすくする(図9.3 参照)．

工程の見直し活動（例）

・細分化した各工程の役割とは何なのか，何をもってこの工程がよいといえるのかをサークル会議で話し合い決めてゆく．

・決めた機能や役割が満足しているかを確認するための管理項目と管理項目を満足させるための点検項目を見つけ出す作業を行う．

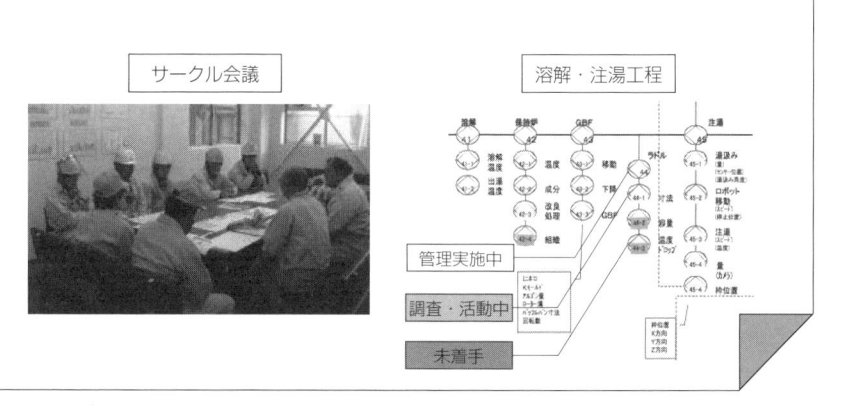

図 9.3　工程の見直し活動の例

② **できばえ活動：**
　細分化された工程において，できばえに影響が出たときに，何を見ていけば，その影響を見つけることができるのかを明らかにする（図 9.4 参照）．

できばえの活動（例）

・確からしさの調査として、ばらつきがどの程度あり、製品のできばえにどう影響しているのかを調査する．

・調査は全員参加で行い，調査中は間接部門の人にラインに入ってもらい，作業者に実際に体験してもらう．

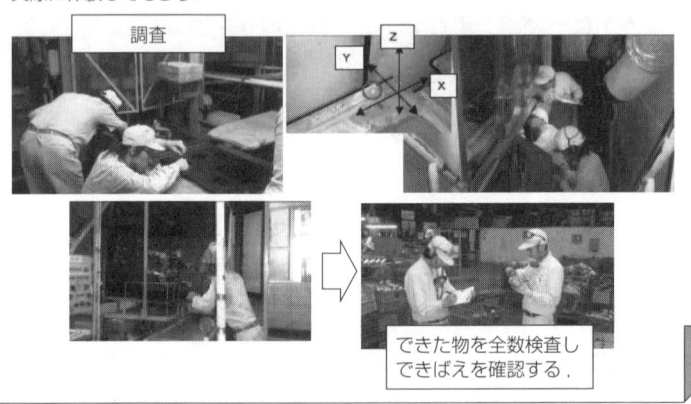

調査

できた物を全数検査しできばえを確認する．

図9.4　できばえ活動の例

③　掲示板に掲載する管理項目の決定：

　重要となるできばえ項目に関して，数値で管理し，グラフ化を行うことにより，誰が見ても変化をとらえることができるようにする（図9.5参照）．

④　範囲の決定：

　不良となる範囲ではなく，問題が見つけられる範囲を決める．ただし，工程能力がないと，このばらつき範囲が大きく，管理可能な幅がないので，まず管理状態にする活動が重要で，何がばらつきの原因かを突き止め，改善や補修を行う．原因を突き止めないまま，やみくもに対策を行うことはしない．

(3) やる気にさせる見える化の必要要件

　組織は，一人ひとりが理性と感情をもった人間の集団であり，見える化を組織的活動として進めるうえでは，現実を見て知ることも重要であるが，やる気にさせて，俊敏に，自律的かつ創造的に，よく見て，よく考え，積極的に行動

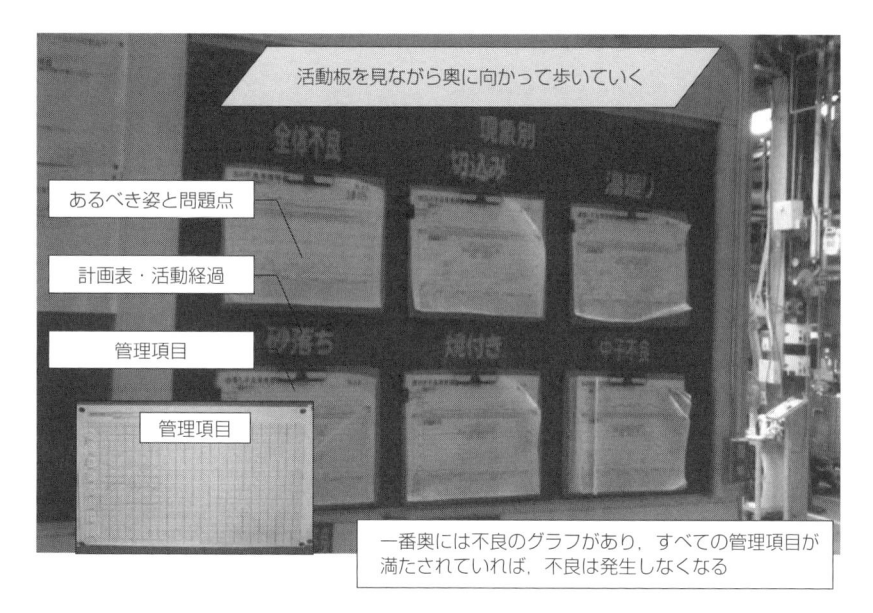

9.3　見える化活動のアプローチの仕方と活動の展開　　　227

図中のラベル：
- 活動板を見ながら奥に向かって歩いていく
- あるべき姿と問題点
- 計画表・活動経過
- 管理項目
- 管理項目
- 一番奥には不良のグラフがあり，すべての管理項目が満たされていれば，不良は発生しなくなる

図 9.5　できばえ管理活動板の例

することが重要である．やる気にさせる見える化にすべく，以下のような点を満たしているかどうかに注意して進めるとよい．

① **達成感**：日々の改善の推移，表彰式，報奨金，上司からの"ありがとう"の言葉，承認，次の目標への到達，成長への視点　など

② **ゲーム感覚**：自分の実力・能力の発見，同僚の実力・能力の発見，自分の役割の再定義，同僚の役割の再定義，自分の強みの再評価，同僚の強みの再評価，ゴールまでの距離の発見，切磋琢磨する喜び　など

③ **やり方を極める**：よいやり方をだれが見てもわかるようにする，日々少しでもよいやり方を探す，会社や業界の中で優れている，日本／世界でオンリーワンを追求する，みんなに教える　など

④ **情報発信の問題提起**：自ら発信する形での問題提起が容易にできる職場づくりと人づくり　など

(4) 変化点管理ボードの例

変化点には，突発的変化点と計画的変化点（変更点）が存在する．不確実な環境下でのものづくりは，変化点の予知・感知による変化への適切で俊敏な対応が不可欠であり，見える化の重要課題である．

① **突発的変化点："意図しない"変化点**

異常に対しては，事前規定された異常処置手順に従って，迅速で適切な対処することになるが，異常の予兆の感知や"いつもと違う"というのは，変化点への気づきであり，オペレーターはセンサー機能を遂行し，プロアクティブに対処できなければならない．つまり，いつもと違うレベルで異常として対処しなければならない．

② **計画的変化点："意図する"変化点・変更点**

設計変更とは，設計変更手順に従って変更することであり，生産変更・工程変更とは，工程変更要領・初物管理手順に従って変更することを指す．

これらの変更には，新人投入，場所変更，設備・治工具の変更，生産条件の変更，検査方法・計測器の変更，材料の変更などが含まれ，定常的な管理が行われる．

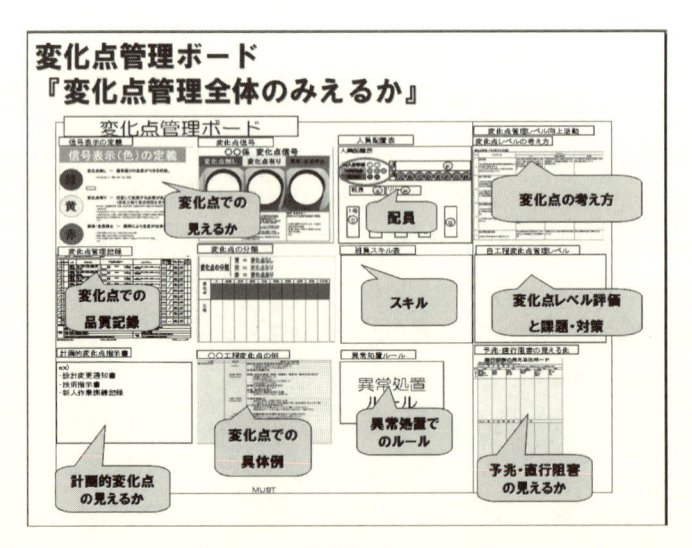

図 **9.6** 変化点管理ボードの例

変化点を管理するために活用されるのが変化点管理全体の見える化を目的とした変化点管理ボードである．この例を図 9.6 に示す．

変化点管理は地道な活動が必要であり，チェックシートを作成し，日常的に変化点工程パトロール確認を実施して，変化点管理を定着させなければならない．図 9.6 に示す例におけるチェック項目は次のようになっている．

① 変化点管理ボードは基本事項（変化点信号緑・黄・赤，本日の変化点管理表，スキルレベル表，月次変化点，変化点処置ルール，人員配置，工程別変化点レベルの考え方と現状のレベル）を満足しているか．
② 計画的変化点は事前に把握され，実施前の準備項目を明確にしたうえで進捗管理されているか．
③ 計画的変化点は，"本日の変化点管理シート"に記録され，だれが何をするかが決められ，始業時に全員に情報共有されているか．
④ 突発的変化点は，"本日の変化点管理シート"に記載され，異常への対応と品質への対応が確実にできているか．
⑤ 変化点に対する適切な不具合流出防止策が標準化されており，変化点起因不具合が見える化されているか．
⑥ 欠勤などによる作業者配置替え対応の要領は，変化点への影響度が小さくなるように標準化されているか．
⑦ 作業者からの異常情報を確実に取るために"御用聞き"などの積極的施策を実施しているか．
⑧ "本日の変化点管理シート"は必要事項が記入され，品質記録として承認保管されているか．
⑨ 他部門へ調整，処置，対策依頼したものについて，その進捗状況が見える化されているか．
⑩ 工程の異常例と作業者のなすべきことは明確になっているか（工程別異常基準の設定），また必要な異常処置手順は決められており，遵守されているか．
⑪ ポカヨケの復帰，リリーフ対応などの異常対応記録がとれており，監督

者により内容が分析され，継続的に改善活動が実施されているか．
⑫　ポカヨケ復帰時の必要な品質確認手順が明確になっており，順守されているか．
⑬　遡り検査の手順があり，そのとおりに実施されているか．また記録は確実にとられ一定期間保管されているか．

　これらの項目の評価基準は，"0：できていない，1：一部できている（期待値の50％未満），2：要改善（期待値の50％〜80％），3：一部要改善（期待値の80％超え），4：できている（期待どおり），5：該当なし"として評価し，定期的に変化点管理ボードの弱点を分析し，変化点管理の改善を行っている．

　例えば，評価が3以下の弱点は，上記評価項目⑤，⑥，⑦，⑨，⑪及び⑬であることを明らかにして，次回の確認日（確認は月に1回実施する）までに対策を実施し，PDCAを回すことにより，変化点ボードでの見える化を継続・改善している．

9.3.2　小集団活動による見える化活動の展開

　以前から職場に小集団活動が行われている企業においては，職場を改善していく文化，風土があるため，見える化を職場単位で展開していく場合にも比較的スムーズに展開していくと思われる．一方，そういった小集団活動が行われていない企業においては，QCサークル活動，QCチーム（特命事項解決のために必要に応じて編成される小集団）活動，職制主導のPM（設備保全）サークル活動などを編成して推進していく方法が効果的である．これらの活動は，職制の指導・支援のもとでの第一線の作業者，スタッフなどによる比較的自発的・自主的な活動であって，職場の身近な問題点の解決・改善に向いている．しかし，上位職のフォローと関与の程度により活動に差が発生することに注意する必要がある．見える化の活動を主体的に展開しなければならないのは，主にマネジメントに責務のある管理者と第一線リーダーである．自分達の見える化すべき事項を棚卸し評価して，実行可能性の観点から見える化すべき事項を設定し，関係者を巻き込み，見える化の実施計画を策定し，見える化のPDCA

サイクルを回して，着実に成果を積み重ねるとともにスパイラルアップを実現する活動を展開する必要がある．また，見える化の活動展開を促進するために，トップの見える化活動の診断を効果的に実施すべきである．

9.3.3　方針管理における見える化活動の展開

現在，ほとんどの企業では各組織に人的余裕がなく，一人が多数の仕事を抱えながら業務を消化している状況下にある．しかも，目まぐるしく変化する社会，多様化・複雑化していく顧客ニーズ等への対応に苦慮している．そのような状況下にあっては，自発性，自主性に基づくボトムアップ的活動にウエイトを置いた推進の仕方では，一部の組織で活動が行われても全社的盛り上がりに欠け，成果を期待するトップ・経営層と管理者層には物足りない活動に見える傾向がある．

活動をもっと強制力をもったものにしていく有効な推進方法は，企業のトップが，年度ごとに基本方針と目標を明確にして，企業内に周知徹底し，方針（目標と方策）を展開させて管理していく方針管理である．そこでは，展開された具体的な方策の実施状況を定期的にチェック（診断）しながら，目標達成ができるのか，見込みがあるのか判断し，必要な対応策を検討し実施することになる．

具体的方策を実践し成果を上げていくためには，各組織においては上司と部下が月次で課題の達成状況を確認しあい，順調に進んでいなければ検討・協議し，上司は部下に適切なアドバイスを与え，支援・フォローすることにより，目標達成に導くよう支援する必要がある．この方法は目標値と期限が具体的に示されており，達成できない場合，方針そのものが未達となり，企業の経営に大きく影響し，関係者の人事評価にも影響してくるため，活動にインセンティブが働くことになる．

ただし，大切なことは，活動の評価は，結果のみを重視するのではなく，活動のプロセスや取組み環境等の要素も加味して実施することである．そして，成果が顕著な場合には，公平に評価し，人事考課・査定に反映させていくこと

により，関係者のモチベーションを向上させるようにすべきである．

　見える化は経営のツールであり，業績の向上に結びつくものでなければ，実践していく経営者と従業員にとっても手応えのない，興味の湧かない活動に終わってしまい，活動の継続性もあやういばかりか，士気も高揚しない．

　また，見える化も改善活動であり，成功するときもあれば，失敗するときもある．結果には原因があることから，失敗した場合には活動課題（テーマ）そのものに無理があったのか，自分たちの努力ではコントロールできない外部要因に起因する要因が発生したためか，自分たちの問題解決のやり方に問題があった，もしくは問題解決力が備わっていなかったからなのかなど，要因を解析して必要な対応をするとともに，反省し，学習する必要がある．方針を管理するサイクルが確実に回されてきたかどうかも含め，活動を見直すべきである．

　目標と具体的方策が明確化され，下位部門へ展開されていく段階で，それぞれの部門の実施計画にもその方策が盛り込まれ，それぞれの部門における具体的な達成目標とそれを達成するための具体的方策が必要となってくる．そして最終的には社員一人ひとりに実施計画からブレークダウンされた取組み課題（活動テーマ）が提示され，取り組んでいくことになる．

　課題を与えられた社員，チームは課題達成のために改善活動を行うが，課題のレベルによってはなかなか解決が困難な場合もあり，部門横断的協力体制による組織的取組みが必要なケースも発生してくる．

　そして，活動が完了した段階で目標をクリアした場合，また，逆に成果が上がらなかった場合にも，その原因の追究と反省も含め，それまでの活動のプロセスの要点をまとめ，報告書として記録に残しておくことが大切である．

　見える化の活動も，方針の展開と管理によってPDCAの管理サイクルを着実に根気強く回していくことが非常に重要である．方針を達成していくための各組織の実施計画の実施項目（課題）自体が見える化のテーマであり，取組み内容そのものが見える化の活動であるため，活動・業績評価を人事評価システムと連動させることにより，適正・公平なインセンティブを与え，組織活性化を実現できると期待される．

方針管理の仕組みと見える化の位置づけを図9.7に，実施計画書における見える化の注意点を図9.8に，改善活動テーマ登録表の例を図9.9に，及び期末反省書（改善活動報告書）の例を図9.10に示す．

9.4 見える化活動の職場点検と診断

ここまで見える化活動の推進体制の必要性，管理者主導の見える化のモデルづくり，小集団活動による見える化の展開と方針管理における見える化活動の展開について紹介したが，次に見える化の活動を始める一つの手段として職場総点検と見える化の活動レベルを判断していくための定期的診断について紹介する．

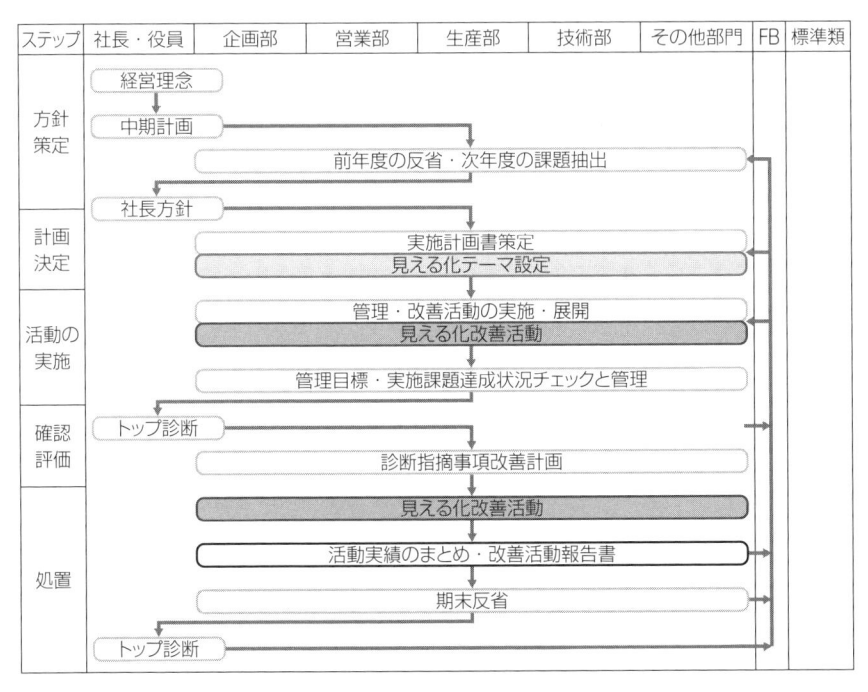

図9.7　方針管理の仕組みと見える化の位置づけ

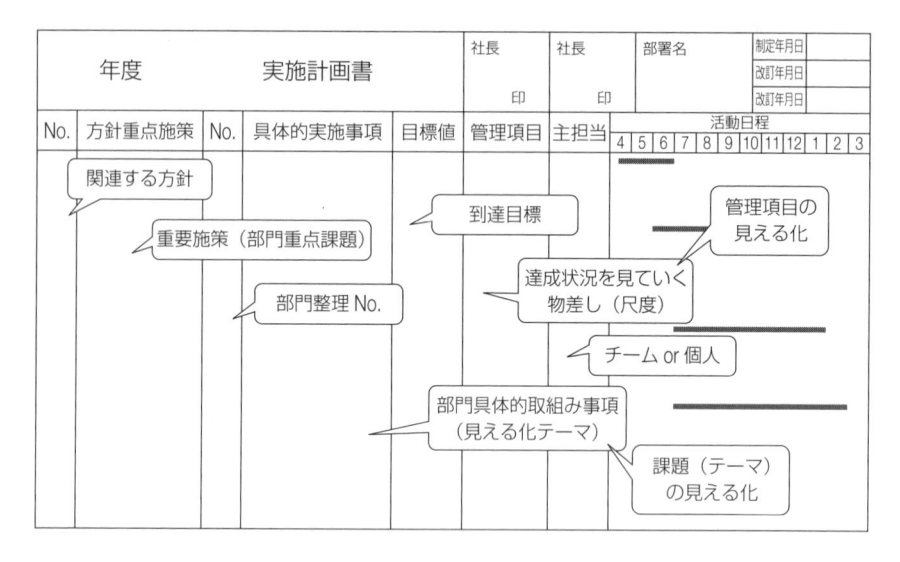

図 9.8　実施計画書における見える化の注意点

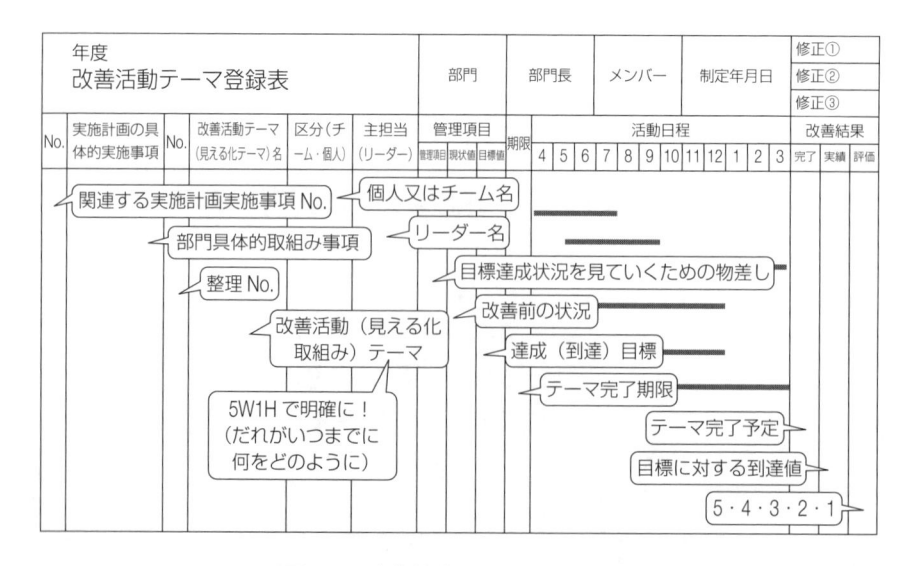

図 9.9　改善活動テーマ登録表の例

9.4　見える化活動の職場点検と診断　　　235

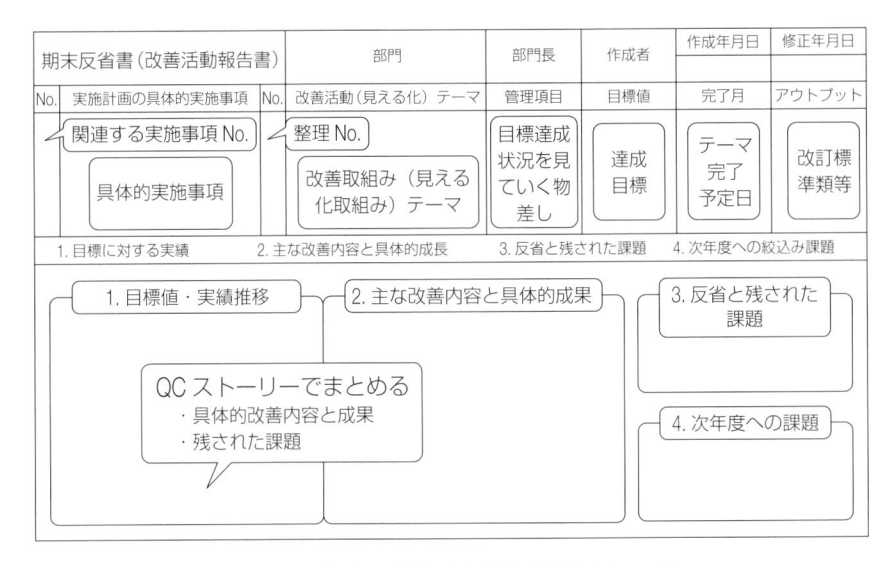

図9.10　期末反省書（改善活動報告書）の例

9.4.1　職場の総点検の実施と業務の機能展開

　見える化の活動展開を現在の業務の見直しから実施するのも一つの方法である．つまり，社内すべての組織で業務の総点検を行い，本来のその仕事のあるべき姿と現状との乖離を問題点としてはっきりさせることから始める．まず，品質，原価，生産性，安全，環境などの各管理の現状が，本来のあるべき姿（目指す姿）と対比してどのような状況にあるのか，総点検してみることから始めるとよい．また，日常管理の中で各部門の使命・役割・機能を規定している分掌業務が，その部門が果たすべき機能を満足させ得る内容になっているか，現状の業務内容も本来あるべき姿と対比し評価してみることも必要になってくる．

　そして，業務総点検で摘出した複数の問題点について，緊急度，重要度などから重みづけを行い，改善目標，達成期限などの改善計画を立て取り組んでいく．

　そのために，社員全員が見える化の基本，問題解決の手順とツールを理解し，活動を展開する．そして，見える化と問題解決活動によって，成果の上がった

優れたやり方は，水平展開することにより組織間の活動の活性化に結びつけていく．また，見える化の推進が部門内活動だけでは不十分な場合には，各部門間の連携により活動を進めていけばさらに有効な活動となる．部門間連携による活動は，品質，原価，納期，安全，受注，環境，教育など経営上の基本要素ごとに全社目標を定め，それを効率的に達成するために，各部門の業務分担の適正化を図るとともに部門横断的に連携・協力して行われる活動である．図9.11に業務の機能展開略図の例を示す．

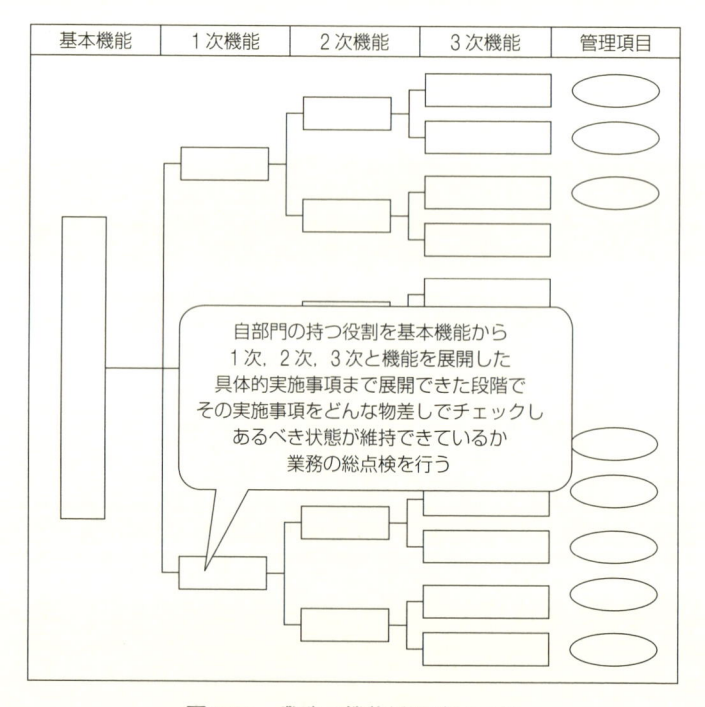

［図：業務の機能展開略図．基本機能／1次機能／2次機能／3次機能／管理項目．吹き出し：「自部門の持つ役割を基本機能から1次，2次，3次と機能を展開した具体的実施事項まで展開できた段階でその実施事項をどんな物差しでチェックしあるべき状態が維持できているか業務の総点検を行う」］

図 9.11 業務の機能展開略図の例

9.4.2 見える化のレベル診断

ある程度見える化が組織で実践されて成果が上がってくるようになってきたら，改善した内容紹介と水平展開のために事例発表会を開催し，活動内容の評

9.4 見える化活動の職場点検と診断　　　　237

価，表彰を行うようにすると，モチベーションの向上やさらなる見える化活動の活性化が期待できる．図9.12に見える化の発表事例の一部を示す．

テーマ	現場力の見える化
●問題点	強い企業に必要な経営品質の一つである現場力の向上が求められているが，問題の発見及び迅速な解決ができていない（品質クレームが多く品質保証能力の向上が顧客満足度の向上や企業収益改善から急務と考えた）．
●活動概要	1. 工程保証度：製造工程の4Mについてあるべき姿と現状を11カテゴリー，62項目で比較評価 2. 職場QA度：職場に期待された成果目標をいかに効率よく達成しているか（品質マネジメント力）を評価 3. マトリックス保証度：製品（領域ごと）の生産システムそのものの品質保証能力を評価 上記3種類の保証度評価を社内・取引先に展開し活動中
●何を見えるようにするのか	製造工程及びそこで生産される製品の品質保証能力や品質マネジメント力を客観的に評価することによって弱点を顕在化し，それらの弱点の改善と評価を繰り返すことにより現場力が向上していることを見えるようにする．
●誰のために役立つか	●社員の意識を変える　●組織の風土を変える　●会社の風土を変える ⇒①顧客満足度向上（経営～社員）　②収益性向上（経営～社員） 　③社員教育（管理者）　④スキルアップ（社員）
●上司と部下の何が楽になるのか	職場の組織力を強化するために上司と部下が共通認識をもつことができ，上司は部下への指導・指示が容易，部下はやりがいと達成感を味わえる ⇒現場力を定量的に表すことで改善効果の確認が容易にできる

図9.12 見える化についての発表の例

また，見える化導入後には，現在の自分たちの見える化の活動がどの段階（レベル）にあるのか評価してみることも効果的である．見える化は，"注意を喚起する"，"意識を変える"ことにより"行動を変え"，さらに"考え方を変える"，"結果を変える"ものであるから，見える化の活動自体に対して，ステップ別に達成レベルを設定し，現状の達成レベルを評価することは，さらにステップアップした活動の展開につながると期待される．達成レベルを評価するためには，ステップのレベル評価を行ううえでの評価基準を設定しておく必要がある．図9.13に見える化のレベル診断の例を示す．

見える化のレベル診断（例）

・見える化のレベルを診断し，結果系から5段階に分けて，今後の見える化に活かしていく（自己診断と推進事務局，トップ診断）．

	見せる側の思い	見る側の興味	結果
レベル① ただ見るだけの見える化	×	×	×
レベル② 意識させる見える化	○	△	△
レベル③ 行動を変える見える化	○	○	○
レベル④ 考え方を変える見える化	◎	○	○
レベル⑤ 達成感を共有できる見える化	◎	◎	◎

図 9.13　見える化のレベル診断の例

9.5　見える化推進活動の PDCA サイクル

　見える化の活動が全組織で展開されるようになったら，方針管理のトップ診断，事業部長診断，工場長診断などによって，定期的に見える化の推進状況をチェックし，効果的な見える化推進が実現されるように，計画の進捗状況を把握・評価する必要がある．推進している見える化の活動で成果が上がってきているのか，推進計画に対して実情はどのような状況にあるのか，計画とのギャップの要因は何か，有効な対応・方策は何かなどを吟味して，必要に応じて計画の見直しを行い，見える化活動をさらに進化・成長させるべきである．そのためには発表会，表彰などを行うだけでなく，成功事例の蓄積・活用のための知識データベース化とイントラネットの活用など，見える化活動をさらに盛り上げていくとよい．見える化を確実に推進し定着させるためには，見える化推進活動の PDCA サイクルを回して，学習し，スパイラルアップして，全員参加で維持管理と継続的改善を実施していくことが大切である．

第10章　見える化のための人材育成

10.1　見える化の教育・訓練の必要性

　見える化を推進するためには，なぜ見える化が必要なのか，"見える化"とは何をどのようにすることなのかについて，トップから，第一線の従業員に至るまで見える化の目的と重要性を理解する必要がある．そのための教育が必要であり，従来の仕事のやり方のどこに問題があるのか，見える化によって現状がどのように変わり，よくなっていくのか，あるべき姿に対比して今のままの状態でいいのか，問題があるとすればどのように改善をすればよいのかなど，問題解決に結びつけるための方法論を学んでいかなければならない．

　従来より，多くの企業で人材は経営資源の最も重要な資源として，個人の能力と組織力，現場力を向上させるために，社内外の教育訓練を実施してきた．しかしながら，今日のような企業を取り巻く環境の急激な変化，顧客ニーズの複雑化など，不確実性が増大する社会の中で存続していくためには，従来からの実務教育だけでは十分でなく，さらなる個人の資質向上と組織の活性化が求められている．

10.1.1　見える化の社内教育・訓練

　見える化は新しい方法論ではなく，以前から各組織で何らかの形で実施されてきた．しかし，最近特に見える化の重要性が強調されているのは，見える化の本来の意味と目的，基本的考え方について全従業員が認識を共有し，見える化が効果的に実践されているかを吟味して，体制を再構築して活動する必要があることを示唆している．現実に，見える化についての意識づけ，動機づけが不十分なままに，"見える化すること"が目的化していて，成果が得られてい

ない状況が散見される．まず，見える化の基本的考え方，及び見える化の必要性と有効性について周知させ，見える化の方法論と効果的な実践のための着眼点などの知識とスキルを社内の各部門と各階層に浸透させる必要がある．

10.1.2 見える化の社外教育・訓練に期待するもの

見える化は職場環境や作業環境の改善のみならず，効果的な経営管理実践のための問題の顕在化と解決の有力な道具である．この道具をうまく活用することによって，ポカヨケ，不良低減，在庫削減，顧客満足向上などの効果を上げ，組織の活性化，さらには会社の体質改善が実現可能となる．見える化は，関係者の認識や意識を変えることだけを目的とするものではなく，"行動を変える"，"結果を変える"ことを目的としている．

したがって，見える化の教育では，知識レベルの理解だけでなく，最終的には意識改革，行動改革を起こさせるに足る動機づけが必要となる．その必要性を満たすためには，自前の社内教育・訓練だけでは十分でなく，外部の専門の指導講師による研修会へ参加し，他の複数の組織からの参加者と相互啓発するなど，刺激を得て多くを体得することによって，自前の教育・訓練ではカバーしきれない点を補うとよい．社外教育・訓練は，多少の費用負担は発生するが，見える化の基本的な考え方及び方法論等を体系的に理解でき，またそれを実際に活用し成果を上げている企業事例を学ぶことができるので，特に意識づけと動機づけに有効である．

また，外部研修には全員が同時に参加することはできないため，組織の中で研修参加者を選抜し受講させていくとよい．選抜された研修参加者は使命感をもって学習する傾向があるので，管理者の指導と支援のもとで，組織的活動の核となって，第一線職場の見える化を推進することによって，効果的な見える化が展開されると期待される．

10.1.3 階層別教育の対象と教育・訓練内容
(1) トップの見える化教育

　見える化は，従業員の意識と行動の変革であり，しかも対象は広範囲にわたり，業務と密接に関連しているので，トップ・経営層と管理者の関与なくしては効果的に実践できない．また，業務の責任と権限をもつ管理者に有効に影響を行使できるのはトップであり，見える化を組織的に展開するにはトップのリーダーシップとコミットメントが不可欠である．ところが，組織内では，トップに見える化に関する情報を提供することはできるが，一般にトップに対する教育をするのは至難であり現実的でない．トップが主導的に見える化を実践するには，トップが見学，講演会，雑誌，書籍などで数多く見える化先進企業の実践事例に触れて，刺激を得る機会を設けることが重要であり，その効果的な機会を提供するのが，組織内の管理者・スタッフの役割となる．管理者・スタッフは，見える化に関する情報を収集し，実践例を様々な分野別に層別し分析した内容を提供することにより，導入・推進の必要性に対するトップの理解を得ることができる．また見える化を実践することにより期待される成果もあわせて提示することによって興味をもってもらう必要がある．

　トップの組織における重要な責務は，企業の最重要課題とその課題解決に向けての取組み方針の明確化と情報の開示，また日常管理においては日常の企業活動が適切に遂行されるべく経営資源の提供及び指導・支援を行うことにある．

　そのためには，組織の第一線で実施されている諸々の活動と現場で発生している事象の把握に必要な事実・データをタイムリーに提供していくことがトップに対しての見える化推進の重要性，必要性をインプットするうえでは効果的である．

　トップに対する見える化の意識づけにおいては，多少の時間と手間はかかるが，事務局（推進担当者）が中心となって粘り強く情報を提供し続けるなど，関心をもってもらうべく忍耐と努力が必要である．

　情報提供の一つの例としてはトップの部屋に掲示ボードを設置し，重要な経営指標の推移や品質上の重要不具合，安全・環境等の情報を常に目にする環境

にするなど，工夫次第で有効な手段はあると考えられる．

現在は，ほとんどの企業でITシステムが導入されているのでそれをうまく活用すれば特に掲示物に頼らなくても比較的スムーズにいくと思われる．

また，見える化の事例の提供や情報の提供など社内での啓蒙だけでなく，社外のセミナー等にも参加してもらい，見える化について体系的に理解することにより，必要性を認識してもらうことが大切である．

(2) 管理者層に対する見える化の教育・訓練

見える化を導入し成果を上げ，定着させるためには，職場を直接統括管理していく管理・監督者の役割が非常に重要になる．

彼らには管理・監督的立場の自分自身が先頭に立って推進していくという使命を認識し，強い信念と意思をもってもらうことが大切である．

日常管理における管理者の役割は，まず管理者自身が日常管理のあるべき姿を追求するとともに，現実を観察・予知し事前に問題発生を防止することである．業務の目的，有効性，徹底性，継続性を部下に説明するとともに，業務の実行結果の確認と妥当性の検証をする必要がある．

また，変更点・変化点に対する適切な対応を確実に実施することも管理者の役割であるとともに，部下に対し，業務遂行に必要な教育・訓練の方法としてのOJT (On-the-Job-Training：職務遂行における実践教育)，Off-JT (Off-the-Job-Training：職場外訓練) を相互補完的に実施することが必要である．そして自らの日常管理，方針管理遂行の中で，部下に対する見える化を理解・実践することで，より一層管理者のレベルが上がってくれば，権限委譲も含め管理・監督という自分たちの業務を低減することが可能となり，従来の仕事より付加価値の高いマネジメントの業務に時間がとれるようになることで，改善，教育などに重点を置いた仕事ができるようになる．

また，この結果として，部下にも責任や権限を伴う形で業務分担が進むことから，管理・監督をしなくても自主的に判断し行動するようになり，指示待ち体質からの脱却も期待できる．

そのためには，他社の取組み状況の見学や外部の団体が主催する研究会，セ

ミナーに参加するのも有効である．この階層の"見える化文化"の理解度が，その後の組織内で見える化を展開，浸透させるうえで重要な要素となる．

(3) 現場長に対する見える化の教育・訓練

現場の日常管理の中心となる P（生産性），Q（品質），C（コスト），D（量と納期），S（安全），M（士気，倫理），E（環境）を維持，改善していくことが主な任務である現場長に対しては，PDCA，SDCA サイクルの確実な実践と，標準をもとに日常管理を行い異常発見のセンサーを磨くための教育が必要となる．そして作業手順の標準化，管理項目の明確化，標準順守のための教育・訓練・指導を行うとともに，活動結果の見える化，工程異常の見える化，是正処置・予防処置の実施状況の確認，さらには変更点・変化点への対応の適切性の見える化が必要である．

そのためには，同業他社との勉強会，交流会への積極的参加などによる情報の収集や，多くの実践事例を含め見える化に関する体系的知識を提供してくれる外部の研修会，セミナーへの参加が効率的である．

(4) 第一線従業員に対する見える化の教育・訓練

具体的には職場 5S の徹底，品質の維持と向上，原価の維持と改善，納期の厳守，数量の確保，在庫の削減と維持，安全の確保，環境の維持と向上，ムリ・ムダ・ムラの削減，標準（マニュアル）の順守と異常値に対する"気づき"など，日常管理の基本を徹底させるための見える化の教育・訓練が必要である．

第一線従業員の中には OJT を中心とした初級レベルの教育が必要な層も含まれているため，そのための教育マニュアルの整備が必要である．既にマニュアルが作られ活用されている企業においては人材育成上の戦略的教育ツールとして有効なものとなっているか，見える化の視点で見直すことも重要である．

また，社外研修，セミナー受講は社内である程度の権限を有する上位階層のほうが組織内で見える化を比較的スムーズに展開していくうえでは効果的である．

いずれにしても，見える化教育を行うことにより，全組織，各階層に"気づき"や"改善"の組織文化を醸成していくことが大切である．

10.2 従来の教育・訓練内容と見える化の教育・訓練の課題

　企業は従来から，必要とする人材を育成するために，主に業務遂行能力向上のための教育と，目標を達成していくためのマネジメント能力の育成に力点をおいて教育を実施してきた．企業が取り組んできた実務教育・訓練は，入社時に行う導入教育・訓練から基礎応用段階，基礎習熟段階，熟練段階，指導・監督段階，部門管理・部門専門，経営管理段階に分け，各段階で必要とされる人材育成の基本となる能力開発（業務に関する知識技術，状況への適応能力，専門能力，管理能力，問題解決能力，組織運営能力など）及び管理業務教育，品質管理（TQM含む）教育，ISO・標準化教育，情報化教育，安全管理教育，環境保全教育などの実務を中心とした実践教育・訓練である．しかしながら，実務の実践教育・訓練においても教育スタッフにより教える内容にばらつきがあり，しかもスタッフ自体，本業を抱えているため，どうしても教育・訓練は副次的な扱いとなりやすい．教育内容も業務報告，連絡事項の通知，会議内容の延長的なものに陥りがちで，マネジメント力向上のための管理技術にかかわる教育（品質管理，ISO，情報化，安全管理，環境管理など）においては，専門スタッフを有する大手企業を除き，自前の社内教育・訓練だけでは限界がある．

　見える化教育は，従来の教育で得たことをベースにした実践の状況とその結果に焦点を当て，維持すべきことと改善すべきことを判断させたうえで，必要なアクションを起こさせる動機づけを与えるための教育でもある．

　これまでの実践教育に加え，見える化の概念を理解させ，実践で適用し，発展させていくことによって，いかに業務の効率化，組織の活性化，業績の向上，人材育成に寄与していくかが課題となる．

10.3 見える化教育・訓練カリキュラムの内容とグループディスカッション

多くの企業は,見える化を推進するために,一般的な導入教育を社内で行い,見える化活動を展開するが,必要に応じて若干名を社外研修に参加させ,活動の強化を図っている.見える化教育は,実践教育が有効であり,顕著な成果を得る基礎と方法論を体得するには,自前の教育だけでは,教育の内容,動機づけ,教育スタッフの知識と経験が十分ではない.現状の業務実践能力,問題解決能力をさらにレベルアップさせ,"人材"を"人財"に変え,今後も続く厳しい競争環境の中で生き残っていくためには,一層の見える化の活動の活性化と進化が大切である.そのために有効な教育が社外研修である.見える化社外教育のカリキュラムの例を表10.1に示す.

表10.1 セミナーカリキュラムの例〔(財)日本規格協会広島支部・見える化セミナー〕

	時 間	内 容
1日目	9:30〜12:30	"見える化"の目的と役割 問題と状況の見える化・プロセスと知恵の見える化
	13:30〜16:00	製造現場での"見える化"の代表的なツールの活用法とそのポイント(事例をもとに) 情報技術を活用した"見える化"
	16:40〜17:30	見える化事例の解説とグループディスカッションへの準備
2日目	9:30〜12:30	顧客の見える化,ディスプレイの見える化, 販売方法の見える化,案件の見える化
	13:30〜16:00	グループディスカッションと発表資料作成
	16:00〜17:30	発表と講評

10.3.1 見える化推進のための演習・グループディスカッション

教育のやり方も一方的に講義を聞く座学形式だけでなく,各組織の中で抱えている問題点,課題など,改善を要する事象に対して関係する人たちが問題を共有化し解決していくための方向性,解決の手順を討論していくワークショップ(演習)形式が有効である.

この形式はグループディスカッション（班別討論）により，自分たちの課題に対して，どのように取り組んでいけばよいかメンバー全員で討議し，方向性を見つけ出す方法である．最後に参加者全員の前で発表し質疑応答をするため，プレゼンテーション能力とコミュニケーション能力双方の向上の機会となる．

しかしながら，社内でこの方式を用いる場合，グループディスカッションのやり方と進め方を体得した者が先導していかなければ，討論の方向性が定まらず，盛んな討論や意見の整理とまとめに至らず，グループディスカッションの期待効果を得ることができなくなってしまう可能性が高い．グループディスカッションにあたっては，5～6人でグループ（班）編成を行い，リーダー，書記，発表など，グループ内での各人の役割を決めたうえで，一定の時間内に討議を行い，最後に課題解決のための方向性を全員で見つけ出していくという方式をとることが望ましい．グループディスカッションの様子を図10.1に示す．

図10.1　演習・グループディスカッションの様子

10.3.2　演習・グループディスカッションの有効性

グループディスカッションは，取り組むべき課題の目標及び活動プロセスがメンバー全員で共有できるとともに，参加者の協調性，グループをまとめていく能力，プレゼンテーション能力など，組織の中で仕事を進めていくうえで重要な能力の一部を高めることができるメリットがあり，人事部門などが採用時などに取り入れている方法である．この他に，中長期の経営課題の検討や戦略を決めるための経営層の研修などにも広く取り入れられており，その有効性が評価されている．

10.4　教育・訓練の仕組みの見える化とツール

見える化を推進していくための社内教育，社外教育の必要性及び階層別に教育すべき内容と訓練としてのグループディスカッションの有効性については前述のとおりであるが，教育・訓練の実践にあたり，見える化の教育・訓練とともに従来から日常的に行われている教育・訓練についても，計画の策定から実施，評価，処置までの教育・訓練の管理の仕組み，ツールを再評価し，必要があれば改善していく必要がある．

10.4.1　教育の仕組みの見える化

教育・訓練の仕組みの見える化は，自社の教育・訓練に関し，計画の立案から実施，反省までの手順をフロー図にし，各部門の役割・分担及び関連する標準類との関係を明確化するとよい．この体系図の例を図 10.2 に示す．

自社の教育・訓練の仕組みがどうなっているのか，また仕組みと現状が一致しているか確認・評価し，一致していない点があれば，なぜ仕組みどおり行われていないのか原因を追究し改善する必要がある．

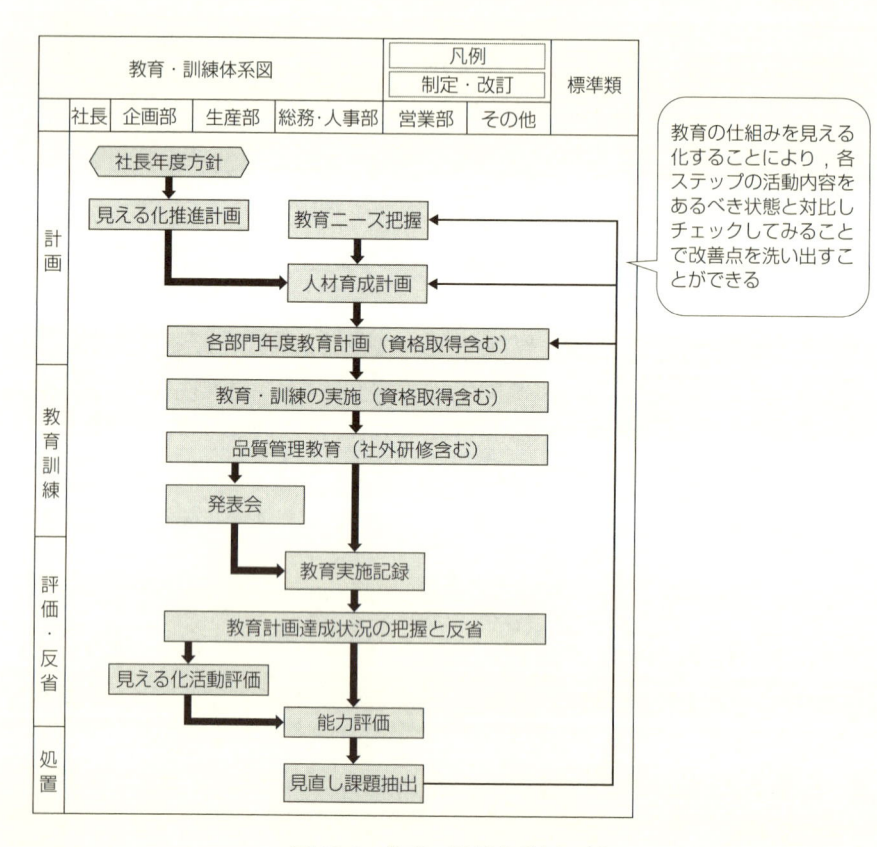

第10章　見える化のための人材育成

教育・訓練体系図						凡例	標準類
						制定・改訂	
	社長	企画部	生産部	総務・人事部	営業部	その他	

計画
- 社長年度方針
- 見える化推進計画
- 教育ニーズ把握
- 人材育成計画
- 各部門年度教育計画（資格取得含む）

教育訓練
- 教育・訓練の実施（資格取得含む）
- 品質管理教育（社外研修含む）
- 発表会
- 教育実施記録

評価・反省
- 教育計画達成状況の把握と反省
- 見える化活動評価
- 能力評価

処置
- 見直し課題抽出

※教育の仕組みを見える化することにより，各ステップの活動内容をあるべき状態と対比しチェックしてみることで改善点を洗い出すことができる

図 10.2　教育・訓練体系図の例

10.4.2 階層別教育・訓練の見える化

社会環境の著しい変化と顧客ニーズの多様化と複雑化など，各企業が持続的成長をするためには，経営環境の変化に適応した人材育成が不可欠となっている．各組織は，社会の動向，会社の使命とビジョン及び戦略などを考慮し，自部門が取り組むべき課題，部門に求められたニーズに対応できる人材を養成していかなければならない．そのためには経営層から第一線従業員に至るまでの各階層別にどのような教育・訓練が必要であるのか見直しを行い，現状の内容で十分なのか，不足しているものがないか明確化する必要がある．

具体例として図10.3に教育・訓練構成図の例を示す．

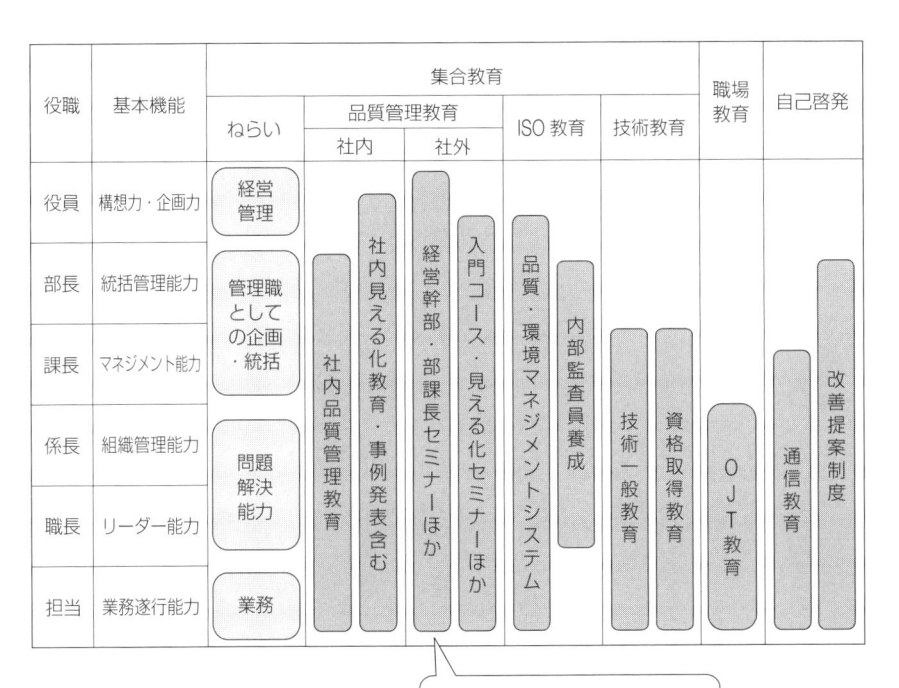

役職	基本機能	集合教育						職場教育	自己啓発
		ねらい	品質管理教育		ISO教育	技術教育			
			社内	社外					
役員	構想力・企画力	経営管理							
部長	統括管理能力	管理職としての企画・統括	社内品質管理教育	社内見える化教育・事例発表含む	品質・環境マネジメントシステム				改善提案制度
課長	マネジメント能力					内部監査員養成			
係長	組織管理能力	問題解決能力		経営幹部・部課長セミナーほか			技術一般教育		通信教育
職長	リーダー能力			入門コース・見える化セミナーほか			資格取得教育	OJT教育	
担当	業務遂行能力	業務							

> すべての教育の側面に見える化の概念（日常管理の徹底・気づき，改善意識の高揚）を付加していく

図 10.3　教育・訓練構成図の例

10.4.3 教育・訓練ニーズの明確化と教育の管理

効果的な教育・訓練を実践するためには，各部門のニーズと個人の研鑽(さん)意欲に基づくニーズ（資格取得状況など）を踏まえ，教育・訓練の内容の絞込みをしていく必要がある．教育・訓練ニーズ絞込みに用いる表の例を図10.4に示す．

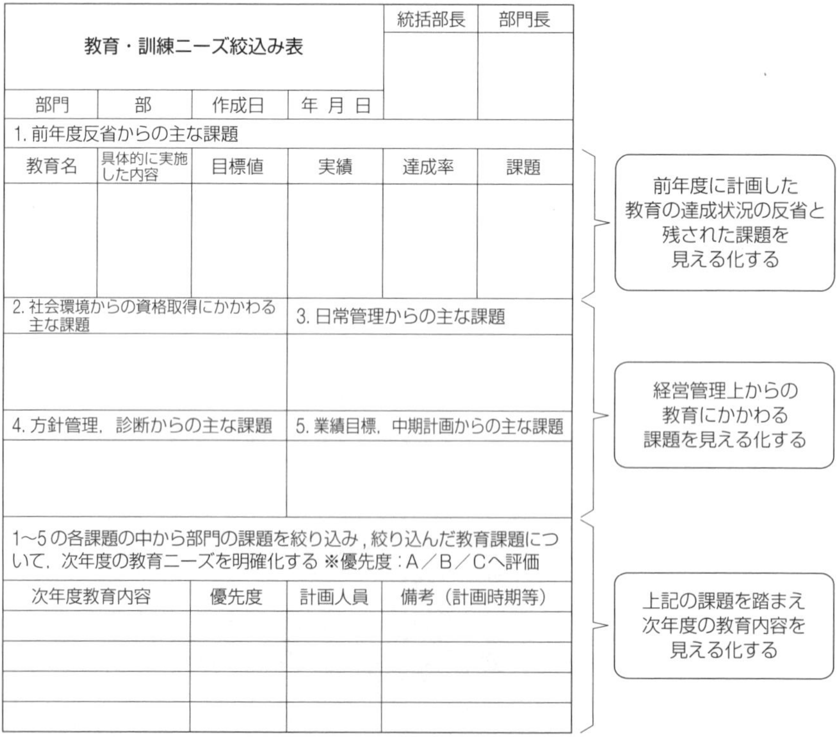

教育・訓練ニーズ絞込み表				統括部長	部門長
部門	部	作成日	年 月 日		
1. 前年度反省からの主な課題					
教育名	具体的に実施した内容	目標値	実績	達成率	課題
2. 社会環境からの資格取得にかかわる主な課題			3. 日常管理からの主な課題		
4. 方針管理，診断からの主な課題			5. 業績目標，中期計画からの主な課題		
1〜5の各課題の中から部門の課題を絞り込み，絞り込んだ教育課題について，次年度の教育ニーズを明確化する ※優先度：A／B／Cへ評価					
次年度教育内容	優先度	計画人員	備考（計画時期等）		

- 前年度に計画した教育の達成状況の反省と残された課題を見える化する
- 経営管理上からの教育にかかわる課題を見える化する
- 上記の課題を踏まえ次年度の教育内容を見える化する

図10.4 教育・訓練ニーズ絞込み表の例

教育・訓練は，策定された計画に基づき実施していくが，計画の達成状況をフォローし，計画と実績の差異を把握し，必要に応じて要因を解析し，有効な処置を実施していくべきである．この計画と実績を記録するための教育・訓練管理表の例を図 10.5 に示す．また，1 年間の教育・訓練実施を通して反省するとともに残された課題については次年度の教育・訓練計画に反映していくことも大切である．そして，教育・訓練計画に基づき実施された教育・訓練内容，参加者などの情報は教育履歴データとして集中管理（人事システムに登録）し，人員配置計画や組織強化に反映させていく必要がある．教育・訓練実施報告書の例を図 10.6 に示す．

○○年度 教育・訓練管理表	統括責任者	部門長	部門名	審査	作成

No.	資格・免許取得計画		詳細		計画人員	年度												反省課題
	資格・免許名		試験日	取得先	実績	4	5	6	7	8	9	10	11	12	1	2	3	
					計画													
					実績													
					計画													
					実績													
No.	社内教育・社外教育		主催者		計画人員	年度												反省課題
	教育機関・教育名称		主催部門	社外機関	実績	4	5	6	7	8	9	10	11	12	1	2	3	
					計画													
					実績													
					計画													
					実績													
					計画													
					実績													

計画に対する実績を見える化する

実施結果の反省と課題の見える化

図 10.5　教育・訓練管理表の例

教育・訓練実施報告書				統括責任者	部門長	担当
教育研修名						
主催部門	（部門）（機関）		実施区分	1.社内OJT 2.社内Off-JT 3.社外		
実施日時	年　月　日（　）		教育の分類	教育対象		
開催場所			管理業務	・新入社員　・5年次　・10年次 ・マネージャー　・管理職 ・一般職　・協力会社		
参加者			技術教育			
			品質管理			
			安全管理			
			原価管理			
			環境保全			
計画・実績	計画人員	参加人員	達成率	未達の理由		
教材・資料	研修で使用した教材の具体的名称ほか					
教育内容						
記事	注1）参加者の氏名等記入しきれない場合別紙に記載し添付する					
処理手順	※教育終了後,主催部門は報告書を作成し,部門長承認後統括責任者に提出する					

（吹き出し）教育参加率の見える化

（吹き出し）教育内容の見える化（できるだけ具体的に）

図 10.6　教育・訓練実施報告書の例

10.4.4　OJT 実施と評価項目，評価内容の透明化

　社内教育・訓練で最も実践的で重要な位置を占めるのは OJT である．OJTは以前から日常業務をマスターさせ遂行していくための基礎的教育・訓練のツールとして，多くの職場で実施されている．

　しかし，先輩から後輩への仕事のやり方の伝授に重点を置いて実施されてきたこのやり方も，業務の複雑化とともに，最近では企業が従業員に対して求める成長プロセスを明確にしたうえで，定期的に上下間のコミュニケーションをとりながら到達目標をクリアしていく形に変わってきており，指導項目の細分

化と明確化，さらには評価の透明化などが要求されるようになるなど，OJT のやり方そのものが見直されてきている．その概念図を図 10.7 に示す．

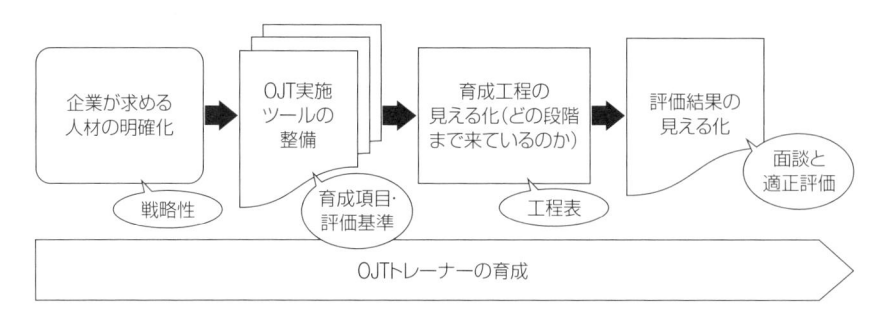

図 10.7 OJT の見える化概念図

10.4.5 力量評価と習熟度の明確化

教育の仕組み，ツールが整備され，教育についても PDCA を回して管理が行われるようになってくると，活性化の重要な要素の一つである個人の能力，適性を公平に評価するための基準と評価項目の整備が必要となる．

ほとんどの企業ではそれなりの基準をもって評価しているが，評価する側と評価される側が互いに納得のいく基準の確立とその基準の開示が大切である．図 10.8 に力量評価の例を示す．

10.5 教育・訓練の実践と評価

見える化の活動が組織内で様々に実践され，成果が得られるようになったら，活動事例発表会を開催し，相互啓発と水平展開が行われるようにすると，各職場間の情報交換，組織内での競争と組織の活性化につながっていくと期待される．また，活動が活性化してきた段階で，推進関係者（担当者）が集まり，活動がどのレベルにあるのかチェック（診断）を行い，現状のレベルを見える化することも必要である．

第10章　見える化のための人材育成

上長との面談制度の中での評価基準を見える化し,個人の力量を公平かつ適正に評価し,適材適所の人員配置と個人の能力アップに反映していく　➡　モチベーションの向上

項目　　氏名	専門技術							コスト低減			管理技術			
			品質向上											
	資格	企画力	設計力	解析力	A管理	B管理	C管理	原価管理	工期管理	VE提案	組織管理	問題解決	生産管理技術	情報活用力
	5.4.3.2.1	5.4.3.2.1	5.4.3.2.1	5.4.3.2.1	5.4.3.2.1	5.4.3.2.1	5.4.3.2.1	5.4.3.2.1	5.4.3.2.1	5.4.3.2.1	5.4.3.2.1	5.4.3.2.1	5.4.3.2.1	5.4.3.2.1
A社員	5	3	5	4	5	5	5	5	4	3	5	4	5	3
B社員	5	3	5	4	5	5	4	5	4	5	4	4	5	5
C社員	3	3	4	3	4	4	4	5	4	5	4	4	5	4
D社員	4	3	5	4	5	5	4	4	4	5	5	4	4	4
E社員	5	3	3	3	4	4	4	4	4	4	3	5	4	4
F社員	5	3	4	3	5	5	4	5	4	4	4	3	5	5
G社員	5	3	3	4	5	4	4	3	3	3	3	3	5	4
H社員	5	3	4	3	4	5	5	4	5	4	4	5	3	4

記事欄：①○○資格取得予定1名　②全般的に企画力,解析力が弱い　③問題解決力向上が必要
④A管理能力不足2名　⑤B管理能力不足3名　⑥原価管理能力に関しては2名が不足
⑦VE提案力は全般的に向上　⑧IT活用技術は向上

評価基準　5:非常に優秀　4:優秀
3:普通　2:やや不足　1:非常に不足
※詳細は能力評価表による

図10.8　力量評価マップの例

　教育・訓練は人材育成のうえで最も重要な基礎的条件であるが，実践にあたっては教育・訓練自体もマネジメントの対象であるので，PDCAサイクルを回して，見直しをしていく必要がある．教育・訓練が最終的に目指すものは，各人が仕事力を磨き，その力を発揮し続ける中で問題解決力，課題解決力を向上させることにより企業の目的・目標を実現させることである．そして，目標達成，成果に結びついた場合には，承認し人事評価とリンクさせることによりモチベーション向上につなげていくことが大切である．

　教育・訓練を企業活動のあらゆる側面に組み込み，そこで機能させることが重要であることはもちろんのこと，実施する教育・訓練自体についても計画どおり実施し，実施した結果がどうであったのかを評価していくことが大切である．

引用・参考文献

1) 久保田洋志（2008）：JSQC 選書 2　日常管理の基本と実践　日常やるべきことをきっちり実施する，p.44 ほか，日本規格協会
2) ヤン・カールソン（1990）：真実の瞬間（Moment of truth），ダイヤモンド社
3) 新村出編（2008）：広辞苑（第 6 版），岩波書店
4) 中嶋清一・白勢国夫監修，日本プラントメンテナンス協会編（1992）：生産革新のための新 TPM 展開プログラム　加工組立編，JIPM ソリューション
5) 遠藤功（2005）：見える化　強い企業をつくる"見える"仕組み，東洋経済新報社
6) 圓川隆夫・黒田允・福田好朗編（1999）：生産管理の事典，朝倉書店
7) 千住鎮雄編（1987）：作業研究［改訂版］，日本規格協会
8) 鈴木徳太郎（2006）：世界を翔る TPM―リーンマネジメントでスピード経営，JIPM ソリューション
9) 坂根正弘（2006）：限りないダントツ経営への挑戦，日科技連出版社
10) ジェフリー・K・ライカー（2004）：ザ・トヨタウェイ（上）（下），日経 BP 社
11) 高橋敏朗・久保田洋志（2007）：日本情報経営学会叢書 1　情報インターフェイスの構図　Information Design，中央経済社
12) 吉澤正編（2004）：クォリティマネジメント用語辞典，日本規格協会
13) アンダーセン編（2001）：バランス・スコアカードのベストプラクティス，東洋経済新報社
14) IBM ビジネスコンサルティングサービス（2006）：実践！"経営の見える化！"プロジェクト，日経 BP 社
15) 野中郁次郎・紺野登（1999）：知識経営のすすめ，筑摩書房
16) Porter, M.E.（1985）：*Competitive advantage: creating and sustaining superior performance*, Free Press.
    土岐坤・中辻萬治・小野寺武夫訳（1985）：競争優位の戦略―いかに高業績を持続させるか，ダイヤモンド社
17) 井上善海（2011）：7 つのステップで考える戦略のトータルバランス，中央経済社
18) Kaplan, R. S. & Norton, D. P.（1996）：*Balanced Scorecard*, Harvard Business School Press.
    吉川武男訳（1997）：バランス・スコアカード，生産性出版
19) Kaplan, R. S. & Norton, D. P.（2004）：*Strategy Maps : Converting Intangible Assets into Tangible Outcomes*, Harvard Business School Press.
    櫻井通晴・伊藤和憲・長谷川惠一監訳（2005）：戦略マップ，ランダムハウス講談社
20) 日本品質管理学会編（2009）：開発・営業・スタッフの小集団プロセス改善活動，日科技連出版社

21) Nonaka, I. & Takeuchi, H.（1995）：*The Knowledge-Creating Company : How Japanese Companies Create the Dynamics of Innovation*, Oxford University Press.
梅本勝博訳（1996）：知識創造企業，東洋経済新報社
22) ソフトブレーン株式会社：プレスリリース（2011年3月10日）：
http://www.atpress.ne.jp/view/19446
23) 久保田洋志編（2010）：改定レベル表対応　品質管理の演習問題と解説［手法編］QC検定試験3級対応, p.192, 日本規格協会
24) 井関・坂・白土（1994）：電機メーカの開発・企画におけるQFD, 品質 Vol.24, No.2, 日本品質管理学会
25) 押山孜（1984）：研究開発におけるPDPC法の活用, 標準化と品質管理 Vol.37, No.9, p.27〜32, 日本規格協会
26) 名古屋QS研究会編（2001）：実践現場の管理と改善講座5　日常管理［改訂版］, p.31, 日本規格協会
27) 名古屋QS研究会編（2001）：実践現場の管理と改善講座1　作業標準［改訂版］, p.36, 日本規格協会
28) 名古屋QS研究会編（2001）：実践現場の管理と改善講座3　目で見る管理［改訂版］, p.61, 日本規格協会
29) 日本規格協会編（2010）：JIS品質管理セミナーテキスト　社内標準化, 日本規格協会
30) 水野滋監修（2000）：管理者スタッフの新QC七つ道具, 日科技連出版社
31) 延岡健太郎（2002）：製品開発の知識, 日本経済新聞出版社
32) 納谷嘉信・中村泰三・諸戸修三（1997）：創造的魅力商品の開発, 日科技連出版社
33) 田部信雄（2009）：デザインレビュー入門コーステキスト, 日本規格協会
34) 吉村達彦（2002）：トヨタ式未然防止手法GD3, 日科技連出版社,
35) 細谷克也編著・西野武彦・新倉健一著（2002）：品質経営システム構築の実践集, 日科技連出版社
36) 正木英昭（2008）：会社のすべてを"見える化"する実務, 中経出版
37) 日本規格協会広島支部編（2008）：効果のあがる"見える化"の理論と実際

索　引

【数　字】

3ム　58
5M　190, 205
5M1E　59
5M1E1T　59, 84
5S　43, 58, 243
16大ロス　57

【A - Z】

BSC　36, 120, 121, 123, 131
CAD　171, 179
CAE　171, 179
CRM　75, 135, 141, 144
DR　30, 173, 182
DRBFM　174
ECRS　60
FMEA　172
IE　200
IT化　74, 88
ITリテラシー　85
KI　220
KPI　35, 121, 123, 131, 145
Off-JT　242
OJT　242, 252, 253
PDCA　23, 222, 230, 232, 238, 243, 253, 254
PDPC　170, 179
PERT　168
PL　173
PS　173
QAマトリックス　213
QCD　39, 95, 189
QCDSE　99
QC工程図　198
QCサークル　230
QCチーム　230
QFD　169
SCM　35, 75, 204
SDCA　41, 243
SECIモデル　116
SFA　143, 144
TPM　3, 57, 220, 223
TPS　3, 57, 220
TQM　3, 220, 223, 244
VE　39, 60, 200

【あ　行】

アクセシビリティ　37
アローダイアグラム　168
五つのムダ　57
営業活動のプロセス　145
エンパワーメント　21
オズボーンのチェックリスト　63

【か　行】

概念化　53, 54
開発ランク　176
課題達成型のアプローチ　59
価値　55
価値観　115
活動理念　56
観察　19
管理項目　198, 234, 235, 236
管理支援機能　109
管理点　166, 198, 200
技術部門活性化　184

機能系統図　175, 209
機能展開　235
機能分析手法　190
機能分析手順　192
休日の見える化　90, 94
教育・訓練　223
業務の総点検　235
業務プロセス共有　118, 129
クリティカルパス　177
経営理念　54
計画的変化点　228
掲示板　70, 224
決定的瞬間　25
現場力　15
工程FMEA　204, 211
コミュニケーション　114
コンカレントエンジニアリング　77, 171

【さ　行】

作業標準書　199
作業分析　202
三分割法　126
事業領域　138
失敗事例　181, 182
重点戦略目標　130
重要業績評価指標　35, 120
情報共有　114, 126
情報の非対称性　136
職場の目標展開　216
人員配置の見える化　91, 94
新製品開発体系図　167
新製品企画書　177
診断報告書　66
推進計画　222
推進事務局の役割　219
推進組織　221
スキルアップ管理表　208, 215
スキルの見える化　92, 94
ステークホルダー　38, 39
成果共有　122, 131

生産管理電光ボード　97
製造プロセスの見える化　196
製品サービス部門　153
是正処置　161
設計FMEA　180
説明書　67
セル生産　77, 95
戦略支援機能　109
戦略マップ　121
早期異常検出　205
装置化　73
組織的なチームマネジメント　147

【た　行】

代用特性　177
タクトタイム　199
多目的作業標準書　209
段取り改善　61
鳥瞰する　18
調査報告書　66
直接的見える化　30
データと情報による間接的見える化　30, 33
デザインレビュー　30, 173
点検項目　198
動作経済の原則　61
突発的変化点　228
トップダウン　224

【な　行】

内部統制　75
ナビゲーション　77, 95
ナレッジマネジメント　115
日常管理　15, 220, 242

【は　行】

バランスト・スコアカード　36, 120
バリューチェーン　118, 194

ビジョン　55
表示（ディスプレイ）化　68
標準　65
標準化　65
品質企画　170
品質機能展開　169
品質マトリックス　204
品質要素展開表　169, 178
不確実性の源泉　21
不確実性への対応　21
プロセスアプローチ　194
プロセスアプローチの概念図　195
プロセス課題　212
プロセスコントロール　194, 196
プロセスネットワーク　195
プロセスの概念図　194
フロントローディング　171, 172
文書化　63
変化点　206
変化点管理　206, 215
変化点管理ボード　228
変化点報告カード　214
変更管理　206
変更点　206
方針管理　220, 231, 233
方針による管理　122
ポカヨケ　74, 229, 230, 240
ボトムアップ　224, 231
本社スタッフのスリム化　109

【ま　行】

巻紙分析　145
マスマーケティング　141
マニュアル・手引書　67
マネジメントのための情報の見える化　30, 34
見える化　18
見える化で配慮すべき事項　24
見える化のモデルづくり　224
未然防止　162, 180, 181

ミッション　55
観る　19
視る　19
診る　19
見る主体と客体　36, 38
見るべき事項　25
目標による管理　122
モチベーション　207
モデル表示による間接的見える化　30
問題　48
問題解決型のアプローチ　59
問題解決能力　49
問題解決の手順　235
問題の見える化　48

【や　行】

八つのムダ　57
ユーザビリティ　37
要因追究の手法　59
要求品質展開表　169, 178
要素作業　203
予防処置　107, 161

【ら　行】

レベル診断　236
ロス発生状況の見える化　213

【わ　行】

ワン・トゥ・ワンマーケティング　135, 140

見える化があなたの会社を変える
──効果の上がる見える化の理論と実践

定価：本体 2,600 円（税別）

2012 年 6 月 15 日　第 1 版第 1 刷発行

編 著 者　久保田洋志
著　　者　井上　善海　　世良　　哲
　　　　　田部　信雄　　福原　一博
発 行 者　田中　正躬
発 行 所　一般財団法人　日本規格協会
　　　　　〒 107-8440　東京都港区赤坂 4 丁目 1-24
　　　　　　　　　　　http://www.jsa.or.jp/
　　　　　　　　　　　振替　00160-2-195146
印 刷 所　株式会社 平文社
製　　作　株式会社 大知

© Hiroshi Kubota, et al., 2012　　　　　Printed in Japan
ISBN978-4-542-50177-5

当会発行図書，海外規格のお求めは，下記をご利用ください．
　営業サービスユニット：(03)3583-8002
　書店販売：(03)3583-8041　注文 FAX：(03)3583-0462
　JSA Web Store：http://www.webstore.jsa.or.jp/
編集に関するお問合せは，下記をご利用ください．
　編集制作ユニット：(03)3583-8007　FAX：(03)3582-3372
　●本書及び当会発行図書に関するご感想・ご意見・ご要望等を，
　　氏名・年齢・住所・連絡先を明記の上，下記へお寄せください．
　　e-mail：dokusya@jsa.or.jp　FAX：(03)3582-3372
　　（個人情報の取り扱いについては，当会の個人情報保護方針によります．）

JSQC選書

JSQC（日本品質管理学会）監修
定価 1,575 円（本体 1,500 円），⑩のみ定価 1,785 円（本体 1,700 円）

① Q-Japan―よみがえれ，品質立国日本 　　飯塚　悦功 著

② 日常管理の基本と実践
　―日常やるべきことをきっちり実施する　　久保田洋志 著

③ 質を第一とする人材育成―人の質，どう保証する　　岩崎日出男 編著

④ トラブル未然防止のための知識の構造化
　―SSM による設計・計画の質を高める知識マネジメント　　田村　泰彦 著

⑤ 我が国文化と品質
　―精緻さにこだわる不確実性回避文化の功罪　　圓川　隆夫 著

⑥ アフェクティブ・クォリティ
　―感情経験を提供する商品・サービス　　梅室　博行 著

⑦ 日本の品質を論ずるための品質管理用語 85　　(社)日本品質管理学会 標準委員会 編

⑧ リスクマネジメント―目標達成を支援するマネジメント技術　　野口　和彦 著

⑨ ブランドマネジメント
　―究極的なありたい姿が組織能力を更に高める　　加藤雄一郎 著

⑩ シミュレーションと SQC
　―場当たり的シミュレーションからの脱却　　吉野　睦／仁科　健 共著

⑪ 人に起因するトラブル・事故の未然防止と RCA
　―未然防止の視点からマネジメントを見直す　　中條　武志 著

⑫ 医療安全へのヒューマンファクターズアプローチ
　―人間中心の医療システムの構築に向けて　　河野龍太郎 著

⑬ QFD―企画段階から質保証を実現する具体的方法　　大藤　正 著

⑭ FMEA 辞書
　―気づき能力の強化による設計不具合未然防止　　本田　陽広 著

⑮ サービス品質の構造を探る―プロ野球の事例から学ぶ　　鈴木　秀男 著

⑯ 日本の品質を論ずるための品質管理用語 Part 2　　(社)日本品質管理学会 標準委員会 編

⑰ 問題解決法―問題の発見と解決を通じた組織能力構築　　猪原　正守 著

⑱ 工程能力指数―実践方法とその理論　　永田　靖／棟近　雅彦 共著

JSA 日本規格協会　　http://www.webstore.jsa.or.jp/

実践 現場の管理と改善講座
Practice for Control and Improvement at Site

名古屋 QS 研究会 編

❶ 作 業 標 準 [改訂版]	A5判・128ページ	定価 1,575円(本体 1,500円)
❷ 5 S [改訂版]	A5判・112ページ	定価 1,575円(本体 1,500円)
❸ 目で見る管理 [改訂版]	A5判・128ページ	定価 1,575円(本体 1,500円)
❹ ポカヨケ [改訂版]	A5判・128ページ	定価 1,575円(本体 1,500円)
❺ 日 常 管 理 [改訂版]	A5判・144ページ	定価 1,575円(本体 1,500円)
❻ クレーム管理 [改訂版]	A5判・116ページ	定価 1,575円(本体 1,500円)
❼ 不 良 低 減 [改訂版]	A5判・122ページ	定価 1,575円(本体 1,500円)
❽ 設 備 管 理	A5判・106ページ	定価 1,575円(本体 1,500円)
❾ 試験・計測器管理 [第2版]	A5判・136ページ	定価 1,680円(本体 1,600円)
❿ 目で見る工場診断 [改訂版]	A5判・134ページ	定価 1,575円(本体 1,500円)
⓫ 原 価 低 減	A5判・152ページ	定価 1,575円(本体 1,500円)
⓬ 作 業 改 善	A5判・116ページ	定価 1,575円(本体 1,500円)
⓭ 労働安全衛生	A5判・150ページ	定価 1,575円(本体 1,500円)
⓮ リーダーシップ	A5判・104ページ	定価 1,575円(本体 1,500円)
⓯ 環境対策と管理	A5判・142ページ	定価 1,575円(本体 1,500円)

JSA 日本規格協会 http://www.webstore.jsa.or.jp/

品質管理検定(QC 検定)対策書

過去問題で学ぶ QC 検定 3 級
2010・2011(9回・10回・12回収録)

監修・委員長 仁科 健
QC 検定過去問題解説委員会 著
3級
A5 判・156 ページ
定価 1,260 円(本体 1,200 円)

過去問題で学ぶ QC 検定 2 級
2010・2011(9回・10回・12回収録)

監修・委員長 仁科 健
QC 検定過去問題解説委員会 著
2級
A5 判・166 ページ
定価 1,470 円(本体 1,400 円)

過去問題で学ぶ QC 検定 1 級
2009・2010(3月・9月分収録)

監修・委員長 仁科 健
QC 検定過去問題解説委員会 著
1級
A5 判・248 ページ
定価 2,835 円(本体 2,700 円)

[第 2 版]
品質管理の演習問題と解答
QC 検定試験 4 級対応
4級

日本規格協会 編
A5 判・136 ページ
定価 945 円(本体 900 円)

改定レベル表対応
品質管理の演習問題と解説
[手法編]
QC 検定試験 3 級対応

久保田洋志 編
3級
A5 判・200 ページ
定価 1,995 円(本体 1,900 円)

改定レベル表対応 増補版
品質管理の演習問題と解説
[手法編]
QC 検定試験 2 級対応

大滝 厚 編
2級
A5 判・290 ページ
定価 2,730 円(本体 2,600 円)

改定レベル表対応
品質管理の演習問題と解説
[手法編]
QC 検定試験 1 級対応

新藤久和 編
1級
A5 判・382 ページ
定価 3,675 円(本体 3,500 円)

改定レベル表対応 増補版
品質管理教本
QC 検定試験 3 級対応
3級

小野道照・直井知与 編著
A5 判・216 ページ
定価 1,890 円(本体 1,800 円)

JSA 日本規格協会 http://www.webstore.jsa.or.jp/